**美国艺术与科学院院士文学理论与批评经典**
主　编　聂珍钊　　副主编　王松林

撒旦之死：
美国人如何丧失了罪恶感

THE DEATH OF SATAN:
HOW AMERICANS HAVE LOST THE SENSE OF EVIL

安德鲁·戴尔班科 ◎ 著

陈　红　郑　杰　罗　爽　郑昭梅 ◎ 译

上海外语教育出版社
外教社 SHANGHAI FOREIGN LANGUAGE EDUCATION PRESS

图书在版编目（CIP）数据

撒旦之死：美国人如何丧失了罪恶感 /（美）戴尔班科著；陈红，郑杰，罗爽，郑昭梅译. —上海：上海外语教育出版社，2013（2014重印）
（美国艺术与科学院院士文学理论与批评经典）
ISBN 978-7-5446-3017-7

Ⅰ.①撒… Ⅱ.①戴… ②陈… ③郑… ④罗… ⑤郑… Ⅲ.①道德－研究－美国 Ⅳ.①B82

中国版本图书馆CIP数据核字（2013）第017626号

Published by arrangement with Author Andrew Delbanco and Andrew Nurnberg Associates International Limited.
For sales in the People's Republic of China, excluding Hong Kong SAR, Macau SAR and Taiwan.
本书仅供在中华人民共和国境内(香港、澳门、台湾除外)销售。
图字：09-2011-556

出版发行：**上海外语教育出版社**
（上海外国语大学内） 邮编：200083
电　　话：021-65425300（总机）
电子邮箱：bookinfo@sflep.com.cn
网　　址：http://www.sflep.com.cn http://www.sflep.com

责任编辑：蔡一鸣

印　　刷：上海中华印刷有限公司

开　　本：787×1092 1/16 印张 12.75 字数 283千字
版　　次：2013年2月第1版 2014年1月第2次印刷
印　　数：1 100册

书　　号：ISBN 978-7-5446-3017-7 / I · 0228
定　　价：47.00 元

本版图书如有印装质量问题，可向本社调换

美国艺术与科学院院士文学理论与批评经典

编委会名单

顾　问：陈众议　玛乔瑞·帕洛夫　庄智象
主　编：聂珍钊
副主编：王松林
编　委：（按姓氏笔画为序）
　　　　王守仁
　　　　史惠风
　　　　吴　笛
　　　　陆建德
　　　　陈　红
　　　　陈建华
　　　　罗良功
　　　　胡亚敏
　　　　胡全生
　　　　隋　刚
　　　　曾繁仁
　　　　蒋洪新
　　　　谢　群

总序

"美国艺术与科学院院士文学理论与批评经典"是一套学术翻译丛书,国家出版基金资助项目。丛书从20世纪80年代以来入选美国艺术与科学院文学批评领域的院士中,选择9位院士的文学批评力作,译介给中国学术界。所选内容涵盖诗歌批评、小说批评、戏剧批评和文化批评,尤其对当代美国诗歌批评的学术成果做了重点译介。最近二三十年来,我国外国文学批评界大量翻译介绍了国外的文学理论著作和思想著作,对我国的文学研究发展产生了积极的推动作用。与外国文学理论著作的翻译相比,对外国某一领域的有代表性的文学批评专论的译介还有待加强。这套丛书产生的初衷,就是想在这方面有所弥补。本丛书力图通过对当代美国文学批评家精心之作的翻译,向中国学术界展示"理论热"之后,美国文学批评家如何更新文学批评方法,以更宽广的学术视野和更包容的态度对不同类型的文学进行有效的批评。与一些所谓的解构主义批评不同,在这些出色的学术研究中,文学的边界不仅没有消失,文学本身不是正在死去,而是以新的特点获得了新生,充满了活力,让我们看到了文学的永恒魅力。我们从这套丛书中还可以看出,一个伟大的负责任的批评家不能利用自己的专门知识去曲解文学、误导读者甚至去毁灭文学,而应该通过批评与阐释,探索文学对于我们每一个人以及社会的价值,引导读者阅读和欣赏文学,从中得到教诲。这一点对于我国文学批评中盛行的文学经典的戏说和大话倾向,其警示意义是不言而喻的。这套丛书从一个侧面反映了当今美国文学批评领域的成就,编者期望这套丛书能对我国的文学批评和文学理论建设有所启示,进而推动我国人文学科的学术发展和社会主义文化事业的繁荣。

"美国艺术与科学院"(AAAS)创办于1780年,是一个蜚声世界的、独立的学术研究机构。这个组织每年都要在美国及世界范围内选取当代最杰出的人才成为该院的院士。在230余年的历史里,"美国艺术与科学院"在自然科学、社会科学、人文和艺术、公共管理等各领域一共选举产生了4000多位美国院士和600多位外籍院士,其中包括200多位诺贝尔奖得主和100多位普利策奖获得者。目前入选"美国艺术与科学院"文学批评领域(含语文学学者)且仍然健在的院士仅有169人,他们均是当今诗歌、小说、戏剧和文学文化理论及批评方面的顶级专家,其学术思想在美国及世界文学和文化批评界都有着重大影响。

20世纪堪称是一个"理论的世纪"。建国以来,国内出版界组织力量翻译了大量外国文艺理论经典,尤其值得一提的是,人民文学出版社和上海译文出版社联合推出的"外国文艺理论丛书"以及中国社会科学出版社、上海文艺出版社和上海外语教育出版社共同推出的"外国文学研究资料丛书",意义重大。这两套丛书的选材范围涵盖了从古希腊罗马至现代的文学理论,几乎囊括了国外最重要的文学理论与批评经典,对我国的文学研究和理论建设产生了深远的影响。改革开放以后,尤其是20世纪 80年代以来,大量西方的文学批评理论被介绍引入中国,如强调意识形态的政治批评、以社会和历史为出发点的审美批评、在心理学基础上发展起来的精神分析批评、在人类学基础上产生的原型—神话批评、在语言学基础上产生的形式主义批评、在文体学基础上产生的叙事学批评,还有接受反应批评、后现代后殖民批评、女性主义批评、新历史主义批评、文化批评、伦理批评、生态批评等。这些批评是我国文学研究中经常使用的批评方法,形成了我国文学批评中西融合、多元共存的局面,推动着我国文学批评的发展,造就了我国文学研究领域前所未有的繁荣局面。

可以说,外国文学理论的引进极大地开阔了我国文学研究者的视野,使我们的研究走向深入。然而,在一阵阵理论热浪的背后,也出现了一些令人担忧的问题,这就是文学批评偏离了对文学的批评。有一些打着文化批评、美学批评、哲学批评等旗号的批评,往往颠倒了理论与文学之间的依存关系, 割裂了批评与文学之间的内在联系,出现了某些理论自恋(theoretical complex)、命题自恋(proposition complex)、术语自恋(term complex)的严重倾向。这种批评不重视文学作品(即文本)的阅读与阐释、分析与理解,而只注重批评家自己某个文化、哲学或美学命题的求证,造成文学理论与文学文本的脱节。在这些批评中,文学作品被肢解了(用时髦的话说,被解构了、被消解了),自身的意义消失了,变成了用来建构批评者自己文化思想或某种理论体系或阐释某个理论术语的自我演绎。文学的意义没有了,自然文学的价值也就没有了,其结果必然是文学的消失导致文学批评家的自我消亡。这种倾向的产生,一方面是我们对西方一些影响巨大的思想家如德里达、利奥塔、拉康、赛义德等人的理论的误读或消化不良所致;另一方面也是我们在翻译介绍西方文学批评理论时还没有为中国学者提供充分的可供学习和借鉴的范例。正是考虑到这一点,我们选择了9部当代美国文学批评的力作译介给读者,试图展示当前美国文学批评界"理论热"之后建立在文本细读和学术洞见之上的另一幅批评图景。

自20世纪90年代起,盛行于美国的各种文学批评理论开始在美国学界遭受冷遇。对于美国大学英语系名目繁多的理论课程,赛义德十分不满,将其称为"残缺破碎、充满行话俚语的科目"。2006年,美国现代语言协会(Modern Language Association)的时任主席、著名批评家玛乔瑞·帕洛夫也针对文学批评理论与文学的泛文化批评乱象告诫同行们说,大学的文学批评教授们可能是在"没有适当资格证明的情况下从事文学研究的……而经济学家、物理学家、地质学家、气候学家、医生、律师等必须掌握一套知识后才被认为有资格从事本行业的工作,我们的文学研究者往往被默认为没有任何明确的专业知识"(参见威廉·崔斯:"英文系的衰退",《美国学者》2009年秋季刊)。美国布朗大学教授罗伯特·斯科尔斯也将大学英文专业的衰落归咎于理论的过度膨胀。在不少专家看来,那些花样翻新的时髦理论消弭了文学的人文价值,抽空了文学的道德情感内涵。美国国内的这一反"理论热"现象很快引起了我国文学研究界有识之士的注意,并引发了对"理论热"之后的美国文学教学与研究的热烈讨论。例如,本世纪初我国有关文学伦理学批评的研究与讨论,就是在理论热之后对文学理论与批评的深度反思。我们认为，文学批评是对文学的批评，因此文学批评不能离开文学文本。只要脱离了文学，不对文学的文本进行分析和解释，文学批评根本就无法存在。只要脱离了文学文本，所谓的文学理论只能陷于空谈，变得毫无价值。我们反对"不读而论"的概念推理式研究，推崇富有情感交流的、有个人洞见的对文本的解读式批评，主张批评者要担当起文学批评的伦理责任。当然，要做到这一点并非易事。我们此次翻译的这套文学批评丛书，就是为了给国内学者如何认识和理解文学批评提供一些可资借鉴的范例。

译丛选取的9部专著，涵盖了诗歌、戏剧、小说等文学领域，可以说体现了当今美国批评家的创造性思想和开阔的学术视野。其中有3部关于诗歌的专论。《激进的艺术：媒体时代的诗歌创作》的作者是斯坦福大学玛乔瑞·帕洛夫教授。她站在美国当代诗歌的最前沿，用最敏锐的眼光审视媒介时代的诗歌创作，高擎智慧的火炬把我们带入一个新的学术天地。她用精深的学识和批判性的研究引导着当代诗歌学术研究的发展，评论家称她是一位"阅读精确、拒绝将艺术的评判权拱手交给教师或理论家"的作者。《语言派诗学》的作者是宾夕法尼亚大学的查尔斯·伯恩斯坦教授。他是当今美国"语言诗派"的代表诗人和理论家。他从意识形态和审美的角度讨论了现代主义和后现代主义语境下的美国诗歌特征，尤其是他对语言诗的语言、声音、形式与意义以及政治策略的研究，是我们认识和解读语言诗的一部指南。《诗与感觉的命运》的作者是普林斯顿大学的苏珊·斯图尔特教授。她是美国具有广泛影响的诗人、批评家和教育家，帕洛夫教授、伯恩斯坦教授分别称其为当今"国际最顶级学者"之一和"本世纪文学批评界最重要的学者"之一。她的著作援引上至古希腊下至后现代的诗歌经典，论述了诗歌与人类触觉、视觉、听觉等感官的内在联系，从艺术审美的高度探究了诗歌艺术在人类文化中所起的作用。在原来的选题计划中，我们还选择了美国圣母大学吉拉尔德·布伦斯的《诗歌的材料：诗学理论概要》一书准备译介给国内学界。该书对当今美国先锋派诗歌的写作实践做了哲学层面的解读，认为诗歌的意义隐藏在诗的创作和阅读的空间之中，主张读者应该像人类学家那样回到诗歌的社会、文化和历史现场去寻找意义。遗憾的是，由于未能获得这本书的版权，我们无法将这部著作翻译成中文出版。

在戏剧研究方面，我们选择了著名莎学专家、前国际莎士比亚协会主席大卫·贝文顿教授的著作《莎士比亚：人生经历的七个阶段》。贝文顿教授是当今为数不多的最重要的莎士比亚专家之一，在莎士比亚研究领域享有崇高地位。他把莎士比亚一生分为七个阶段，对莎士比亚的历史背景、个人生平、戏剧创作及舞台表演等多方面的问题进行了深入探讨。作者驾轻就熟，思路清晰，说理透彻，成就了这部研究莎士比亚的经典之作。

在小说研究方面，我们选择了3部著作。耶鲁大学克劳德·罗森的《上帝、格利佛与种族灭绝》从文学人类学和后殖民批评的角度出发，通过细致入微的文本考究，批判了近五百年来欧洲对所谓异邦"野蛮人"的"他者"文化想象，涉及的作家有斯威夫特、蒙田、王尔德、萧伯纳等，视野开阔，见解独特，启示深刻。霍普金斯大学埃里克·桑德奎斯特教授的专著《福克纳：破裂之屋》依据丰富的文献资料，从社会历史和政治的角度研究了福克纳的作品主题、结构及其与南方神话之间的关系，是研究福克纳不能不读的著作。爱荷华大学盖勒特·斯图尔特的著作《小说暴力：维多利亚小说的形义叙事学解读》从文体学与叙事学的角度，就维多利亚时期小说家笔下强大的语言力量的表述与情节之间的密切关系进行了细致的解读。该书研究方法独特，注重文本细读，是近年来小说研究的重要成果。

在文化批评方面，哥伦比亚大学安德鲁·戴尔班科教授的《撒旦之死：美国人如何丧失了罪恶感》一书，如作者自己所说，是"一部美国精神传记"。作者对美国过去和现代之间的道德传统的割裂，特别是对美国社会面临的道德危机及精神信仰的匮乏进行了批判，作者也因此而被《时代杂志》评为2001年度"美国最佳社会评论家"。宾夕法尼亚大学让-米歇尔·拉巴泰教授的《1913：现代主义的摇篮》将现代主义文学纳入1913年这一特殊的年代，详细考察了1913年发生的一系列标志性文学艺术现象和政治事件，如非西方作家泰戈尔获得诺贝尔文学奖、一战爆发前最后的世界和平、叶芝和庞德的合作等，从全球文化思想变化及交融的角度审视现代主义文艺思潮的发端，视角独特，见解深刻。

20世纪以来，美国的文学研究空前繁荣，出版了大量影响深远的学术著作，但我们只能从中挑选部分杰作，翻译介绍给中国读者。以上译介的著作，都是文学批评各个领域的代表性作品。从中可以看出，美国同行们在文学研究方面有其突出的优点：方法多样，务实求新，细致深入，特色鲜明。这些专著均有非常重要的学术参考价值，值得认真阅读和参考。我们希望这套丛书能够给中国读者的文学研究提供有益的借鉴。

译丛选择的著述涉及文学、历史、哲学、政治、文化等多方面的内容，不易阅读、理解和翻译，因此对于译者而言是一项十分艰巨的任务。尽管各位译者做出了巨大努力，希望把这些学术著作翻译得完美，但是由于水平有限，仍然无法达到目标，在此请各位读者多加批评指正。

主编 聂珍钊

谢辞

"美国艺术与科学院院士文学理论与批评经典"即将由上海外语教育出版社出版，我们借此机会首先向中国外国文学学会会长、中国社会科学院外国文学研究所所长陈众议先生表示衷心感谢。陈众议先生长期关注中国的文学理论建设，关心中国的外国文学研究和学术发展，关心中外文学与文化的交流。这套丛书的选题、论证和整个翻译工作，都倾注了他的热情和关心。他的珍贵友谊、热情鼓励、宝贵建议，是我们完成此项工作的动力。还要衷心感谢玛乔瑞·帕洛夫教授。她是这套译丛的顾问，为我们初选的著作提供了实事求是的和富有建设性的学术评价，为我们联系每个作者和协商版权提供了重要帮助，在我们遇到困难的时候，她都能及时地热情地帮助我们。可以说，这套译丛得以面世，陈众议先生和玛乔瑞·帕洛夫教授是我们最需要感谢的人。

我们还要感谢这套丛书的各位作者，他们是：玛乔瑞·帕洛夫、查尔斯·伯恩斯坦、苏珊·斯图尔特、大卫·贝文顿、克劳德·罗森、埃里克·桑德奎斯特、盖勒特·斯图尔特、安德鲁·戴尔班科、让-米歇尔·拉巴泰。我们不仅要感谢他们同意我们翻译他们的著作并在中国出版，还要感谢在翻译过程中他们提供的各种帮助，感谢他们随时解答译者遇到的各种问题。我们相信，他们的著作在中国翻译出版，中国的学者和读者都将大受裨益。我们还要感谢这套译丛的美国出版社，是它们的充分合作和授权，才使这套译丛的中文翻译和出版得以顺利进行。

我们还要感谢庄智象教授、副编审孙静女士，以及所有著作的责任编辑。庄智象教授既是上海外语教育出版社社长，也是这套译丛的顾问。这套译丛从选题、翻译到出版，与他的指导和帮助是分不开的。这套译丛也是他特别倾心的一个项目，用他自己的话说，一个人一生要做几件有意义的事，而这个项目正是他一生中做的最有意义的事之一。孙静女士是出版社这套译丛的具体负责人，她不断对译丛的翻译工作提出具体指导和帮助，这套译丛倾注了她的大量心血。每部著作的责任编辑都是学识渊博的学者，他们对每部译著都进行了仔细认真的审校，提出十分重要的意见，消除其中的疏忽与瑕疵。我们还要感谢刘华初先生，他负责这套丛书的版权谈判。是他辛苦和有效的工作，为我们奠定了顺利完成这项工作的基础。还要感谢负责这套译丛的装帧设计的美编，因为是他的精心设计才最终使这套译丛的出版变得完美。

最后，我们还要感谢参与这项工作和为我们提供帮助的所有人。离开了大家的共同努力和来自各方面的帮助，要完成这样一项大的工程是不可想象的。对所有帮助过我们的人，我们心存感激。

聂珍钊　王松林

献给道恩

撒旦之死乃是想象力的一场悲剧。
一次终局的否定将其毁灭于屋宇内。
....
这并非来自朱利大帝的风云雷霆：
伴随着暗杀者的轰然掠过……他被弃绝了。
幽灵，你们留下了什么？埋下了什么秘密？
什么样的地方让生存难以为继？
可怜的幽灵，你何去何从，
无光明之处好似闭眼时眼角流泻的一抹亮色
……幽灵离去后的空白何其冰冷，
正如颤栗的现实主义者
第一次目睹真相时的冷酷之意……

——华莱士·史蒂文斯（Wallace Stevens）

目录

译者序 I
致谢辞 III
引　言 V

第一部分：信仰的时代

第一章：新世界来了旧仇敌 3
第二章：理性年代的魔鬼 27
第三章：自我的诞生 51

第二部分：摩登时代

第四章：天意的丧失 73
第五章：指责的年代 93
第六章：反讽的文化 113
第七章：前景 137

原文注释 149

译者序

《撒旦之死》的作者安德鲁·戴尔班科（Andrew Delbanco）是美国文学史与宗教史领域的知名学者，其著作涉及美国文化和社会生活的方方面面，曾被《时代杂志》称为"美国最杰出的社会批评家"。

戴尔班科生于1952年，在哈佛大学获得学士和博士学位，1985年至今一直执教于哥伦比亚大学，并从1995年起担任人文学科的朱利安·克拉伦斯·利瓦伊教授（Julian Clarence Levi Professor）。他还是美国艺术与科学院院士，也曾担任过美国笔会中心的副主席。

戴尔班科的著作颇丰，除了本书外，还写有《清教徒的苦难》（1989）、《必读书目：为什么美国的文学经典对于今天的我们意义重大》（1997）、《真实的美国梦：关于希望的思考》（1999）、《梅尔维尔：他的世界和他的创作》（2005），以及《大学：过去、现在和将来》（2012）等。其中《清教徒的苦难》和《梅尔维尔》获得了哥伦比亚大学颁布的年度莱昂内尔·特里林奖（Lionel Trilling Award），戴尔班科因此成为继爱德华·塞义德（Edward Said）之后两度获此荣誉的教授。他还被哥伦比亚大学授予了杰出教师奖。此外，他于2003年被纽约人文科学委员会推举为纽约州年度学者；2011年他接受了由奥巴马总统亲自颁发的美国国家人文科学奖章，成为全美该年度的九位获奖者之一，其获奖理由是他所写的"有关美国高等教育问题的著作以及有关经典作家在过去及当代生活中的地位的著作"加深了美国人民对于人文学科的理解。

《撒旦之死》出版于1995年，在这部书中，戴尔班科同样以美国文学经典为线索，揭示美国文化所遭遇的宗教及道德的堕落。但与大多数探讨此类问题的学者所不同，戴尔班科并没有去关注上帝这个美国人宗教信仰中善与正义的始源，而是将注意力集中在其对立面——魔鬼撒旦的身上。戴尔班科之所以另辟蹊径是因为在一般人看来，一个人可以背弃对上帝的信仰或对善的坚守，却似乎永远无法否认恶的真实存在，但《撒旦之死》却让我们看到了与此假设截然不同的事实，即有关邪恶的概念正在迅速地从美国人的道德意识中消失，其势令人担忧。

在这部被作者称作"民族精神传记"的书中，戴尔班科回顾了美国社会过去三百年间围绕着对邪恶的认识所发生的种种变化，从早期的清教徒时期开始，历经殖民时期、内战、维多利亚时期、进步主义运动时期、一战、二战，直至20世纪下半叶的所谓后现代时期。作者以一组发生在当今社会的令人发指的罪行作为全书的开篇，指出这样一个不争的事实："罪恶上演的剧目从未如此丰富，而我们的反应也从未如此麻木"。作者告诉我们，曾经被称作"撒旦"或魔鬼的恶，有过具体生动的形象，但从18世纪开始，它逐渐从我们的想象世界中淡出，而这个淡出的过程一直持续至今，并在我们生活的这个时代获得了前所未有的加速度。作者在呈现事实的同时，也在字里行间埋藏着一个又一个尖锐无比的问题：如果像纳粹实施的种族大灭绝这般的滔天罪行都可以被人们有意无意地遗忘，那么在我们的道德词典里是否还有"罪不可恕"一词？罪恶景象在高度工业化的社会生活中日渐模糊化和寻常化，这是否意味着一种普遍的道德沦丧？

其实作者抛给我们的问题远不止于此。他让我们认识到，在人们与罪恶的观念日渐疏远的同时，他们似乎又在寻求以某种更隐蔽的方式，如阅读的方式，来满足他们探寻罪恶根源的心态，而他们从各类畅销的恐怖小说中得到的结论几乎总是千篇一律：那些如撒旦般的杀人狂魔不是天生的，是社会造就的，他们也是牺牲品。但本书作者借用《沉默的羔羊》中的疯子医生对年轻女探员的挑衅性话语提醒读者，现代工业化体制让人们可以轻易为恶行去谴责机构和社会，而不去直面自我这个真正的罪恶根源。这里的问题是：我们每个作为独立个体的人是否需要为有实无名的罪恶承担责任？作者的答案很明确：面对罪恶感的消失所带来的道德危机，我们每个人都必须直面罪恶，即承认其客观存在；为此，我们有必要像过去那样以概念化的方式去思考罪恶，但这并不意味着恢复我们曾有的对罪恶的认知，而是要去更新旧有的认知。

戴尔班科这本书的目标读者是美国人，他要以自己对邪恶问题的观察和思考去唤醒美国人的道德危机意识，而事实上他在书中提出的许多发人深省的问题，同样适用于其他文化。比如，我们该如何理解日益频发的自然灾害，以及种种或新或旧的、让人无法摆脱的疾病？它们是上帝因人们的罪恶而实施的惩罚，还是令人无法预料的不幸？这些问题有着高度的现实性，只是我们可能因文化背景的不同而无法接受作者提出的任何一种解释，但毫无疑问的是，作者对于这些问题的分析能够帮助我们打破思想的惯性，促使我们去深入思考。或许我们每个读到这本书的人都可以反思：今天的中国是否也面临着这样或那样的道德危机？我们又该如何应对？也许这就是此书的价值之所在！

翻译《撒旦之死》的工作是艰辛的，但也是快乐的。艰辛自不必说，快乐则来自两方面，一是这本书带给我们的思想启迪，二是团队成员间的通力合作。我们的团队共有四人，除我之外，还有郑杰（新加坡南洋理工大学英语文学博士毕业，华中师范大学文学院博士后）、罗爽（美国亚利桑那大学东亚系博士研究生）和郑昭梅（湖北第二师范大学外国语学院讲师）。为了在可能的条件下最大限度地保证这本书的翻译质量，我们每个人都付出了大量的时间和精力，同时大家相互配合，共同担当，才有了这次完满的合作。罗爽负责本书的引言及第一、二章，郑杰负责第三、四章，我负责第五章以及第六章的前两节，郑昭梅负责第六章的后几节及第七章。郑杰还协助我完成了对全部初稿的审阅和修改，郑昭梅也部分参与到这项工作中，她俩还合作翻译了以全书题记形式出现的史蒂文斯的小诗，译文也是诗意浓郁。当然由于我们能力有限，整部书的译稿远不如我们相互间的合作那般完美，但我还是要在此对其他三位成员表示由衷的感谢。另外，还要感谢策划这套丛书并负责全面协调的聂珍钊老师和王松林老师，以及具体负责我们这本书的上海外语教育出版社的蔡一鸣编辑，蔡编辑的专业建议为本书增色不少。

陈　红
2012年11月于上海

致谢辞

本书的写作始于国家人文科学中心,在那里我度过了一个弥足珍贵的学期,那段时间的阅读和思考最终确定了本书的研究选题。非常感谢约翰·西蒙·古根海姆纪念基金会和美国学术团体委员会,他们的资助使我得以完成这部作品。同时我还得到了哥伦比亚大学数位研究助理的鼎力相助,尤其是琳达·安斯沃斯(Linda Ainsworth)和迈克尔·埃利奥特(Michael Elliott)。琳达为本书核对了参考书目并编写了索引;迈克尔则无数次被我深夜或清晨的电话所扰,每当我需要查找某本书或确认某个事实,他总是有求必应。安吉拉·达令(Angela Darling)则帮我准备送审的文稿。此外,一些读者也给予了我非常宝贵的反馈意见,尤其是在麻省理工大学,阿尔文·基贝尔(Alvin Kibel)和哈里特·瑞塔沃(Harriet Ritvo)所提的建议,恐怕现在连他们自己都不记得了,但那些建议在随后的几个月里令我获益良多。迈克尔·斯托勒(Michael Stoller)精通基督教教义的发展史,他好意为我校读了关于奥古斯丁和早期教会的章节。尽管本书是我第一次未受恩师阿伦·海默特(Alan Heimert)直接影响而完成的作品,但他教授的如何阅读和思考美国历史中的文化和宗教的课程,我始终铭记于心。

感谢我的出版经纪人弗吉利亚·巴伯(Virginia Barber),他做了大量分外的工作,阅读了多个版本的修改稿,给予了我中肯的建议和始终不渝的精神支持。同时要感谢伊丽莎白·西夫顿(Elisabeth Sifton),她在我构思尚未完全成形前就签下合同,之后耐心等待稿件出炉,并给予了它任何作者所能期望的最高赞誉——激烈而又精准的批评。谁说"好编辑已经绝迹",伊丽莎白就是这一说法活生生的反例。

在我的家人和朋友中,我的兄弟尼古拉斯(Nicholas)和托马斯(Thomas)用心阅读过书稿,我的父亲以及我的好友埃里克·汉密尔(Eric Himmel)也阅读了书稿,并不厌其烦地帮我查找部分内容。在写作此书的几年中,我的两个孩子本杰明(Benjamin)和伊冯(Yvonne)有时会看到父亲像个魔鬼一般从书房里冒出来,这对他们的耐心真是场考验。我无比感激他们对我的包容。最后,谨以此书献给我的妻子道恩(Dawn),在我生命中,是她让我最真切地感受到了世界的美好和优雅。

引言

在我们的文化之中,日益暴露出来的罪恶和我们能够用以消除这些罪恶的智力资源之间已经出现了一条鸿沟。恐怖的景象从未像今天这样广泛地传播,这样地恶劣骇人——从组织有序的死亡集中营到原本可以避免的在饥荒中挨饿的儿童。几乎在每周的报纸和电视节目中,我们都可以看到青少年为了几美元协议杀人,女子因为皮包和皮草被当街谋杀,年轻的男子因为吉普车遭劫而被一枪毙命,以及大量诸如此类的新闻——而这些只是国内头条。在我即将写完这本书的时候,《纽约时报》(The New York Times)上又刊登了一篇关于前南斯拉夫监狱集中营的报道。据该报道称,波斯尼亚的男囚犯被赤身裸体地带到院子里,在他们面前塞尔维亚的女囚犯被剥光了衣服;男囚犯的阴茎一旦勃起,就要被割掉。而不远处,一群狱卒强迫一对父子当着他们的面性交。

罪恶上演的剧目从未如此丰富,而我们的反应也从未如此麻木。我们无法用语言把我们的内心世界同在外部世界看到的恐怖现象联系起来。慈善和抗议似乎有形无实,随意选择着受益对象或场合。如今人们普遍认为(特别是在海湾战争中上演了发射巡航导弹的戏码以后),技术的发展已经使得夺命的战火与电子游戏中的扫射和轰炸别无二致。当真有什么新的残酷现实引起我们的注意时,我们可能会感到些许焦躁或困扰。我们会打个颤儿,皱皱眉,然后换个频道。[1]

在罪恶面前我们无能为力,这种危机是如何产生的?在美国这样一个主导西方文化的国度,这种危机又是如何进入人们意识的?这是本书的主题。但这不是一部关于犯罪或犯罪学的历史书,也并非记录伦理哲学或宗教教义的发展历程,更不是呼吁谁来干预各种各样的人际冲突。本书采取民族精神传记的撰写形式,从美国的童年开始记叙。正如托克维尔(Tocqueville)在他那部堪称所有论述美国的著作中最尖锐的作品中提到的,如果我们试图"察看外部世界在(一个民族的)混沌未开的心智之镜上投下的初影",就应当"观察这个还在母亲怀抱中的婴孩"。[2]对于三百五十年前尚处于婴孩时期的美国而言,罪恶曾有一个名字,一张脸孔和一种解释。它被称为"堕落",化身为魔鬼,是伊甸园中原罪的根源,是上帝降罪于人的祸首。人们认为这是一个罪恶满盈的世界;罪恶是由弥尔顿(Milton)在《失乐园》(Paradise Lost)中所描画的那个长着"一双凶煞眼睛"的魔鬼,那个被"悖逆的骄傲和难消的憎恨"所驱使的受造之物,亲手播种并精心培育出来的。他魅惑万端,无人幸免。

在美国文化发端之时,这个魔鬼在大部分人的生命中灼然可见,他象征并解释着个人所遭遇的和那些施加于他人的种种苦难。然而到了1700年,他已逐渐失去了对人类想象力的掌控——这个历程从那时一直延续至今,用心理学家亨利·默里（Henry Murray）的话来说，如今的撒旦在人们眼里"不过是一个衰微的意象，一个已消逝时代的丧志失意的遗迹，一个无法在人类想象的舞台上扮演主要角色的蹩脚演员，其作用就好像肚子里的一截盲肠。"[3]在我们这个幻想破灭的时代，一位颇有名望的历史学家最近指出（在此他非常具有代表性），希特勒这类的大刽子手让我们"审慎地将那种使人完全失常的精神分裂症与不能用来推卸责任的间歇性失常行为区分开来。"[4]这种区分对于死在他们手下的数以百万计的生命毫无意义。如果要说那些集中营的始作俑者患有"分裂症"，这意味着什么？如果要称这些狂魔患有精神失调，并在学术讨论中争辩他们的疯子名号能否帮他们开脱罪责，这又意味着什么？为什么我们不能再称他们为魔鬼？

当我回想起20世纪50年代自己的那段成长岁月时，我意识到，这种不再给罪恶命名的过程尽管发端于几个世纪之前，但在我那个时代获得了极大的加速度。我的父母是出生在德国的犹太人，曾躲避过希特勒的迫害。他们在家里说德语的次数少得可怜，部分原因可能是对家里的孩子来说，德语充满了叫嚷和咆哮，甚至连昵称都听着刺耳。不过，我们还是零零散散地学会了几个德语单词。其中我们常常听到并使用的一个词是"übel"；在肠胃型流感（或称流行性感冒，我父母在英国呆过十年，他们一般这样说）要发作的时候，我觉得"übel"，而不是"恶心"；如果我在乘车的时候看书，或是在吃完一顿蘸满奶油的大餐后马上再来一块萨赫巧克力蛋糕，我都会觉得"übel"。直到后来我才知道"übel"在德语里指的是罪恶——另外一个侧重意义大相径庭的词"Böse"也含此义。在我二十多岁以前，"übel"似乎带有那么点儿罪恶的意思，比如说，我们会用它表示"恶臭"，以此来形容我父亲最爱吃的林堡奶酪，就是我们称为"Stinkekäse（臭奶酪）"的奶酪——至少在它被小心翼翼地放入玻璃钟罩之前，我们都这么说。

在我父母成长的那个年代，罪恶和臭气一般不会混为一谈。我的母亲曾含着眼泪告诉我，约瑟夫·戈贝尔（Joseph Goebbles）是魔鬼的化身——她称他靡菲斯特（Mephistopheles）。然而，即使对她来说，übel 这个词所表示的罪恶之意也已逐渐消减，仅仅意味那些无伤大雅的小痛小痒，它指的是那种喝点苏打汽水，或者散散步，呼吸一点新鲜空气就能治愈的恶心和反胃。作为一个德语单词，它是一个在我父母的母语中未被同化的片断，但它同时也帮助我们认识了这种曾经拯救过我们的文化的语言，在这种文化中罪恶被视为废弃的历史遗物。

每个美国家庭都有自己的一些说法和故事来保存和铭记他们脱离旧世界地狱的那一刻。我的妻子就有一个关于她母亲的故事。当她母亲还是少女、生活在香港的时候，她必须剪短头发，穿上男孩子的衣服躲在家里，以此逃过四处搜寻、凌辱中国女孩的日本兵。而在1930年前后，美国的黑人小孩——对他们来说地狱总在他们生活的地方——都可能还会有一位背上有鞭痕的祖父。在1960年，我的某些朋友仍有那么一个形容枯槁的姑姑或神经紧张的表亲，她们的眼里常有恐惧的神色，手臂上刺着蓝色数字。可是，时间无情地消融了记忆。对一个犹太人来说，今天想起现代德国，就好像走过一排连续的展览，它们展现出曾被烧成焦炭的树林如何再次开枝散叶、葱郁成荫的过程——直到将大屠杀的印象抛到脑后，才离开展览。一切本该如此；哀悼之所至，智慧之所在，这是重续生活所必需的治疗和休憩。可是，如此滔天的罪行和它们如此之快被遗忘的事实不禁让人质疑，是否还有什么罪恶能够大到足以证明其自身罪不可恕?

对于混杂着各种血统的美国人来说,记忆中那些遥远的与罪恶的对峙正是他们身份认同感的基本来源之一;但就像任何被传送的能量一样,记忆中与罪恶的对峙在传导的过程中会慢慢减弱直至消失。正如犹太人大屠杀变成了一个抽象事件一样,奴隶制的那段历史正被逐渐淡忘,同样的生疏也出现在美籍亚美利亚人和土耳其大屠杀之间,出现在美籍华裔和日本军队实施的南京大屠杀之间,出现在美籍爱尔兰人和爱尔兰反英独立战争之间(尽管在某种意义上,最后的这个战争还在继续)。那些我们曾用来弄清我们是谁、身处何方的道德印记,如今已荡然无存。这些印记的褪去使我们突然陷入了一种对自己身份的恐慌,那些难为外人所道的受压迫史凝聚成民族的集体伦理意识,而这种恐慌如同一块锋利的碎片深深嵌入其中。今天的美国社会,越来越多的族群热衷于讨论哪个民族的历史充满了最多的苦难和不公。

这种"多元文化"的竞争在道德层面上表现出一种蛊惑性。它试图替代日渐消逝于神秘的过往的那些罪恶景象。那些景象——纳粹党的冲锋队、塞尔玛的警犬——曾使美国人奋起投身于共同的道德目标。当克林顿总统——他生逢越战,却没有服过役——漫步在五十年前第一批进攻部队成功登陆的诺曼底海滩,并试图将美国的先驱在诺曼底的经历诉诸言语时,这一点显得尤为明显。这一纪念典礼的场面不由让人产生某种程度的怀疑,如果罪恶再次来袭,美国人是否仍能做好辨识它的准备?

我们对过去存在疏离感的例证之一便是,现在有关罪恶问题的严肃书籍往往一开篇就审慎地举例说明罪恶问题是真实存在的,好像这还值得争议一番。这些书读起来就像启蒙读物,要么列上一长串证据清单(一位当代道德哲学家这样说,"我们看见[罪恶]现身于……对亚美利亚人、柬埔寨人、吉普赛人、印度尼西亚人、犹太人和俄国富农的大屠杀中"[5]),要么就引用有线电视关于本地恐怖事件的报道(住在郊区的父母用香烟烫伤孩子,或者把他们锁在不开灯的壁橱里,孩子们身上满是他们自己的粪便)。但是我们可以从历史中得知——尤其是从20世纪30至40年代那段似乎使大多数德国公民备受煎熬的民族集体失明失聪的历史中得知——即便是邻居遭到杀害或折磨这样的事件,也会像报纸上关于秘鲁地震伤亡人数的统计数据一样显得与己无关。一串又一串的名单根本无法表达它们试图再现的那些经历。

每个人都知道,罪恶大有在现代生活嘈杂的背景声中隐去的势头;我们也知道,"工业制度,"如同人类学家莱昂内尔·泰戈尔(Lionel Tiger)指出的一样,"是让人逃避道德唯一有效的润滑剂。"夜幕下,又一个无家可归的人被冻死,在一系列似乎找不出根源的图景里又添一笔。我们应归咎何处? 在泰戈尔形容为"[允许]独立的个体以完全成熟的自我道德去从事商业而不用顾及个人义务"的公司文化之中,懂行精明的投资者与心怀鬼胎的投机者的区别何在?[6]甚至当"犯罪"的证据比瑞士银行里来历不明的巨额存款更加昭然若揭时——比如,在毒品贩子的火拼中被击中的孩子的尸体——我们仍然无法轻易地辨识出罪魁祸首。我们把他当作被称为文化的这个大实体的一个代理人;当我们抽身而去,较之于恼怒,我们更多的是感到迷惑不解。谁,或者什么,该对此负责?

三十多年前汉娜·阿伦特(Hannah Arendt)在《纽约客》(The New Yorker)上发布的那些关于罪恶平庸化的言论可谓直击痛处,而原因之一就在于这些问题的顽固性。正是在纳粹杀人机器的要员之一阿道夫·艾希曼（Adolf Eichmann）的身上，阿伦特发现了这种罪恶寻常化的终极象征——当这位忠诚守纪、办事高效的军官满不在乎地坐在耶路撒冷审判庭的玻璃隔间里时，他脸上就挂着一副半傻笑半搞怪的表情。此刻的他仿佛就是一个现代版的罪恶典型。

这是一个让人回味的景象。它让我们牢记这样一个事实：现代机构所推崇和褒扬的官僚纪律助长了一种可以用来开脱罪名的决定论（所谓"执行命令"，"尽我本职"）。艾希曼似乎在说，自我并不是一个需要承担任何责任的道德本体，而是功效与义务的集合体。艾希曼表现出的那种稀松平常令人讶异，更多地代表一种常态而非变态。而阿伦特的论断中最骇人的一个蕴意就是，罪恶这个概念与现代生活的本质可能实际上是无法调和的。她再次证实了亨利·大卫·梭罗（Henry David Thoreau）在一百年前就曾描绘的现象，即要找到一个地方，那里的人"不再谴责机构和社会，而能直面罪恶的真实源头"[7]——自我，是何其之难。

可是，比起那个在被捕前自由自在地生活在布宜诺斯艾利斯的艾希曼，在耶路撒冷面临审判的那个艾希曼似乎不那么让人胆战心寒。在他被捕并接受审判之前，当他像一个毫不起眼的普通人那样过日子的时候，他确确实实地像个幽灵，似乎在预告着我们这个世界的降临。下面这份记录是以色列情报局局长从一个（名叫凯内特的）以色列特工那里获取的一手情报，展现了监控下的艾希曼在阿根廷避难所里的生活：

> 大约十一点四十五分，凯内特前一天见过的那个男人从大路的方向走回到房子；由于帆布罩上的窥视孔太小，凯内特无法确切地看清这个男人是打哪儿回来的。他打扮得相当体面，下身穿一条浅褐色的裤子，上身罩了一件灰色外套，打着一条纯绿色的领带，脚上穿了一双咖啡色的鞋。凯内特估计他身高在五尺八左右。他还描述了这个男人的其他一些细节："四分之三的头部都秃了，但脑袋两侧还有少量头发，大鼻子，宽额头，戴眼镜，似乎留着胡须，步伐缓慢。"
>
> 这个男人绕开前门，从房子的另一侧走了进去，然后俯身钻过房屋边缘的铁丝网，走到院子里。他在那个孩子身边呆了一小会，好像跟他说了几句什么，他还摸了摸孩子的头，整了整他的衣服——也许因为是星期天，这次那个孩子穿得整整齐齐。接着男人沿着楼梯慢慢爬上了房子的阳台。他一边用手里的报纸赶苍蝇，一边去开门，此时一个壮硕的女人从里面打开了门。当他进门的时候，他俩都在驱赶过道里的苍蝇。[8]

这段描述的可怕之处在于："里卡多·克莱门特（Ricardo Klement）"这个平淡无奇的一家之主和刽子手"艾希曼"之间存在着不言而喻却又十分可憎的反差。比这更可怕的是，看他在阳台上驱赶苍蝇就会明白，这两者之间的区别——以色列人紧接着竭力重申了这个区别——会变得越来越难以把握直至彻底消失。艾希曼—克莱门特成了一个"后现代"的形象，一个没有中心、缺乏自我的人，他仅仅是一个被观察者，其身份随着观察者视角的改变而随时变化。当最后一个纳粹猎人离开后，只有克莱门特会留下，而且没有任何人能够重新勾勒出艾希曼的样子。罪恶将会变成一个认识论的问题。我们似乎正朝着这个尽头走去。

魔鬼无孔不入，但没人能寻到他的踪迹。我们活在人类历史上最残酷的一个世纪，但魔鬼并未现身揽功，而是自行隐去。尽管那些曾用来命名魔鬼的各种名称（在基督教词汇中他被称为撒旦；马克思主义以短语"剥削阶级"来代指他；精神分析学更偏爱"压抑"和"神经症"等说法）在某种程度上都引起过质疑，但至今没有什么能取代它们。因此，本书致力于从历史的层面去思考当代生活中越来越少的、但仍可用"罪恶"和"罪"这种控诉性的字眼来描述的现象，并进一步思考失去这些字眼将带给我们的影响。

我相信，尽管一些旧的词汇和概念正在枯竭，但我们必须用一些概念化的方法去思考那些可冠以罪恶之名的经历；这个信仰曾促使我就以上问题进行论述。现在很少有人仍相信英国作家伊恩·麦克尤恩（Ian McEwan）最近提出的"邪恶本源"的概念；在麦克尤恩的定义中，它是"一股在人类事务中周期性涌现的、主导和破坏国家或个人生活、尔后又潜伏起来、伺机而动的力量"[9]。诚然，我们具有的罪恶这个概念，不再是一个分配而至的实体，不再具有一个本体的实质，就好像一些哲学家所谓的"在场"概念。可是，某些感觉上与这股力量非常相似的东西仍然涌进我们的经验，而且我们还能意识到自己有能力把它强加于别人。既然事实如此，那么眼下一个无法逃避的问题就是：我们的文化无法再提供恰当的词语去表达我们的感觉。

我在不久前和一批学者交谈时表达了上述观点，其中一名听众提出了反对意见："我们不该试图用一个单一的概念，将奥斯威辛的毒气室和一个掌掴孩子的父亲联系起来。"这不失为一个明智的忠告。西方历史犹如一次耗时长久的十字军东征，沿途铲除被发现（或被想象出来）的一切不圣洁，这段血腥历史已足够漫长。一个人的确可以不用将罪恶假定为一种自行己路、穿越时空、时隐时现的本源。降低以前那些组织起十字军东征的道德标准也实在不为过分。

但是，同样毋庸置疑的是，当你摒弃掉旧的词语和象征符号时，你将会跌入一种前所未有的、无法言说的惊慌恐惧之中。这种状态体现在现代生活的各个方面——比如在过去，性的领域曾被内化为信仰的宗教禁令所支配，但现在它却越来越多地受制于法律仲裁。对青年人（尤其是女性）来说，性的约束原本属于社会规范，但现在他们可以自主决定以什么方式、在什么时候依照自己的意愿行事。在过去，人们需要遵照（或挑战）那个把不圣洁性行为视为罪行的传统，而现在的任务更为艰巨，因为人人都得建立起一套关乎身体的个人信仰（何时发生性行为？与何人？）。换言之，以往一个女性说不，她能得到文化权威的大力支持（在宗教传统中，撒旦的身份之一就是引诱者和强奸犯）。而今天，她几乎得一切后果自负。难怪在美国的校园里，不少女孩第一次远离父母视线后，会借助法庭或理事会去理论昨晚、上周或者上个月的性行为是自愿的还是被迫的。

那位听众善意的提醒勾起了我对过去的缅怀，那时关于罪恶的标准远比今天更严格，其涵盖面也更广泛。后来，另一位听众也加入了我们的讨论，他指出，尽管试图重申一种罪恶的观念，将遭掌掴的孩子和奥斯威辛（毒气室）联系到一起，可能有些愚蠢，但我们仍然需要有一个概念去理解纳粹心态和强奸自己孩子的父亲之间的联系。无论我们怎么看待这个问题，越来越多的人似乎达成了这样一个共识，我们曾经有过罪恶这一概念——即使范畴宽泛但仍旧意义不凡——而现在这个概念已经慢慢消失了。现实的问题是我们该不该努力找回它。

以前，罪恶曾被人格化。罪恶是靡菲斯特，是魔鬼。他粉墨登场，韵味十足，又是那么的易于辨认，俨然就是从另一个世界来的不速之客。但是在工业制度之下，罪恶被制度化了。而它的产物也随之变得技术化、国际化、多民族化；尤其在战争年代高涨的狂热情绪中，它得到了官方的极力鼓吹。正如工业制度从根本上改变了生产和分配的方式，罪恶同样也改变了我们生活的道德结构。然而，我们却很难辨别出谁是肇事者。他们不再头顶双角招摇过市，也不再穿带尾巴的礼服，而可能套着一件三点式，有时也会穿开司米高领羊绒衫，或一件剪裁合体的品红色丝绸衬衣。[10]

莱昂内尔·泰戈尔指出，过去描述罪恶的语言已成为乔治·奥威尔（George Orwell）所说的"死的"隐喻，或用亨利·詹姆斯（Henry James）父亲的话来说，是"言语记忆中一个令人不快的沉淀"。[11]它充其量是一类被搁置一旁、鲜为使用的语言，当我们用到"糟糕"等常用词时，才会意识到它的存在；以往卑微的人类使用这个词来表达面对威严的上帝时怀有的恐惧与紧张，但现在这个词被更多地用来描述变质牛奶的味道或者观看一部无聊电影的感受。当有人打喷嚏时，人们还是会说"上帝保佑"——这句话起源于中世纪，是在一些肉眼无法看见的小鬼小怪（进入鼻腔）攻击人的时候，用来祈祷个人道德不被侵扰。这些在以往至关重要的用语早就变成了礼节性的客套话。如爱默生（Emerson）所说，"新的意象鲜有产生"，而旧的词语已衰退成司空见惯的陈规。[12]

应该说，即使对于很多世俗自由主义者而言，那些旧的宗教隐喻也并未完全消失。它们仍然酝酿在意识层面之下，有时也在日常的谈论中一闪而过，如果仔细聆听，我们能够觉察出来。可是总的来说，这些隐喻大多已沦为单纯的口头表达。例如，在约翰·厄普代克（John Updike）的小说《东镇女巫》（The Witches of Eastwick）中，书中人物在努力擦拭一条东方地毯上的一小块茶渍时，感叹道"东方人的最伟大之处"在于"他们不会暴露你的罪行"。[13]面对如此这般的轻描淡写——将茶渍与罪恶相提并论——或许我们最好的办法就是完全舍弃那套旧的语言，因为这样的语言好像一条大小便失禁的老狗一样让人难为情，把它丢掉似乎是合情合理的选择。

但我们还是会迟疑。如果那些描述罪恶的语言最终消失殆尽，我们必定会陷入哑然无声的状态——这种状态与性体验或审美体验极为相似；当我们陶醉在音乐之中时，或无需发出指令享受爱人的爱抚时，为了那发自语言最深层的一声感叹，我们情愿放弃语言。这种对口头方式的超越可以带来性和审美的解放。可是这在伦理生活中却是一种禁锢。在强制性的沉默中，它给我们留下一个难以回答的问题，用某位文学批评家的话来说，就是"想象力该怎么去规范引导那些既无据可循，又不具备任何审美作用或意义的东西？"[14]

请容我举个例子来说明这个问题的严重性。和我一样的文学教师常常与年轻人打交道，借用弗兰克·克莫德（Frank Kermode）曾经用来定义文学批评的一句话来说，这些年轻学生正在尝试着"从我们如何揣摩生活的意义中揣摩意义"。[15]为了帮助学生理解这个问题，在我任教的大学里，我们仍然要求本科学生读一读圣·奥古斯丁（St. Augustine）的《忏悔录》

(*Confessions*)。学生们在这部伟大的作品中读到奥古斯丁关于偷盗的一段回忆:他加入一伙闲逛的小混混,从邻居家的梨树上偷了一大串梨。奥古斯丁说,他偷梨,既不因为饥饿也不因为钱财,仅仅是为了尝几口,而在他心满意足地咬了几口果皮吃了些果肉之后,他把梨一股脑儿扔进了猪圈。奥古斯丁回忆道,作为一个新入伙的小混混,他"唯恐不无耻"。[16]

当我的学生放下奥古斯丁,翻开《纽约时报》(*New York Times*)时,他们也同样能读到街头小混混寻衅滋事(几年前,这个叫做"野")的报道。不少社会学家指出,同辈压力会迫使人去干坏事,无论是偷东西、破坏公物,还是杀人抢劫;既不针对任何人,也没有什么特殊原因。我猜想,当我的学生思考这样一个现象的时候(作为一批即将成熟的青少年,他们可能会感到自己与这些现象有着密切联系),其中大部分人会踏入老师努力让他们认识的花花世界:他们极尽所能地思考着文盲与贫穷,思考着那些缺少父亲的家庭,思考着种族冲突,思考着淫秽广告,思考着所有这些现象与残暴行为之间的潜在关系。(他们可能也偷偷地想过,在深夜孤单一人时,自己会遭到这些贫穷生活的受害者的袭击。)而与他们不同的是,奥古斯丁所思考的是他自己的原罪之谜——在这个宇宙中,上帝让人类背负自由意志的重担,却又在他们眼前晃动着种种诱惑。

奥古斯丁思考着的是人们过去所说的"道德的罪恶",而今天我们更倾向于用"反社会的行为"这个委婉的说法,在此表述中责任的概念已经消失,人类被重新视为一个有明确功能的零件。如果他无法正常发挥作用,就要被修理或清除;但是这其中不存在真正意义上的指责——只不过像处理坏掉的滚珠轴承或水管那样。我们从调整问题的角度来思考,或者如果实在太糟糕,就把它丢掉。

如果说这两种思维方式之间的差距很大,也的确如此,那么在我们过去所说的"自然之恶"与我们现在对事故灾害所持的那种退化了的看法之间,差距就更大。这个世界曾被认为是上帝意念的显现,或是众神意愿的表达;世界上发生的任何事情——战争、饥荒——都具有惩罚和警示意义。即使在1912年,当那艘号称"永不沉没"的豪华游轮泰坦尼克号在她的处女航沉没时,关于这起事故的报道都趋向于视其为"……写在冰山消逝的轨迹和翻腾的波涛上的一次教训"。这次教训在圣经上有据可循:"凡自高的,必降为卑;自卑的,必升为高。"[17]但是今天,大部分的西方人认为,世界的起源不可知晓,而我们也不明缘由地身处其中。1986年,"挑战者"号航天飞机在百万人注视下爆炸,一位男主播震惊得瞠目结舌、无言以对,由广告商斥巨资赞助的直播节目一秒一秒地流逝。他确实不知道该说些什么,最后他用到了冷战语言,这是他能想到的最接近形而上的表述。看着那些被匆忙召集到直播现场的专家们,他问道:"这是不是说明俄国人领先我们了?"

在这个缺乏形而上意义的世界——甚至连冷战语言都离我们而去——尽管我们的保险理赔范围仍然覆盖诸如风暴、火灾、洪水等"上帝的作为"(现在更常见的做法是不理赔),但事实上,大多数人认为诸如此类的事件只是一些无法预料的不幸。1993年,密西西比河溃堤,许多州的城镇、农场和工厂都被洪水卷走,而民意投票表明仅有百分之二十的美国民众认为洪灾和神谕有关。[18]面对这些事故,现在大多数人只能满嘴胡言或保持沉默。很久以前,我们最优秀的作家就已预见语言的这种无路可走的境地。比如,梅尔维尔(Melville)笔下的比普[《白鲸》(Moby-Dick)中的一个黑人小侍从]在一次"意外"中从甲板掉进了海里,他独自一人漂浮在茫茫的大海中,几乎不能说话;在无边无际的大海上,他被一种无限的孤独感紧紧包围;他的自我被完全抽空。而当他再次因偶然的机缘获救后,他在裴廓德号的甲板上一边游荡一边反反复复地念叨一句话——"我瞧,你瞧,他瞧;我们瞧,你们瞧,他们瞧"——水手们认为他完全疯了。可是,当比普嘟囔着浩瀚的大海留给他的唯一语言——一个没有中心的变体时,他说话的方式跟我们非常相似。[19]

这种意识的终结以及紧随其后的语言的碎裂都是现代性的主要征兆。最近一本研究语言如何表现痛苦的书关注到了这个事实,举例说明道德语言遭受到的故意扭曲。比如,世界各地的刑讯室也叫做"会客室"和"安全屋",可事实是,残酷无情的审讯就是将受审者"逐步压逼……直到把话给逼出来",而此时的受害者只能用某种前语言阶段的喃喃声来表达他的恐惧和痛苦。[20]这种技能似乎是我们儿时熟知的某种更温和的经历的放大版,孩子们喜欢一遍又一遍地重复某些词语[最容易的是叠声词,比如"banana(香蕉)"或单音和元音词,比如"owl(猫头鹰)"],直到它们失去其指示意味,成为毫无意义的废话。

无论我们如何强烈地反抗,迟早都会受到这种智力和语言的不济所带来的折磨——通常是在我们生病或濒死而不得不面对曾被称为"自然之恶"的时候。今时今日,与疾病的对峙通常发生在抗菌剂和抗生素发挥延缓功用的几年之后。在早期的美国,当医学对疾病的生理原因知之甚少的时候,人们却能用丰富而生动的语言从道德的角度解释疾病,通过医治灵魂来达到医治身体的效果——只要圣经发挥支配作用,只要神圣的基督教能反映其免死符的起源。基督曾活在很多美国人心中——尽管今非昔比,说到底他曾是一位奇迹创造者,不管是在人的身体上(他使失明者复明,使跛足者能行),还是灵魂上(他赐永生给一切相信他复活的人)。弥尔顿在《失乐园》里写道,当夏娃犯罪,"大地感到伤痛",当亚当追随她,"[大地]又再度呻吟",自此死亡进入到自然的循环当中。

在一个有信仰的年代,自然和道德的罪恶是一对密切关联的概念;今天许多人也还是将两者结合在一起。我们还是可以在电视上看到一些福音传道士颤抖着双手,抚摸着一位缓步登上讲台的佝偻病人的脸,传道士为病人祈求基督前来"医治!",那情形就好像在对一只难以驯服的狗说话。最后这位满心欢喜的病人迈着轻快的步子回到座位。这类信仰疗法的医治者试图恢复原始基督教的力量,借助异教传统中各种疗法的魔力,发展出新兴的保护性仪式——献祭的香膏、圣洁的洗礼之水以及圣餐中的面饼和酒。他们甚至重提早期基督教驱魔的方法——比如牧师在准备接受洗礼的人的耳朵上蘸一点口水,表示对其内在的魔鬼的貌视。

然而,对生活在现代社会的大多数人来说,这类表演似乎带着几分喜剧色彩。可是,即使我们当中的一些人认为道德世界和物质世界之间的联系不过是祖辈们模糊的记忆,即使他们在从不强调这种联系的传统中长大,这种关联对他们而言也从未完全消失。当我们去医院探视病人的时候,谁不曾觉得自己应该区分开神的报复和霉运这两个互相干扰的想法?我们都知道同情病者和鄙视他们仅一线之隔,可我们常常越过这条界限。我们该不该怪罪一个由于迟迟不去做乳腺透视,导致全身布满转移性肿瘤的女人?我们该不该数落一个因为常年嗜吃黄油和奶油,最后得了动脉栓塞的男人?更重要的是,我们是否鼓励或者允许他们自责?

我想起曾经探望过一个脑部受到重创的朋友。那时他的手臂苍白，青筋暴起，好像一只煮熟的鸡；他的脖子上插着呼吸导管，他每呼吸一下，脖子上的皮肤就跟着起伏抽搐，那咯咯的声音令人不安。我本来没有任何理由去生他的气——但恰恰相反——当我尽力说些逸闻趣事和勉励的话语来打发时间的时候，我感到一股蠢蠢欲动的愤怒。我搞不清楚自己为什么生气，我为此感到羞耻，但是我认为这种感觉并非异常。

透过这种愤怒的感觉，我们察觉到人类对于污秽的原始恐惧开始复苏，而这种感觉是所有宗教的基础——一种"对代表不洁净事物的半生理、半伦理的恐惧"。在我朋友那张干枯的脸上，我想寻找一些报应的迹象——一个印记，或一些模糊的痕迹，能显示出这个世界的公正和苦难之间有着某种合理的联系。坐在病房里（我们都知道自己迟早也会躺在其中某张病床上），就如同回到"那个尚未把不幸……和过错区分对待的年代"。如果我们回溯到那个年代，那个以是否合乎道德规范去理解个人命运的年代，我们或许会感到一种不祥却又多少令人安慰的"对污秽的恐惧"。[21]换言之，如果苦难和过错之间被看作是有着紧密的联系，那么在人生苦难这件事上，一个人至少可以察觉出一丝规律性，懂得一些神学家过去所讲的"至善至美"的含义。但在今天，如果一个人有意识地寻求这份安慰——如果这种龌龊的念头上升到意识的层面，认为遇难者都是罪有应得——他会觉得自己变态；在这个明显无序的世界里，这种思想倒退一旦发生，人们感受到的只有羞愧。

这种羞愧来自于我们作为现代人的深层空虚，它让我们想起我们曾经拥有的对于这个世界的认识；那时人们"一致认为世界是反映上帝意图的一种道德秩序，且与人的道德行为息息相关"。[22]一些人仍然固执地坚持这种想法——比如说，有些人坚信艾滋病患者是因为他们荒唐的行为而得到了应有的惩罚，他们身体的疾病反映出灵魂的堕落。我们可以轻易地否定这类想法，斥责它们为原始、迷信、不人道——也的确如此。但不管这些想法多么地令人反感，大部分人，如果他们对自己坦诚，都会承认他们渴望一个世界，在那里，"灵魂的一举一动都有意义……意义完整——道理完整——且能让人完整地感知。"[23]人们都想生活在这样的世界里：罪恶清晰可辨，它具有意义，且需要回应。

当人们在这种渴望的驱使下，尝试使用已被历史废弃的方式来恢复罪恶的意义，他们不可能成功。以罪恶和性欲为例，我们无法像过去一样把它们再次联系起来，这两者之间最初的联系无疑是用来维持社会稳定的一种方式，因为在那个年代性行为与怀孕尚无法分离。道德的确存在一个家谱；而且，像一个无法生育后代的家庭一样，当家族血统走到尽头，某种特殊的道德观念会随之终止。在人类历史的大部分时间里，无节制的女性情欲曾被认为是有罪的，因为它会耗费可估算的社会成本。它与父系家庭，以及后来的整个资产阶级社会的组织形式无法相容。情欲曾是一种禁忌，或是一种罪，这种联系的合理性无需争辩。可是，自从现代避孕技术打破了性、怀孕和道德之间的因果联系之后，这种禁忌也被永久地破除了。试图重树贞洁即美德这个摇摇欲坠的理想，正如一些善意的人们的所为，就像修补不能复原的碎片。我们应该更新，而不是去恢复我们对罪恶的认知。

如果我们的文化缺少一些重新燃起的罪恶之感，它还能否长久地保持其生命力？这是一个悬而未决的问题。但撒旦将卷土重来的迹象暗示着一个答案。即使在当代美国，崇拜撒旦的现象从未被当作一个客观事实记录下来,但撒旦始终存在于人们的主观经验中。近来越来越多"恢复记忆"的案例——借助理疗或催眠术来让人回想过去的那些创伤性事件——都涉及遭到撒旦崇拜者亲手蹂躏的受害者的回忆。[24]也从来没有过如此多的小说和电影描绘种种虐待、残害和恐怖行为。我们与罪恶的观念渐行渐远的同时,似乎也需要更多的对于罪恶的有声有色的再现——罪恶就如同一剂药,用一次,药效便减弱一次。

让我们想想最近在美国出现的一种新兴的(书籍)销售方式:在大量出现的二手交易书店里,顾客将自己看过的图书卖给书店来换取积分,然后凭积分购买旧的平装书。跟小城镇上的公共图书馆一样,这些书店就是图书流通的中转站,在那里顾客不仅能浏览外地出版商的产品,而且能了解到身边人们的阅读兴趣所在。从大量图书交易实况来看,读者的兴趣似乎主要集中在性幻想和恐怖刺激上。吸血鬼和巫师一类的书籍占据着这些书店,使得它们俨然成为一个撩拨情欲的地方——这说明,阅读仍然隐约带有几分与现代生活的主旋律唱反调的味道,它也依旧还是一个"[运行]在大脑的隐蔽处,不受干扰的私密"活动。[25]这些也是对我们谈论罪恶时那种失语之苦的一种回应。

那些摆满整个书店的恐怖类书籍到底讲了些什么?为什么能吸引上百万的读者?此类小说大都讲述某个主人公(可能是侦探,精神病医生,或无意中的目击者),一个典型的自由主义者——理性、不信教、宽容、通情达理、富有同情心——在故事中发觉自己直面一个异常冷血或连环作案的杀手。[26]故事的情节一般不围绕破案识凶,因为读者一般在故事开头就知道谁是凶手,而是着重于交代一个人怎样变成了杀人犯。这些书不像精神案例的研究那样具有侦探小说的色彩,对追捕过程的描写主要是为了发掘凶手的经历,而不是为了找出真凶。

大多数情况下,凶手是一个曾遭受虐待的儿童,在其成长过程中,以自己的方式变成了一个残忍的信徒。在杀人的时候,他获得了强烈的宗教快感;他可能还非常嗜赌——认为他能运用超能力把老虎机上的水果图案旋转出最完美的组合,甚至能引导轮盘赌局中的球滚入他下注的那个凹槽。在一个案例中,他的父亲是一位严厉的牧师,母亲也很冷酷无情,当他的母亲发现他在手淫时,就摊平他的手掌,用菜刀在上面深深地划上一道,随后用唇膏涂沫伤口——他后来就用这种手段来标记受害者的尸体。另外一个案例中,凶手从八岁起就必须呆在他父亲那血淋淋的肉铺子里学习给死鹿剥皮去骨。到了晚上,他还必须忍受他父亲妻子的性恐吓——这个女人认他做儿子只是为了能折磨他,因为在她看来这个孩子是她丈夫的淫欲在妓女身上种下的一个龌龊的累赘。还有一个案例,凶手天生就有兔唇裂颚,"不像一个婴儿,更像一只叶鼻蝙蝠"。在被母亲抛弃后,他被一位祖母养大,这个老妇人却常常拿一把剪刀在他阴茎上比划,以示管教。长大后,他缝合了自己的脸,还成为一名健美运动员。他借在快照冲洗店工作之便,锁定了一些幸福美满的家庭——在他人看似平常的举动中,他杀死并肢解了这些沉醉在幸福安逸中的人们。[27]

这些人物与以撒旦为原型塑造的得不到父爱的弃儿形象如出一辙——每个人都曾被一些难以取悦的强权压迫过。因此,在探员追踪杀人犯的初期,他或许感到过怜悯,或许流露过改造和疗治的本能反应,仿佛他在追捕一个受了伤的孩子。(近期一些犯罪小说赋予杀人犯多重人格——一面温柔仁慈,另一面残忍凶暴。)一开始,追捕者不愿去谴责罪犯这个同样是他人残暴行为的牺牲品,但最终他禁不住怒火中烧,产生了杀人的冲动。他就是20世纪50年代科幻电影里那些戴眼镜的科学家的翻版——这个自以为是的家伙上前去问候那个异形怪物,迎接他,同他讲理,还恳求下意识举枪的士兵不要开枪射击,不要"从科学的怀里夺走"这些(他认为是满怀善意地)站在他们面前的弥足珍贵的标本。老电影里,在那个异形怪物困惑地迟疑了一下之后,这个轻信的傻瓜通常就化成了一团烟雾或被当头打死。但在新型恐怖小说中,这个善良的人在经历了自我挣扎之后,更倾向于得出这样的结论:警察的思维方式是正确的,在此送命的要么是那个怪物要么是他自己。因此,在一种近乎于性释放的行动中,他重新燃起被压制的愤怒,将怪物一举铲除。

现在的美国,人们对这一类型的写作似乎有着巨大的需求。这表明一股郁积已久的愤怒贯穿着这个文化,它所针对的心态被威廉·詹姆士(William James)在20世纪初归咎于"那些富有涵养的、率真的思想家们通过辩解,消解了罪恶和痛苦"的现象,或者说它针对的是莱昂内尔·特里林(Lionel Trilling)在此五十年后所说的"不解世间罪恶的愚拙"。[28]这类写作的真正主题是揭示信奉自由主义的主人公们如何克服他们最初的幼稚,明白那不过是一种道德上的假正经。

当然,这个主题并不仅限于俗套的恐怖小说。最近几年,一大批创作严肃小说的作家(绝非只是美国作家),比如约翰·勒惹(John L'Heureux)[《奥尔塔米拉的神殿》(*The Shrine at Altamira*, 1992)]、托马斯·伯杰(Thomas Berger)[《遇见魔鬼》(*Meeting Evil*, 1992)]、伊恩·麦克尤恩(Ian McEwan)[《黑犬》(*Black Dogs*, 1992)]、拉塞尔·班克斯(Russell Banks)[《甜美的来世》(*The Sweet Hereafter*, 1991)]、杰恩·安妮·菲利普斯(Jayne Anne Phillips)[《收容所》(*Shelter*, 1994)],纷纷围绕这个主题进行创作。而且,小说也并非争论这个主题的唯一场所。《时代》(*Times*)杂志近期的一则封面故事以罪恶为主题;《新闻周刊》(*Newsweek*)随即应和,讲述了一个人类丧失羞耻之心的故事;《夜线》(*Nightline*)做了一期关于驱魔的特别节目;《纽约客》杂志针对邪教仪式对儿童的侵害进行了两期采访报道。甚至连MTV频道都有所行动,播出了一个关于七宗罪如何被青少年文化理解和接受的节目。许多与此相关的电视专题节目也相继播出(连环杀手成了一个大热门),比如在HBO制作的"直面罪恶"这档有趣的节目里,电视观众能目睹受害者和施暴的罪犯在探监室里直面彼此的情景。受害者面对那个破坏了他的生活的人,脱口而出的问题常常都是同一个:"你为什么要这样做?"回应他们的总是那个一成不变的答案:"我不知道。"

这种对罪恶的慌张回应正是本书的主题。近来最好的恐怖小说之一[托马斯·哈里斯(Thomas Harris)的《沉默的羔羊》(*The Silent of the Lambs*, 1988)]对此做出了精炼的概括——一个被关押的疯子,也是一位心理医生,曾将他的受害者们活活咬死,然后吃掉,而一位年轻的FBI女探员为追捕另一个连环杀手而向他求助,他们之间有这样一段交谈。这位疯子医生穿着束身衣,站在一个用有机玻璃制成的隔间里,对外面那位语调轻柔、有条不紊、被其称作小鸟的年轻女探员说道:

"在我身上什么也没发生过,斯塔林警官。是我发生了。你可不能把我降格为一连串前因后果的产物。为了你信奉的行为主义心理学，你已经放弃了善恶观念，斯塔林警官。你已经给每个人都套上了一条道德尊严的裤子——从没有任何事是谁的过错。看着我，斯塔林警官，你有勇气说我是邪恶的吗?"[29]

这段话是对现代恐惧的写照——我们恐惧是因为知道我们无法回答这个狂魔提出的问题。

本书接下来的部分正是要尝试讲述和这种缄默有关的故事——它是如何开始，如何发展，以及当它结束之后，又将发生什么事情，如果真有什么事的话。

第一部分：信仰的时代

第一章 新世界来了旧仇敌

[一]

  曾几何时,撒旦被认为是无处不在。但是当撒旦攻击时,他发出"看不见的致命一击",于是他的狡猾——即他的实质——因其难辨性得到了确认。撒旦一贯如此,正如波德莱尔(Baudelaire)在他著名的论断中所指明的,魔鬼最狡诈的伎俩就是让我们相信他根本不存在。追溯现代化到来的方式之一就是去探求魔鬼渐渐潜遁于无形的过程,一个几百年来不幸的却又无可逃避的由来已久的过程。在美洲第一批殖民定居点建立前的那些年头,一位英国人就曾指出,"魔鬼的策略就是说服我们相信从来就没有魔鬼。"[1]早在1600年,撒旦就已经着手进行他伪装谦卑姿态的现代计划了。

  撒旦曾经是个在上帝宝座上自鸣得意的吹嘘者,如同中世纪的宗教神秘剧中描写到的:"啊哈,我睿智绝伦……如果坐于宝座上的是我,我便能拥有与他匹敌的智慧。"但在两百年以后,以马洛(Marlowe)和莎士比亚为代表的伊丽莎白时代的戏剧鼎盛时期,撒旦已乔装打扮,或退居幕后;他时而变成温文尔雅的靡菲斯特,时而变成心肠歹毒、告密造谣的伊阿古。但在早于那个时代的一千年之前,在公元时代的早期和中世纪,当人们认为这个世界满是魔鬼,天上掉下一根针必定会刺中其一时,魔鬼的样貌和特质就已经引发了激烈的争论。造成这种状况的部分原因在于,犹太—基督教传统中没有任何一部圣典以全然清晰的笔触展现过魔鬼。几个世纪过后,梅尔维尔评论说,"仅从四部福音书中,我们找不到有关撒旦的任何丰富生动的想象,我们唯一了解的是,撒旦是恶之本质的化身。"[2]

  圣经中当然存有大量关于恶的意象——《创世记》中的蛇;《以赛亚书》中的路西法[1];《路加福音》中的别西卜;圣徒保罗笔下的彼列,那位"空中掌权者的首领";还有那个像皮条客一样的魔鬼,他对基督说:"这一切权柄、荣华,我都要给你,因为这原是交付我的,我愿意给谁就给谁。"[3]但是,魔鬼作为一个具有可识别特征的形象,只是偶尔出现在圣经中,这些零碎的片断在很久以后才被整合成一个统一的概念。

  实现这个整合历经了好几百年。在汇聚了所有出现于圣经中的元素之后,基督教信仰中的魔鬼逐渐成形——这是一个可以同时从语言和教义两个层面进行追溯的过程。意指"阻挠者"或"敌对者"的希伯来词语"Satan(撒旦)",在《约伯记》里被用来称呼那个受派遣去试炼约伯恒心的上帝的代理人,在《列王记》上卷中,这个词被用来指代大卫为其王权正名所必须克服的障碍。一位作家曾委婉地指出,这个撒旦能够"直通天

---

[1] 路西法(Lucifer):该词的拉丁语原意是"光之使者",在圣经中指被逐出天堂前的魔鬼或撒旦。

堂……而且显然与那位全能者关系不错。"[4]公元3世纪,《旧约》由希伯来语译成希腊语时,原文中的"Satan"被译作"diabolos"(拆分开看,取自"dia-bollein");与此同时,《新约》的译文用到另一个希腊词"satanas",它表示上帝自己的敌人,而非受上帝指派去考验人类的诱惑者。这个新的撒旦在《启示录》里显得最为活灵活现,他是"那古蛇,名叫魔鬼,又叫撒旦……(它)被摔在地上。"[5](此外,另一个词"daimon"被用来代表出现在希伯来文本中的各种邪灵,比如在伪经《多俾亚传》中那个魔鬼的新娘。)为了整合这些混淆,"diabolos"和"satanas"这两个希腊词语在都铎和斯图尔特时代的英译圣经中都被译作"Satan",并最终在1611年标准的钦定版圣经中统一下来。所以,文艺复兴的后期,当这一版本圣经成为每个有文化的英国人的主要母语圣经时,各种差别甚微的意思被永久地固定了下来;撒旦,作为一个被统一了的矛盾体,一个有着与生俱来的悖论的受造之物,再次出现了。

翻译的介入使撒旦的意义含混不清,但其实在那之前,撒旦在希伯来语的圣经里早已是一个非常含糊的概念。在《约伯记》里,撒旦有一定的独立性,他遥立在"神的众子"旁边,当上帝询问他"你从哪里来?"时,他以一个叛逆者傲慢的腔调回答道:"[我]来自地下的来来往往、上上下下。"上帝接过话题,抬出约伯这个"完美正直、敬畏神、远离恶"的仆人,于是撒旦将他的傲慢不逊凝聚成一次明确的挑衅,让上帝去折磨约伯,以此来试炼他:"你且伸手毁掉他一切所有的,他必当面弃掉你。"一场考验约伯忍耐力的竞赛由此开始——这场竞赛由厚颜无耻又喜欢挑拨是非的撒旦发起,他质疑这个世界上是否真的存在完全忠诚的人,并企图借此挑战他父神的统治权。撒旦说,给我看看这个完美的人,我将让他沦为喋喋不休的诅咒。然而,在上帝接受挑战后,撒旦在随后的叙述中偃旗息鼓,仅仅做了上帝意志的一个代理人,就好像上帝这位掌权者早就决定去迎合这个自命不凡的家伙,所以才赞成这个以约伯为代价的计划。约伯所拥有的一切——他的家庭、他的财产——都可以由撒旦处置;唯独约伯自己可以免遭劫难:"耶和华对撒旦说,凡他所有的都在你手中,只是不可伸手加害于他。"上帝把撒旦打发走以后,这个故事变成了约伯和上帝之间的一场对话,而撒旦却被排除在外了。

在圣经的圣典地位尚未确定之时,早期的基督教宇宙观也一直处于不断的修葺完善之中,同时,撒旦的居住之所——地狱,也和"魔鬼"本身一样是一个不确定的概念。一部分使徒教父认为地狱是希伯来词语"Sheol(阴间)"和希腊词语"Gehenna(火坑地狱)"的合体——前者指的是永受痛苦之所,而后者类似于炼狱,是灵魂等待救赎的中转站;另一部分使徒教父则认为地狱是受诅咒之人永久的监狱。此外,在上帝的那些以惩罚罪人为职责的正义天使和在地狱里监视这些罪人的恶魔之间,界线也非常含混。正如一位学者曾指出的,这无可避免地"引出了一个令人好奇的问题:那些魔鬼究竟是地狱里的看守还是居民?他们最终是两者兼备。"[6]

甚至连伊甸园中发生的系列事件的道德意义也充满了争议。公元2世纪,诺斯替教教徒[1]

---

[1] 诺斯替教(Gnosticism):尽管有学者认为该教派早于基督教而存在,它仍被普遍地定义为一种基督教派,其特征是相信物质是邪恶的,只有知识,或基督带来的灵知(gnosis),才能使人获得解放。

的知识声望达到顶峰，他们认为，伊甸园里的那条蛇根本不是一个欺骗者，而是知识的赐予者，是人类道德智慧的源头。它慷慨仁慈，将人类从暴戾的上帝所强行施加的黑暗蒙昧中解放了出来。（这个观点开创了一个悠久的文学传统，这个传统充分体现在拜伦和其他浪漫派作家笔下那些黑暗却极富魅力的英雄身上。）圣经中有关宇宙历史的记载非常模糊——比如关于基督降至地狱的那些语焉不详的记载（"我曾死过，现在又活了……并且拿着死亡和阴间的钥匙"）[7]——几百年后这些教义发展成为正统信仰。从4世纪中叶开始，耶稣降至地狱的观念就被当作一个信条来教导，此后这个信条逐渐融入礼拜仪式，并有了一些暴力攻击的特征——"掘开"（源于古英语"hergian"，表示"袭击"）地狱——这也成为了末世审判的一个重要特点。[8]

尽管在魔鬼的本质、能力和习性问题上争议颇多，但在教会历史中，魔鬼及其下属和居所问题仅在6世纪、13世纪和16世纪的三次主要会议上（布拉加大公会议，第四次拉特朗大公会议，特伦特会议）受到过持续的关注。大量关于撒旦的欧洲传说实际上源于异教传统，源于日耳曼和斯堪的纳维亚传奇故事中的沃旦和洛基等神话人物，而魔鬼外貌形象的直接源头是凯尔特神话中头顶两角的塞努诺斯、希腊神话中的萨梯和潘神等诸如此类的古老神灵。

当撒旦的这种形象出现时，围绕着究竟是什么促成了撒旦的堕落这个问题，人们仍然存在大量争议。按照殉道士游斯丁（Justin）和爱任纽（Irenaeus）的说法，在上帝创造出人类之后，撒旦就堕落了；因为亚当获得了上帝的恩宠，他妒火中烧、怨恨重重，因此导致了他的堕落。到了4世纪，［拉克坦谛（Lactantius）］提出了另一个说法：撒旦的嫉妒对象并非亚当，而是基督。基督在这个嫉恨天使眼中就像一个得宠的长兄。这两种说法的核心部分都是我们称作"手足之争"的问题。同时，另外一批神学家，尤其是奥利根（Origen），却坚信撒旦在创世之前就已经堕落，而他的嫉妒纯粹是针对上帝本身——这一种次序关系最终成为了正统的说法，出现在诸如弥尔顿的《失乐园》等作品当中。令人惊讶的是，在"俄狄浦斯"和手足之争这两个版本里，撒旦堕落的古老故事几乎成为了现代精神分析的范例。

此外，大量早期的基督教文献都致力于阐述撒旦骄纵的本性。对于一些作家来说，这种本性是一种想取代父亲的欲望；而另一些作家则认为，撒旦的这种本性说明他有相信自我创造的需要，有不屈从权威、自我管理的需要，抑或有一种无需等候上帝许可、就能自封为神的需要。在撒旦的野心被挫败之后，他不仅被迫屈从，而且遭到了放逐和羞辱；自此，基督教传统中的魔鬼的计划开始以人类为中心。这个故事变成了一个复仇记，撒旦以能够滋扰、诱骗和毁坏上帝的新宠即人类，而大获满足。撒旦在这个世界的所作所为，用精神分析学的术语来说，成为了一个关于本我如何脱离超我束缚的故事——这种挣脱的结果是自我分裂，并且陷入永恒的痛苦之中。

尽管早期基督教对撒旦的构想存在着一种变动性，但长期以来，除了认为人的罪恶重现了撒旦的骄傲这个核心观念以外，还有另一个恒定的因素将各种不同的观念统一成一个我们可以称为传统的东西：即认为，撒旦是一个缺乏中心的存在体。当基督教群体尚未壮大且四分五裂的时候，当他们蜷曲在迫害之下——因为他们的信仰既新鲜又脆弱——且对异端邪说持高度警惕的时候，这个观念就已经成形。撒旦身上背负着上述种种压力的印记。他骨子里是一个欺骗者；他谎话连篇，疑神疑鬼，又绝望不已。他是恐惧的化身。当有关他外形特征的刻画(在公元3、4世纪)开始逐渐成形的时候，他往往被勾勒成一个杂糅体——阿萨纳西亚修(Athanasius)曾这样谈到撒旦，说他是"一只野兽"，"就好像一个直接连在大腿上的人，但又有着好像从屁股上长出来的腿脚"。有时撒旦也被刻画得相当英俊，而且还能把自己伪装成"巨人、野兽和其他匍匐爬行的东西"。[9]

撒旦最喜欢出没的地点之一就是剧院，在那里，化妆、戏服和所有伪造的场景都是为了盈利或娱乐所编造的谎言。撒旦是一个狂热的赌徒，引诱人蔑视上帝的旨意，将运气孤注一掷。凡所到之处，他必竭力打破常规和习俗；他和他的随从倒骑在马背上。他有时孤身一人，有时成群结队——派遣一队尖叫着呼啸而过的鬼怪，乔装打扮之后进入到受害人的身体里。一些妇女曾声称自己受到魔鬼强奸，她们感觉到攻击者的身体是冰凉的，由此开始了认为魔鬼冷血无情的传统。在另外一些传统中，魔鬼的阴茎分成了三叉，能同时塞进一个女人的阴道、肛门和嘴巴；但与其说他是一个强奸犯，不如说他更像一个全副武装的引诱者，他在女性中找寻那些普通男性难以满足其性欲的、自愿与他交合的性伴侣。如同特土良(Tertullian)评价夏娃所言，"你是魔鬼的通道。"[10]

撒旦所有令人费解的特性最终可归为一点：撒旦没有实质。他既是虐待者又是谄媚者，他既是高利贷者又是受贿者，他是长着多个巨大阴茎的、半人半兽的天使，对女性的淫荡了如指掌；但撒旦也能将自己变成一个皮肤光滑如缎、淫荡至极的妖妇。从根本上说，他是与基督相对的黑暗对应体：一个具化了的矛盾，一个随意选择化身的灵。正如最博识的撒旦学者之一、历史学家杰弗里·伯顿·罗素(Jeffrey Burton Russell)，用精妙的矛盾短语所描述的，他是"纯粹的——尽管是纯粹堕落的——灵"。[11]

因此，早期基督教中恶魔的核心是一个难以理解的观念，即，魔鬼既是有形的，又是缺乏实质的。虽然他卑鄙下作，但如果读一读教父书卷中关于魔鬼的描述，我们首先就会被他那占据着许多作家想象的、各种栩栩如生的形象所震撼。在带有插图的书稿中，在马赛克彩石镶嵌壁画和油画中，魔鬼的形象令人眼前一亮——这个半人半兽的家伙，有时像狗，有时像半人猿，有时是一个长着尾巴或角的人形，有时仅仅只是一个眼神狡黠的普通人。以各样形态装扮的魔鬼是这个世界里一名活生生的演员，人类和他达成了契约。(这种看法为迫害犹太人和其他群体提供了方便的借口，因为他们的宗教行为可以被解释为撒旦式契约。)撒旦在地球表面留下了他的记号——在陨石撞击出的陨石坑里，在使船只搁浅的沙洲上，甚至在怪石、峡谷、山峡里，他似乎带着恶意的扭曲的目的来破坏自然的面貌。今天我们仍然能见到一些地名，源自魔鬼曾经四处捣乱游荡的时代——比如魔鬼峰、魔鬼坡、魔鬼峡。

[二]

美洲大陆被发现之时，欧洲已临近现代化，魔鬼作为一个可被想象之物出现在新怀疑主义的压力之下。欧洲文明的向西挺进首先是实证科学的胜利，它对坚持世界是一个平面、海洋不可跨越的世界观给予了一记重击。人们可以测量那些曾经只能被想象的距离；可以亲眼看见曾经只能被臆测的一些地方。这种现实的重组不可避免地拓展到了17世纪末科顿·马瑟（Cotton Mather）所说的"看不见的世界"，一个魔鬼出没的地方。

随着星盘和四分仪的发明，人们开始能够粗略地计算纬度，计划航海路线，而在此之前，远洋航海对欧洲的航海家们来说仅仅只是梦想。在葡萄牙船队于15世纪早期使用这些仪器之前，长途贸易只限于贴岸航行的桨帆船力所能及的范围，故此水手们有着充足理由惧怕茫茫大海。但随着方帆帆船的使用和其他航海技术的发展，葡萄牙人一马当先，西班牙人紧随其后，冲破了桎梏，并最终把新大陆带入了欧洲人的视野。驻足于欧洲大陆，在目力所及之外，人们长久以来的想象中有一片带有传奇色彩又让人望而却步的水域——在这块虚幻的领域里，只分布着一些并不宜居的属于赫斯珀里得斯仙女的岛屿，以及澳大利亚和新西兰，人们认为它们的存在是为了与处在广阔未知的大海另一端的非洲持衡。另一些未经确认的证据让人们以为西边有另外一些陆地存在——这些所谓的证据只不过是一些歪曲的记载，比如格陵兰岛的温泉，加那利群岛、亚速尔群岛甚至赫布里底群岛上不时随海浪冲上海岸的奇异树枝。哥伦布的观点与大多数人的相左，他认为向西航行会直达东印度群岛，但直至1498年进行第四次航行的时候，他才真正意识到他发现了一块新大陆。与哥伦布不同的是，亚美利哥·韦斯普奇（Amerigo Vespucci）从一开始就确信自己发现了一个新世界，但直到他和哥伦布死后，这个新世界的命名竞争还在这二人之间持续，一直延续到美国最终定名（甚至在19世纪，"哥伦比亚"与"亚美利加"还被交替运用）。亚美利哥称"印第安人"是食人族，并大肆诋毁其女性的举止和男性的阳刚之气。据他所述，土著印第安女性十分淫荡，她们常让毒虫咬噬他们的性伴侣，以此来增大他们的阴茎。[12]

尽管有诸如此类的恐惧与各样让人蠢蠢欲动的刺激，欧洲人对新世界的发现以同样的程度扩展和局限着他们的想象。欧洲人最初渴求黄金，然后是各种畅销商品——鱼、皮草、皮革、木材、香料、奴隶——他们发现随着绘制世界版图的逐渐增大，被各种妖魔鬼怪居住的半魔幻世界变得越来越小；早在16世纪的头十年里，一个来自洛林的年轻地理学家就已经在他修订的托勒密[1]著作中加入了一幅拟制的美洲地图。神秘的热带海洋——绿波翻滚——那片只存在于水手们的想象中，却没有办法到达的北纬二十五度以南的水域，即刻消失无踪，取而代之的是麦哲伦（Magellan）和达·迦马（da Gama）所到的气候宜人的南大西洋。虽然西班牙和葡萄牙首先从东至西横跨了大西洋，并将南美洲的财富和风土人情公之于众，但开拓更北领域的使命却留给了荷兰、英国和法国，如同雅克·卡蒂埃（Jacques Cartier）在1530年代谈论拉布拉多时指出的，这些地方"可以被看作……上帝给予该隐的（土地）"。[13]推动了这个进程的新发明不是某一种航海仪器，也不是船桅和船帆的新的组合构架，而是股份公司的理念；这一理念中，扬帆出海的风险由一群投资者共同承担，盈利的渺茫机会因此变得非常诱人。

不久以前，这个关于西方理性思想如何给一个梦境般混乱的未知地区带来秩序的故事曾被普遍地当作英雄主义传说来讲述。而现在，这个故事更多地被说成是欧洲的伪善如何在一

---

1 托勒密（Ptolemy）：古希腊地理学家、天文学家、数学家，著有《天文学大成》，创立了地心说，直到哥白尼在16世纪提出日心说，地心说才被推翻。

片干净的海岸拔地而起——这是一个记录中充满了"乱砍滥伐、水土流失、泥沙淤积、资源枯竭、污染、灭绝、残暴、毁坏和掠夺"的文化对一片处女地的入侵。[14]尤其在最近几年,当现代历史学家回顾1490至1640年间一连串事件之时,他们往往能从中看到那些崇高想象的枯竭,以及对自然的一种工具主义态度的萌芽。的确,在16世纪末期,这个新世界已经不太被看作是一个展现上帝之慷慨的奇妙花园,而更多地被认为是一个装满丰富商品的大仓库。如果说最初的一批探险家带回了一系列有关无臂人和青春之泉的迷人故事,其后的追随者[比如沃尔特·雷利爵士(Sir Walter Raleigh)和约翰·史密斯上校(Captain John Smith)这一类的实业家]则开始从士兵和勘察员的角度,冷眼观看这片土地的景致和土著居民。虽然时隔久远,但考察这个历程的方法之一就是去记录那些欧洲人头脑中的珍奇物种是如何系统地相继绝迹。15世纪晚期,在哥伦布所处的那个世界里,人们依旧认为半人半马的怪物、半人半羊的萨梯、独眼巨人和龙居住在欧洲的密林里,而且哥伦布本人也确信他在牙买加岛上发现了狮子和狮身鹰头兽的踪迹。但在19世纪初期,当刘易斯(Lewis)和克拉克(Clark)被杰弗逊(Jefferson)总统派遣到路易斯安那属地的时候,充满奇思妙想的动物寓言几乎完全穷尽了,他们绘制的图表和记录清单中没有任何我们今天在动物园里见不到的动物。[15]

在这个故事的进程中,我们现已到达这样一个阶段,"美洲大发现"(这个说法现在遭到驳斥,因为对于那些早在欧洲人给这片土地取一个欧洲名字之前就定居在这里的人而言,这是一种侮辱)被当作某种类似于淫秽笑话的东西。这种状况的后果之一便是对民族神话的推翻。我们已经从一段最近被阿瑟·施莱辛格(Arthur Schlesinger)称为"免罪的历史"中走了出来,进入到可称为负罪的历史中。比如,哥伦布所乘的三艘船只的名字,"尼娜"、"平塔"、"圣玛丽亚",曾被每一个学童当作勇气的象征来背诵,现在竟被曝出是卡斯蒂利亚妓女的诨名。在最近对哥伦布所做的评价中,他变作了一个半疯癫的江湖骗子,他原本公告要赏给第一个眺望到陆地的人一万钱币和一件丝绸对襟马甲,后来却把这些奖赏据为己有——尽管在桅杆横桁上那个不眠不休地眺望的水手才是真正地受之无愧。[16]

毋庸置疑,欧洲殖民地的建立是一个暴力的过程,人类为其付出的血的代价被掩盖在当代历史的见证者所采用的种种修辞性说法中,这些说法不仅见于第一批航海者和后续英法探险者的报道中,也不失时机地出现在距今甚远的诗人们所创造的情爱比喻中,比如,约翰·多恩(John Donne)在16世纪末期赞美他情妇的身体时——"哦,我的亚美利加,我的新大陆!"——就将他游走的双手比作新世界的探索者。在我们这个年代,这种极富魅力的类比已经遭到了愤慨的指责。而且,由于受到一种从文化层面上看类似于临终忏悔的情绪的影响,我们现在更喜欢将这片土地说成是"寡妇"而非处女;我们知道,甚至在欧洲定居者的主力到来之前,就已经有很多土著居民死于天花和麻疹(被第一批先遣部队感染),而余下的许多则在枪口下丧命。北美殖民定居曾经被赞颂为欧洲冒险精神的胜利,但现在对我们而言,这却是一个粉饰着敬虔辞藻的血腥的创业过程。在这个修订历史的过程中,我们似乎带着那么一点食尸鬼似的病态的骄傲。[17]

尽管将一段光辉的历史披露为一个骗局始终令人不快,但这个新故事的确值得一讲。整体而言,这个新版的故事不像老故事那样扭曲事实,老故事关注的焦点乃是在最终成为美利坚的这片土地上所经历的殖民过程。故事中突显的是一批英勇的英国人，他们在冰天雪地中蜷成一团，靠信仰带来的暖意和少数印第安土著的怜悯得以存活。而实际上，真实的故事就如同大多数的人类经验一样，是胆小怯懦和风光体面的杂糅，早期的历史学家比我们更懂得这一点。他们在讲述这个故事时，不做单调的颂扬或控诉，而是进行对位交织，这也成为了讲述这个故事最好的方式。正如18世纪来自南卡罗莱纳的大卫·拉姆齐（David Ramsay）所言，这些历史学家知道故事的中心是"那片愁云惨雾，这激起了他们的一种不祥的预感，即恶已经超过了善"。在一些地方——比如清教徒定居的新英格兰，中世纪的基督教宇宙观基本上被原封不动地传承——清教徒对"过多地将我们自身的罪和愧归咎于魔鬼"的行为发出了警戒。[18]当看不见的世界持续变小，逐渐被可以估量的世界所取代的时候，这个警戒对早期的美国人提出了一个迫切的问题：哪里能发现魔鬼？他能否在一个理性的新世界里存活下去？如果能，他又将以何种形式存在？

[三]

17世纪20年代和30年代，当第一批英国公理会教友开始聚集在马萨诸塞湾寒冷的海岸边时，他们对任何撒旦可能随之偷乘而来的迹象都保持着高度的警觉：

> 我想我听到了上帝的羔羊在说话
> 我的小羊群来啊，为我而来
> 别了你的故土，挚友和财物
> 在狂暴的洪涛中铤而走险
> 聚到这个国家；抛开一切烦恼
> 我与你同在，你必欢欣愉快
> 我的安息日、圣礼、事工
> 还有那圣洁中的主餐
> 但请意识到撒旦的花言巧语
> 他潜伏在你们中间，狡猾地等待……[19]

一位在新英格兰只做过短暂停留的人写下了这首小诗，让我们瞥见了从传说中得以了解的清教徒。这位信徒坚忍，有节制，对待撒旦的态度就好像一个下定决心不被敌人伏击的先头部队的义勇兵。我们可以想象，这个信徒愿意接受牧师的训诫，而牧师在他坦率的布道中不断地发出警告——魔鬼正在伺机而动。"哦，蠢货，哦，蠢货……今晚你的灵魂将被取走……"[20]如果仅此而已，清教徒的这种广为人知的形象还不至于被扭曲得太厉害；它告诉我们，清教徒极为惧怕撒旦，却没有说明撒旦对他而言意味着什么。如果说这首诗没有说得更明白，那是因为这位清教徒先锋根本不知道新世界里的魔鬼将会是什么模样。

这位清教徒从受过的宗教教育中得知，撒旦是一个乔装打扮的巫师，而他本人生来就是魔鬼之子，深陷在罪恶之中，只有上帝可随意给予或收回的恩典才能使他脱离罪恶的污秽。如果这位清教徒是一个契约佣工，或者某个工匠的学徒，他离开英国的目的可能是为了免于加入公路上和城镇里浩荡的流浪大军，或为了逃离那种迫于生计沦为乞丐或者强盗的命运（有位牧师曾将这称作"野兽般的生活"）。[21]如果他是一名教士，或者一个小地主，他必须扪心自问，为了生活在一片他希望不需做出任何道德妥协的土地上，离开他所属的教区和他的邻居是否值得。如果他拥有大量的土地财富，他会发现自己在英国面临着土地承包人的挑战，这些承包人毫无顾忌地圈起土地，赶走佃农，畜养羊群。他不愿与这样的"苛酷地租者"为伍，不愿赶走世代生活在他们的土地上的家庭，然而他又不免为纺织品贸易带来的获利机会所吸引——他知道比起佃农的季节性劳动，绵羊和其他具有商业用途的牲畜正变得更有价值。换言之，他知道如果他继续遵循从佃农那里收取象征性费用的旧传统，继续像父亲及祖父那样对待佃农，他可能会虚掷掉他的身家财富。

这位新英格兰移民似乎是个想凭良心去遵循旧的习俗和价值观的人，但是他的理性告诉自己，他正生活在一个新兴的、竞争的世界，充满了各种新的规则和机会。这个被他抛在身后的世界就像一个镜厅，每一个出口都仿似被各样扭曲的自我影像所阻塞。所以他来到美洲，至少有部分原因是为了逃避自己。[22]

新英格兰的第一批移民既是现代的又是中世纪的，既奋勇开拓未来又执着保留传统，既踌躇满志又对雄心抱负持有强烈的怀疑。他们告诉自己，对他们自己而言，使徒时代是教会、家庭和社会团体的典范。在英国，他们曾经对一个民族国家具有的干涉教会的权利提出反对，他们之中的许多人因此撤回到一些承认牧师权威的团体中，这并不是因为牧师的权威是由教皇和国王授予的，而是因为这种权威得到了敬虔的羊群们自己的授予和认可。

然而，尽管他们自我定义为一群不愿妥协的基督徒，与飞速前进中的世界相隔绝，但（正如他们的敌人大声指出的那样）他们也是英国正在形成的商业文化的先驱。他们中的主体来自于律师界和"喋喋不休，变化无常"[23]的商人阶层，他们坚守安息日，据他们所说，这是出于对上帝所定规则的忠诚。他们工作六天，用固定的一天进行礼拜，礼拜中牧师的布道要求他们孜孜不倦地响应上帝的召唤；比起国家规定的宗教节日和收获节，这种时间安排可以保证他们的生活节奏更好地符合都市商人生活方式的需求。清教的安息日布道倾向于像关注圣经教义那样，关注由贫困救济和债主义务所导致的伦理问题。最终，在这群清教徒和他们的国人之间产生的一个重要区别就是自我意识，带着这种意识，他们生活在一个正消失殆尽的中世纪世界和一个正逐渐成形的现代世界之间。那些选择离开英国的人——他们迫于国王的垄断税或对主教命令的服从压力而离开——继续称自己为"原初"的基督徒。但是，他们搭乘现代化的船只来到美洲，用现代武器制服了印第安人，并将他们的货物运回现代市场。他们的所言与他们所处的环境根本就格格不入，而他们将这种冲突矛盾命名为撒旦。

他们所建立的殖民地与先前欧洲人在新世界建立的殖民点完全不同——就连英国早期在弗吉尼亚的殖民地也被许多移民认为是碰运气的暂时性行为。西班牙对美洲早期的入侵是士兵和教士所为；法国起初也并不鼓励民众向他们在北美的属地进行大规模、永久性的移民，因为这些属地基本上被当作是军事和贸易的基地。但迁入北部殖民属地的英国移民与此截然相反，他们绝大部分由家庭组成，他们的移民行为从一开始就被看成是永久性的。像所有的移民一样，这些新英格兰人活在一种饱含愧疚的平衡之中，他们的一边是那个被抛在身后的国家（故友们召唤他们回来，而仇敌们则谴责他们溜之大吉），另一边是这个已抵达的蛮荒之地。他们中有许多是带着新婚妻子或未婚妻的年轻人，他们来到此地是因为在英国他们已经没有办法获得更好的社会地位，在那里，一个父亲的田地必须传给他的法定继承人。

不管他有多么渴望在这个新世界中站稳脚跟，他的宗教信仰告诉这个丧失了原有公民权的年轻人，那些他未曾得到的物质享受"不过是一片影，一阵风，一个气泡……而且会蒙骗我们"，而"未见之事，才是永恒"。[24]他必须将目光从那些昙花一现之物上移开，以适应在新英格兰的生活。在那里，至少在开始阶段，他有可能就住在一间抹灰篱笆屋里，小屋随时可能被冰暴卷走，抑或被一块未浇熄的火炭烧成平地：

> 这边摆过箱，那边放过柜；
> 还有那边我认为最好的宝贝；
> 我的喜爱之物此刻都化成灰[25]

此外，如果一个小孩上床睡觉时脸颊发红，她的父母清楚她可能会在早晨死去。

更为重要的是，所有诸如此类的悲痛都是来自上帝的信息——用这些移民的话讲，他们解读并"改进"这些信息，而不仅仅是忍耐。对这些早期的美国人来说，机遇和偶然这些现代概念并不存在。尽管改革派神学家已经对某些社会活动，比如抽签这个"被刻意地用来解决某些疑虑的事故或偶然性事件"，放宽了尺度，但是人们还是普遍认为，"我们所谓的运气不过是上帝之手，起因和目的我们皆无从知晓。"另一位神学家甚至说得更直白："那些对我们来说似乎是机遇的事情，不过是上帝用他的话语向我们告知他的心意。"[26]

可以肯定的是，一些事件——比如散步时"常常遇到一只野兔"，或发现"一块旧铁，看见一小群山鹑，或者头上的帽子被风吹走，等等"，[27]被认为过于微不足道，根本不值得去仔细观察和解释。对这些小事的过分关注是预言家和占星师的事情，他们甚至将"纯属偶然"的事情看作是上帝发出的重要信息。但是，有关天意的教条确实认为*所有*事件，无论多么无足轻重，都是上帝的安排。

17世纪晚期，这种认为世界处在完美掌控之下的幻景破灭了，人们开始带着某种癫狂的情绪，满世界地找寻显示上帝意志的迹象，就好像那些迹象正在褪去一样。塞缪尔·休厄尔（Samuel Sewall），一位波士顿居民，后来成了塞勒姆女巫审判案法官之一，他的日记一直写到18世纪20年代，里面通篇标注着这些迹象。几年过后，某种绝望情绪开始出现在休厄尔日记的抄本里，表明他不再确信上帝仍然关注着人类：对他来说，上帝降雨扑灭1676年波士顿火灾中那场"（否则）无法控制的大火"，和他自己笨拙地"在上床之前"弄洒"葡萄园蓄水缸里整缸的水"，已经别无二致。[28]

尽管陷入类似的强迫性行为不免显得荒谬可笑，但是这种以上帝为中心的生活方式仍然极大地影响着现代人们的想象。或许正因为我们不再认同"这个世界星罗密布的苍穹就是一条星路仙途"这一理念,[29]我们仍然可以理解别人曾经执著于此的那份热情。在有关一个韦茅斯男人的报道中,我们显然还能感受到恐惧和狂喜之间的相近性。据描述,这个男人"陷入了一些思想上的苦恼,他一边在夜里高呼,'是你来了吗,主耶稣?'一边穿着单衣跃下床,不顾妻子的阻拦,翻过高处的窗户跌入雪中,然后狂奔了七英里;次日清晨,人们沿着他的足迹搜寻,发现他已经死了。人们可能察觉到,这个男人曾在不同的地方跪下来祷告。"[30]这份报道见证了在信仰的必要性的背后那种巨大的压力,人的心智在此压力下可能会瓦解,也确实瓦解过。我们不难想象,这个男人拖着他那被雪冻僵了的双膝,仰望着那个前来救赎的上帝的幻象,快乐地死去。

既符合信仰的要求,又不致脱离社会的正常生活(不被斥为"狂热分子"),这种状态在一定意义上是一种更残酷的折磨。清教徒们在脱离英国国教的同时,也放弃了一种我们今天称之为"自由入会"的制度,在以该制度为基础运作的教会里,圣礼(洗礼,圣餐)承诺所有接受这些仪式的人获得救赎——除了那些恶行昭著的人。国王的所有臣民生来就属于这个教会,并以洗礼来认证他们的成员资格。尽管清教徒不赞同为公开接受信仰的成年人保留受洗仪式(对此认同的极端主义者被称作再洗礼派教徒——也即后来的浸信会教徒),但是他们认为仪式仅仅代表一种合理的期盼,期盼受过洗礼的人能在随后的人生中感受到上帝满赐的恩典。在清教徒看来,只有上帝的自由锤炼才能使灵魂发生神秘的转变,才能最终让罪人被上帝所接受——才能"洗清罪名"——在上帝的眼里。

这种奇迹般的转变是清教信仰的核心。这也是一个关乎内在精神的事件。维持家庭生活、公共场所甚至灵魂的秩序是人的责任;但是拣选一个自私的人,让他在邻舍的贫苦艰辛下受到感化则完全是上帝的作为。"一个人,"正如后世的一位神学家所说,"在个人的重生之中,和他初生时一样消极";换言之,他与自身的救赎没有什么关系,就像他与最初令他降生到这个世界的性行为之间没有任何关系一样。这种被清教徒称为归信的转变,和法律的实施毫无关系(尽管法律确实可以反过来向孤立无援的罪人证明,个人无力依靠自身的本能去遵守法律)。就像马萨诸塞湾殖民地的第一任总督约翰·温思罗普(John Winthrop)解释的那样,归信不包括行为上细微的调整,不管这些调整是由于窘迫、羞耻还是来自外部的局限或强制:

> 就好比我们让一个人去敲响这口钟,这个人并没有抢起锤子,尽管锤子是奏响声音最直接的工具,相反,他启动第一个推进器或主轮,知道这样做肯定会让钟发出他想要的声音。同样的,如果要让人们主动行善,不能依靠高谈雄辩,去说明这个工作的益处或必要性;因为即使我们的经验常常证明,这样做或许能促使一个理性的头脑去做出一些即时的善意之举,但却无法改变灵魂,使其培养出行善的习惯,可以随时随地地施人以怜悯和慈爱。[31]

有观点认为,一个社会可以依据理性和自身利益的准则来进行调配,而这正是清教运动重点驳斥的对象。清教徒相信,上帝要求于人的远不止于此。他要求受造个体,乃至社会团体,被重新塑造;他要求人的内心与他们的言行协调一致。上帝之所以能影响人的归信,是因为他通过"在人的心中建构出爱的情愫,使其天然地"——不凭算计,也不因胁迫——"生发出"爱和慈悲的行为。[32]对于曾经有过这类经验的人而言,曾经支离破碎的这个世界变得再次完整;而罪,尽管始终潜伏在转变后的心灵里,试图卷土重来,但总如同一觉醒来之后的梦魇一般消殒。

清教牧师通常用瞎眼、麻木和愚拙做比喻,来描述罪的性质,因为罪被理解为一种广义上的愚昧,一种让罪人好似弃儿一样彷徨游荡的黑暗。清教徒摒弃了历史学家罗兰·班顿(Roland Bainton)所说的那种中世纪的观念,即"特定的苦修能够抵偿特定的罪过。"清教不将那些可以与个人逾矩行为相对应的"原罪"或"死罪"分门别类(中世纪传统将它们列为傲慢、妒忌、暴怒、懒惰、贪婪、贪食及色欲)。用班顿的话来说,清教徒像马丁·路德(Martin Luther)一样,都相信"罪不能被区别对待,因为人本质上是堕落的,必须被彻头彻尾地重新塑造。"[33]人之所以为罪人,不是因为他有着特别的缺陷或习惯,可以为榜样所弥补,或为实践所更正;他是一个扭曲的灵魂,他更多地需要被怜悯,而不是被斥责。只有上帝——而不是他自己那些可怜兮兮的行为——才能拯救他。

尽管圣公会教义名义上承认,世界上有形的教堂与圣徒们无形的教会(只有上帝能为此教会添丁加口)之间没有必然联系,但敬拜上帝的体验——在管风琴乐音萦绕的大教堂里,披着红袍的牧师捧着锃亮的香炉,穿着缀金的白色法衣——承载着一种隐约的感官保证,即恭敬顺从的敬拜者能够得到救赎。在过去的英国,国立教会中的仪式——跪在主教面前,看他摇动香炉,烟雾袅袅上升,聆听管风琴腾跃的音乐;或者在小型的地方教会中无所顾忌地领受圣餐——都提供了被上帝接纳的凭据。这些仪式承诺,悔罪者能在上帝的眼中变得合宜;如同所有具有圣典特征的宗教仪式一样,它们提供了一种途径,可以使不完美的自我达到上帝所要求的完美。

这由此引发了一系列至今让历史学家难以回答的问题:为什么这些清教的异见分子放弃了显然慷慨大度的教会?为什么他们感到不满?他们敢于离开英国教会这个舒适之所,敢于反对教会仪式,反对白袍加身的主教以及一整套自古沿袭的教会等级制度,他们骨子里到底是些什么人?

要探寻这些问题的答案,方法之一是认识到,他们这些人发现了上帝允许的救赎在一个不对圣礼设限的教会里变得廉价。这些人坚持说,不能仅仅因为你的父母都信仰基督,就认为你自己理应得救。对于清教徒而言,每一个人的灵魂都自成一体——独立自主、敞露无遗、依赖于上帝不可揣度的意志。如同一位牧师指出的那样,即使你的父母属于"基督[在其心中]已经成形,且清晰易懂"的少数幸运者中的一员,[34]这与你没有丝毫关系;相信恩典能够靠生育传续是对上帝的亵渎。从这种意义上讲,清教神学类似于反映社会现实的一面镜子:恩典像社会地位一样不可以被继承;在那时,即使是出生在富足之家的长子,也会发现他们的世袭财产不足以确保其拥有与父亲相等的地位。

但是,如果恩典不能继承(相信这一点就是重拾有关上帝子民的种族观念),那么恩典也没法赚取。相信恩典是对人类正直善良的奖赏,会转到行为之约这个问题上,然而这个约定不仅早就在伊甸园里被亚当打破了,而且(照清教徒看来)还使天主教徒依赖于一种制度,即邀请祈求者去贿赂一个根本无法兑现其承诺的教会。清教徒声称，上帝通过亚伯拉罕为所有犹太人更新行为之约时，他其实已经修改了最初的约定：

> ……这对[亚伯拉罕]来说，是个伟大的恩慈，指给他看到的如此之多，我是全能的，我能帮助你，我是你极大的赏赐，我能做你的日光，你的盾牌，让一切安乐充满你，让你脱离所有的魔鬼：但这里还要加添给你的，是更高意义上的恩慈，(耶和华说)我将与你立约；那便是，我不仅要告诉你我能做什么，我不仅要指给你看，我不仅要厚待你，告诉你我有意愿和能力赏赐你，只要你在我面前行走，服侍我，成为完人；而且我也愿意进到与你的约中，那便是，我要约束自己，我要投身其中，我要进入约束中，好像过去一样，我不再随意，我甚至愿意立约，与你签下契约，达成协议。[35]

在基督教神话中，犹太人只是断断续续地回应过这份不能言说的慷慨，而且，按照圣徒保罗所解释的那样，通过基督的献祭，上帝进一步延续了他与"以色列家"所立之约。他承诺所有的信徒说，"我要将我的律法放入他们头脑里，写在他们心上……我要宽恕他们的不义，不再记念他们的罪愆。"[36]这个新的、奇迹般宽容的约——恩典之约——是颁给新"以色列人"的，简言之，就是"信我者必得救"。在这个新的时代，可以被继承的约早就结束了。现在，个人不是凭借他属于某个民族的成员身份，而是根据他信仰的诚挚与否，而被优待，抑或被定罪。一个传讲福音的牧师或许能通过传讲教义和会牧指导，成为上帝和人之间的中介，但归根结底，这种交流的过程完全超脱了任何一个人类机构。这种交流仅仅通过信仰成形，一个全新的人也由此诞生。

清教徒(在被神拣选和背道弃义两个方面，他们仍与旧约时代的犹太人产生着强烈的共鸣)大部分的深奥难解的教义手册都关注信仰给人带来什么，以及一个人如何知道信仰的真实性等问题。你如何得知上帝是否已经在你的心里刻写下了真实的信仰？一些人可能会把良好的社会身份——基督徒的"行头"——视为灵魂从上帝那儿获得的好名声。但是，在严苛的新教徒看来，这却是个致命的错误。一个勤奋地去教堂礼拜的人可能看起来衣冠楚楚，却仍旧是撒旦的器皿；而一个衣着褴褛的穷仆人却可能洋溢着恩典之光。尽管清教主义信仰非常严苛，但它对于贫苦无依的人而言，是一种本质上充满慰藉的宗教——对上流绅士阶层家庭的孩子们，对投身激进的英国革命的雇佣工人们，对"帮污脏的孩子洗澡……擦拭灰尘、清理锅灶"的妇女们，[37]尽管如此。无论何时何地，无论谁是它最热忱的信徒，信仰的核心总是坚信，世间的一切和墙壁上的浮光掠影一样毫无意义。清教信仰教导说，必须要断绝掉对一切有形实体的爱恋，心智必须专注，必须殷切地盼望去接受上帝的荣光——凡被上帝选中的男人或女人，他们的这种盼望都能实现，无论他们的社会身份如何。

这些状况解释了为什么在第一批殖民定居点建立之后的两百年，纳撒尼尔·霍桑(Nathaniel Hawthorne)会将他那令人畏惧的目光投向他的新英格兰前辈们，指控他们的虚伪。他认真地对待他们的理想；而他们在新世界中大大地辜负了自己的理想，这使他深受伤害。

在霍桑的这部伟大的小说《红字》(The Scarlet Letter)里(这部作品依然是迄今我们对早期新英格兰最好的注解),他让他们一面穿戴上由一个女人绣制的手套和衬衫领边,一面却谴责这个女人私通。他让他们一边住在镶有彩色玻璃的灰泥房子里,一边却劝说人们不要骄傲和炫耀。霍桑对他的祖辈非常严苛,在他的想象中,他们对他也会如此。他不允许他们去做我们会欣然同意的事情——他们"活在世上,却不属于世上"的要求根本得不到他的尊重。清教徒团体中的很大一部分人早就屈服于他们那充满矛盾的宗教中的最深层的矛盾:这个从未止息的悖论是,人类所取得的微小成就对上帝来说没有用处,然而了解一个人在上帝心中所处位置的唯一途径就是去评估一个人的世俗成就。于是产生了一种需要,即(向自我和集体)展示灵魂及其创造物所处的井然有序的状态,如马斯克·韦伯(Max Weber)在《新教伦理与资本主义精神》(The Protestant Ethic and the Spirit of Capitalism)中所言,这种需要形成了一股变革欧洲的力量,并在临近巅峰之时转移到了美洲。它最典型地表现为一种保持生活居所和日常俗务的干净整洁的强制性心态,仿佛唯有如此,才能确保上帝对我们修饰灵魂的方式感到满意。尽管清教主义热切地想回归到使徒时代那种炽热的虔敬中,它却带着欧洲以及那个被称作美洲的新生之子,进入到一个现代的世界。

[四]

在这个崇尚精神洁净的文化里,重新将撒旦想象成严苛的清教圣徒的对立面,一个邋遢懒散的原型,会十分有趣。如果说中世纪天主教义中,首屈一指的德行是贫穷和贞洁,那么几个世纪过后,这些德行已被富足充裕和规律有序的生活所取代。同时,罪的观念也发生了相应的变化,过去被认为是死罪的某些恶——特别是懒惰和色欲——变得更加该死。懒惰、酗酒和淫荡成了改革者嘲讽天主教神职人员时屡见不鲜的要素;清教徒来到美洲时,带来了这些罪恶的意象。他们告诫人们,不要结交"猪朋狗友",也警告那些"凭肉欲行事的绅士和卑贱的人渣",因为他们"不去……寻求朴质的真理……而但凡有人给他们讲一些浮华的故事,噢,这便让他们极为高兴。"[38]这些禁令体现了对中间阶层的焦虑——因为他们需要游走在混迹酒馆的贩夫走卒和游手好闲的纨绔子弟之间。这些移民谈起"城郊"时,他们头脑里就出现一个处在城市边缘的半开化之地,那里居住着一些蓬头垢面的流浪者;他们去那里搜寻女巫时,可能会找到一个耷拉着几缕头发的寡妇,她喃喃自语,倚靠公共救济金过活。当这种意象变得越来越多的时候,它们成了美国新教道德准则的基础。这些意象间歇性地涌现,促成了那些贯穿美国历史的改革的爆发——从废奴主义者对南方那些放荡无度的花花公子表现出的深恶痛绝中,或者从改革派对肮脏的移民所进行的迫切整顿中,都可以看到这一点。

在这种传统中,罪和声名狼藉是同义词,而人们发现,这个传统的源头更多地来自南方,而不是早期的新英格兰。和新英格兰不同,南方最初的定居者是清一色的男性组成的先头部队,包括士兵和在圣公会中自得其乐、社会身份低微的手工业者。他们中有许多刚刚出狱或者即将入监的债务人,也有没有工作甚至不名一文的年轻人,更有许多头领,鼓吹自己可以制服任何一个难以驾驭的团伙，而其青年时代曾在谜一般的流浪生涯中度过。在南方，对堕落的恐惧从一开始就显得非常强烈，因为饥饿、印第安人的伏击以及后来出现的与毫无防卫的女黑奴发生的性滥交行为，都是生活中司空见惯的事情。如后来的詹姆士一世(King James)在1590年代所述，弗吉利亚最早的移民相信，巫术在"荒凉之地……是最常见的"，而那里正是他们要去的地方。他们认为印第安人呈现了"在魔鬼与死神的联合之下，暴虐行为变化多端"的奇观。[39]这些初来乍到者观察到，印第安人那多神崇拜的宗教，与魔鬼崇拜或黑魔法别无二致，这使他们震惊不已。他们想象自己到了魔鬼的国度，为的是铲除魔鬼，将魔鬼拥有的财富——最终包括他们自己——送回家。

另一方面，新英格兰那些更为严苛的新教徒也带来了一种传统，他们声称在他们到来以前，这个荒芜的新世界一直被保留为"撒旦的猎苑"。但是他们中的大部分人从一开始踏足这块土地就决意留下来。其中一些人相信：

> 在世界其他地方，魔鬼被赶下宝座，……在欧洲、亚洲和非洲，所有传其谕旨者都闭上了嘴，于是他迷惑一群蠢笨的可怜人，跟随他去到这个不可知的角落，在这里他可以隐蔽起来，不为外界打搅，尽享追随者以恶劣或邪恶的行径为他举行的崇拜仪式；因为在英国人到来之前，除了邪恶之外，没有任何宗教在这里留下过踪迹。[40]

不过在新英格兰，这种"*美洲即地狱的滑稽幻想*"[41]从未真正占据过主导地位。(清教徒团体中有一大批正经研究过印第安宗教的人，他们在这些流浪部落的自然虔敬中，找不到任何撒旦崇拜的线索，他们反而发现，印第安人的信仰和古希伯来人的非常相似，甚至可看成是他们自己的一面镜子。)魔鬼的邪恶形象主要盛行在南方，在那里，他好似一个在栅栏外窥视的、凶恶的跟踪者，而不是一个混迹于英国人中的伪装大师。到了17世纪中期，被贩卖来的黑奴开始在烟草种植园工作，各种猜测又开始在弗吉利亚复苏，"魔鬼……已经在[黑人的]心中注入了对他强烈的偶像崇拜，这足以让他施展法力去熬煎他们的灵魂，加重他们的折磨，就好像炙热的太阳已烤焦了他们炭一般黑的躯体，魔鬼则因此愈发兴致益然。"[42]

遗憾的是，由于早期的南方不具备像新英格兰那样系统的神学写作的传统，有关魔鬼的记录比较零散。但现存的一些证据表明，南方的魔鬼最初被看成是一个溜出文明世界的家伙；他不像弥尔顿笔下的撒旦那样有着王者般的傲慢，却和但丁塑造的形象有几分相似——像一个孩子，或一个失禁的老人，抓耳挠腮，口水流淌，双眼被困窘的泪水弄得一片模糊。他是一个好逸恶劳而又沉湎声色的魔鬼，以怪诞的夸张演绎了最终成为经典的南方理想的*闲逸*(otium，拉丁语)一词。他穿行在欺骗与诡计之间，是跳求雨舞的骗子，是适合那些"宁可饿死也不要工作"的人去拜祭的鬼怪神灵。[43]这个魔鬼体现了人们害怕自己有一天会变成的那个形象，他是哈克·芬父亲[1]的前身，对过得比他好的人大声咆哮，对他们的期望愤怒

---

[1] 哈克·芬(Huck Finn)：马克·吐温数部小说，如《哈克贝利·芬历险记》中故事的叙述者，其父亲是个酒鬼，常对他发脾气，不满意他所受的任何教育。

不已。

与之相反的是，在新英格兰，一个更微妙的、在道德上更苛刻的恶魔主义可以追溯到移民历史的最初阶段，而且在很多方面都沿袭了中世纪的传统。这个新英格兰的魔鬼不是一个局外人；他在内心里扩散。在清教徒的想象中，这个傲慢的撒旦并不期待他们将来会变成的样子，而是嘲笑他们现在已有的这副模样。从基督教早期教父，经过中世纪的经院学派，再到大陆改教派，历经几个世纪的传承，这个撒旦的形象被传给了他们，但是在他的身上，清教徒们首先看到的是——在那令人震惊的、熟悉的骄傲中——自身的写照。

可能在这些早期美国人所生活的那个所谓后中世纪的世界里，最显而易见的事实是人口的流动性。当人们以前所未有的数量"从最初的聚居地迁移出来"时，他们发现自己不再安于接受他们与生俱来的社会身份。[44]随着物质和社会的流动性都在加大，在精明和贪婪之间保持一个合适的比例猛然成了一个问题。在那样的一个世界，当封建生活的稳定性开始瓦解的同时，某些问题重新变得迫切起来：投资带来多少回报才是恰如其分？多少算是超额回报？一个人在寒冬里应对自己的邻居履行什么义务？诸如此类的问题塞满了早期马萨诸塞湾领导者的头脑。他们问自己，"我们在对待借贷"和"宽限"逾期不还的贷款方面，"应该遵循什么原则？""对待一个岌岌可危的社会团体的事务，我们应该遵循和依据什么原则？"[45]他们来到美洲的原因之一是寻找一个世界，这个世界中应该就这些问题给出明确一致的答案；在这里，放贷人借款不是基于借方的信用度，而是因为邻居的需要；在这里，拥有一定资产的人不会因为伦理困惑而备受灵魂的折磨，正如他们中的不少人在英国时已感觉到的那样。

可是，即使在历经了一段很长的远洋旅行之后，这些恶魔般的问题仍然纠缠着他们。当新英格兰的英国人在17世纪中叶从他们第一片小型的殖民定居地——如同从一个"蜂满为患的蜂窝"[46]——朝着康涅狄格河谷流域开拓，随即来到哈德逊河，并越过它继续推进之时，人们去教会的次数开始减少，一些强制规定参加教会仪式的法律开始颁布，什一税也开始征收。高价贩卖商品的商人受到地方法官的起诉，这些法官倡导中世纪关于"公平价格"的思想——在物质稀缺的时期，卖家应该自觉地抑制商品价格。换言之，第一批的新英格兰人生活在一种同时向两个方向推进的文化当中：一方面他们对外开拓荒野之地，对收购和获利表现出一种不可遏制的热情（在最活跃的土地投机商中，有很多就是牧师，不过他们仍然谴责这个新的国家，就像其中一位曾指出的那样，"满是健康的躯体和病态的灵魂"）；另一方面，他们深入灵魂，传递节制和自我约束的信息。[47]

这种伦理信息与社会现实极不相容。大的投资商们几乎立刻陷入有关土地权的纠纷中，而且在饥荒的年头，他们还会就如何在做慈善和囤积粮食之间正确取舍而发生争执。一些教堂会众之间以及城镇之间的关系变得紧张，冲突主要涉及教会的成员资格问题，以及一些难懂的教义的理解问题，尤其是如何理解称义和"成圣"[1]之间的关系，或者是如何看待一个称

---

[1] 称义和"成圣"所对应的英文分别是"justification"和"sanctification"。其中前者是基督教神学救赎论的术语，指通过信仰上帝获得救赎，并在上帝面前"称义"。

义的基督徒的外在特征。

撒旦的概念也没有避开这场纷扰。作为清教教条的一个中心形象，撒旦被带到了新英格兰，但是他很快成了一个无法确定的符号。导致这种状况的原因之一是，中世纪传统中那个变化多端的撒旦体现了很多精干商人的特征。一个传统上被诅咒的形象，现在却和胸怀抱负的形象相混合。像《创世记》的故事所证实的那样，他随时准备大展魅力；即使在最具风险的冒险事业中，他也有能力唤起信心（这一点在弥尔顿的《失乐园》里得到了戏剧化的处理）；在一个拱手交予他的世界中，他躁动不安。在他眼中，曾经被挫败的雄心仍然闪烁着微光。带着这些凶险的特征，他不再徒然地去要求与上帝平起平坐，转而谋划如何将人类招致魔下。

这个问题重重的撒旦在美国早期是一个无比重要的形象，因为这个文化里浸透了罪恶的意识。在清教徒之前或者之后的时间里，没有任何文字材料为错综复杂的灵魂世界描画过更详尽的地图；撒旦在那些毫无警觉的人们心中，开垦出一条属于自己的道路，为此清教牧师们耗费巨大的、几乎是同等的艰辛，展示出撒旦的圈套和他掩人耳目的伎俩。然而，撒旦几乎从未被生动地描画出来。如果清教著作可以编撰成册的话，其索引部分应该包括很多有关"魔鬼"的条目，与"撒旦"相关的条目也不会在少数，但如果读者把书翻到被引用的那一页，期望找到一个鼻孔喷火或者眼睛长在臀部的怪物，或者只是一个头顶两角的剪影，他肯定会大失所望。清教徒头脑中的撒旦不是一个可描绘的生物或物体，而更像是一个抽象的概念；驱魔赶鬼是一个备受质疑的天主教仪式，是一种"下流的迷信活动和粗俗的魔法"，这些仪式用绑架灵魂的比喻来表现恶，这个绑匪不太残酷，却难以捕捉，令人发狂。清教教士善于运用修辞进行辩证，他能让人觉得，罪恶既来势汹汹又藏形匿迹："就好像进到血管里面的风需要找到出口，但会是一个麻烦不断的出口；如果罪进入了灵魂，也是如此。"[48]恶表现出死一般的沉寂，这与基督教导正好吻合，即未表达的恶念与实际的恶行一样该受谴责：

> 你们不明白吗？你们不晓得凡从外面进入的，不能污秽人；因为没有入他的心，乃是入他的肚腹，又落到茅厕里，排泄了所吃的肉？……由内及外的东西，那才能污秽人……恶念……贪婪、缺德、诡诈。[49]

所以，一个罪人和一个敬畏上帝的人可能在外表上无法区分；罪人或许也面带笑容，口若蜜饯，但是上帝知道他们的不同。"这百姓用口与我亲近，"在《马太福音》的记录中，耶稣曾这样说，"用嘴唇尊敬我；心却远离我"——透过愧疚的折磨，罪人明白自己的虚伪。清教教士提醒会众说，"主，即将*用烛光巡查耶路撒冷*……主在最黑暗的夜晚看见通奸者所有的荒唐诡计。"[50]

[五]

罪既模糊不清又显而易见，要理解这一自相矛盾的概念的起因，还得从基督教中一个挑战了恶魔主义本身的反传统说起。清教主义曾努力融入这一反传统，它拒绝为魔鬼安置固定居所，拒绝为魔鬼命名，从而避免形成一种被一位后世神学家称为"恶的原则或力量存在于人类任何恶行之前"的信仰。[51]这个反传统注意到有一种具有抵消作用的驱动力，可以遏制魔鬼的确切性，管束住他的身体和声音。这种基督教思想内部的分化始自使徒教父时期，贯穿了宗教改革及其后的年代，它反映了一种被许多阐释者视为永久性的冲突，这种冲突存在于

> 解释人类生活中普遍可见的悲惨特征的两种模式之间：一种是神话模式，它把罪恶归因于创世之初时未受约束的一种独立的宇宙原则——撒旦或魔鬼的活动；另一种是历史模式，它把罪置于恶之前，而且在预言传统中，持续讨论人类如何疏于履行他与上帝的盟约所规定的义务——如此说，人类的失败并非宇宙的过失，而是人类疏于回应的结果。[52]

解释恶的第二种方式，即"历史模式"，可以无需借助邪灵的化身而将恶概念化；正如一位现代心理学家指出，依赖邪灵的化身这种方式被事实证明"不尽如人意，因为它把[恶的]力量置于身外"。[53]在犹太—基督教传统中，另一种外化恶的方式是纯粹的一元论，即，把宇宙看作一个自创世以来不断由上帝的恩泽所填充的容器，上帝因此不受任何与恶的产生有关的指控。下文是对这一观念所做的典型的启蒙主义式的表达：

> 美德是[一个真正的实体]，通过道德代理人的所有既合宜又正直的习惯和行为传播开来；并且传递给他们宏大标准所要求的种种品质。与美德相对的只能是积极本性的丧失、缺乏或缺席：因此它被称为道德失范：或称，守法性的缺失。这种缺失是瑕疵。而瑕疵的产生不可能是造物者所为。[54]

这一景象中唯一的缺陷是黑暗，而上帝并不在那里。

这种传统从优西比乌(Eusebius)传到千禧年派改革家，又沿袭至黑格尔和马克思，它歌颂上帝之灵源源不断注入历史的运转中，或者，在一种主要源自于圣·奥古斯丁(St. Augustine)的变体中，这种传统越过历史，展望了这个世俗的世界将在某个预言警示的时刻毁灭殆尽，到那时，真理将会战胜黑暗。在这两种观点里，不存在通过作恶之人去解释恶的必要；倒是有着对上帝的无比渴望。恶被理解为一种疏远上帝的状态，而这种缺失只有当上帝的化身出现在求助愿景里时才能被超越。对于一些人而言，这个愿景已经在历史中得以实现（在基督身上，或者在社会主义国家中），而对另一些人来说，这是一个更为抽象，或者说更为渺茫的憧憬（与弥赛亚的第二次降临，即实现他的殉道相关联），人们怀着谦卑和宁静之心等待它——并且永远心怀喜乐。

一元论者专注于神或早或迟的降临，他们宣称，所有对于恶的理解其实一直以来都是人的大脑产生的错误构想，它令我们混淆了转瞬即逝的痛苦和终极的、持续显露的上帝的完美。既然上帝的意识是唯一真实的现实，那么要让这个信仰吸引到受苦受难的人，就需要让人们以某种方式获得进入神的意识的参与感，以此避免自身的片面性。"当上帝的波涛向我涌

来的时候，"爱默生(这一传统的重要代表)曾说，"我不再计算逝去的时光。"[55]

任何形式的一元论，无论是精炼的斯宾诺莎(Spinoza)哲学还是玛丽·贝克·埃迪(Mary Baker Eddy)不够成熟的"精神治愈"理论，都极其难解。一元论要我们暂缓自己那种迫切想去了解的需求，它要求我们承认"我们对事物的看法局限在一个无论时间和空间上都无限小的区域内"，并且承认"我们现在不能够理解，那些看似极端的或无缘无故的恶可能发挥什么作用。"[56]一元论最忠实的信仰者表现出某种将自己钉上十字架的姿态，如同保罗·利科(Paul Ricoeur)(引自《约翰福音》)的精彩表述，只是为了克服"爱得不够的恐惧。"

> [这]是最纯粹而又最糟糕的恐惧。这是圣徒了解的恐惧，是由爱而生的恐惧。因为人从来就爱得不够，所以反过来，要消除自己被爱得不够的担心也是不可能的。只有完美的爱才能驱散恐惧。[57]

把世界理解为一个要爱其不可爱处的场所，这种苛求极其忠于圣经里对恶抽象化的表现。早在公元2世纪，亚历山大时期的克莱门特(Clement of Alexandria)便开始以基督教的形式详细阐述这一观点。他立足于柏拉图的哲学传统，将恶构想为一种非存在。对他来说，宇宙是一个存在的等级系统(一个"巨大的链条")，其中只有上帝拥有绝对的存在，而其余的创造物可以被想象为一种下行的序列，这个序列中每下降一级就离原初的神性更远一步。在这个创造物的空间排列模型中，较低等级与较高等级由神性的缺乏程度区分开来。在这样一个想象的空间里，魔鬼可以被理解为对终极的非存在的一种隐喻，抑或是加尔文(Calvin)在很久之后所说的(也与天文图像有关的)"以人来命名的残暴恐怖的领域"。[58]

将恶看作真正的无物，看作一个缺场的隐喻，这确实令人费解，而这个难解的理念在圣·奥古斯丁写于4世纪的著作中得到了最为气势恢宏的表述；在描述对恶的主观恐惧的同时又否认恶的客观现实性这点上，他比基督教传统中的任何一位作家都更到位。奥古斯丁的《忏悔录》在西方传统中所具有的巨大影响力，在其后每次信仰皈依的记录中都有所体现(清教徒将奥古斯丁称为他们的守护者"圣·奥斯丁")。这本书的影响力之所以如此巨大，首先与奥古斯丁本人所经历的对恶的观念的大逆转有关。奥古斯丁记载说，在他年轻时，他为摩尼教徒说服，将这个宇宙看作一片冲突之地，它承载着"两块巨形之物，一个是恶，一个是善，二者对立且都浩瀚无边，然而恶稍微小些，善则更大些。"年轻的奥古斯丁好色，好赌，爱逛戏院；他对自己精致典雅、辞藻华丽的辩说倍感自豪。因此，一种二元宇宙观——将宇宙看作一片对峙势力之间的战场——契合了他心里的冲突意识。他这样描写自己痴迷摩尼教的那段日子，"我相信，恶……是这样的一种物质，它自身有着污秽恶臭且丑陋不堪之物；无论是重浊粗劣的，他们(摩尼教)称之为'尘土'的，抑或飘忽轻薄的(如同空气一样的物体)，这些都被摩尼教徒想象为在地上匍匐前行的邪恶的意念。"[59]

《忏悔录》的精彩之处在于，它记录了奥古斯丁如何摈弃了这个关于罪的观念，即认为恶是具体有形的整体，并且与善纠缠不休、困斗不止。随着信仰的增长，奥古斯丁发现魔鬼从他的宇宙观里完全消失了。因此，奥古斯丁的归信除了其他方面的成就，就是成功地解决了一个文学难题，即如何把恶表现为一种虚无而非一个实体。当奥古斯丁回忆起他在一个名为"捣乱鬼"的辩论团队中，沉溺于挖苦讽刺之乐的时候，他这样描写他的同伙，他们"肆无忌惮地攻击谦逊的陌生人，他们的无理取闹更助长了他们的恶性。没有什么比这些更像魔鬼的行为了。"这些年轻的辩论健将恶毒地藐视一切，"首先他们颠覆自己并完全堕落，欺诈之灵在悄悄地愚弄他们，诱惑他们，而他们还在那里怡然自得地嘲笑别人，欺骗别人。"[60]撒旦和他的随从作为"欺诈之灵"，隐姓埋名地出现在上文中，他们使受害者陷入骄傲和蔑视的圈套中；这里没有一个如野兽般凶残的、体态肥硕的魔鬼，只有一个夺人性命的、被奥古斯丁称为变态堕落的灵。这是他最重要的概念：一个智慧的头脑自我封闭，自我消解，冷嘲热讽，陷入对他人的愚弄不能自拔，而其真实的心态是非信徒对于信徒的嫉妒，其根本是一种自我憎恨。

奥古斯丁用以描述这种罪恶状态的比喻之一是绳结，这个意象使得他无需赋予罪任何本质，就能够阐释出罪的复杂性和不可调和性。一个东西的本质在它未变形之前就存在着，当它被扭曲后，罪存于这扭曲之中，而不在绳子里。在这里，我们再一次看到他从邻居的葡萄园里偷梨的那段著名的回忆，他和一帮小混混"偷了几大把，不是为了自己享用，而是拿去喂猪，自己只尝了几口"：

> 我的快乐并不是来自那些梨，而是来自犯错本身……这是一种什么样的感觉呢？……但这究竟是怎样的呢？……你这个不可思议的灵魂的骗子啊，为了欢娱和放肆，你如此渴望制造祸端，你希望让别人蒙受损失，但却不是因为我想获益或者想报复：可是一旦耳边响起："走，我们去干一把"，我们便会因自己尚存羞耻而感到惭愧。
>
> 谁能解开那个缠扭复杂的结呢？丑恶如斯：我不愿去想它，去看它。……我曾堕落，我曾彷徨，哦，我的天父，我深入歧途，远离了你的扶持，我年少的那些光景啊，对自己来说我已变成了一块贫瘠之地。[61]

这里唯一将恶形象化的地方是那个一闪而过、紧张兮兮的男孩的形象，他嘴上粘着梨汁，划开梨皮，然后把梨子扔掉。这段文字的力量就在于，面对罪的非实体性，面对一种不知何故比羞耻感更为强烈的无名欲望，它表现出了一种慌乱不安的困惑。奥古斯丁记得自己曾是一个迷途的男孩，堕落，"贫瘠"——摩尼教徒可能会说，没有被彻底的腐败所充满。在"缠扭复杂的结"这个比喻中，奥古斯丁找到了一种方法，他将恶想象成一种扭曲变形，是用上帝纺的线织出的一个骄傲的刺绣图样。

这里预见了对装饰之物的某种怀疑，这种怀疑在一千多年后的宗教改革运动中达到顶峰。它在英国最极端的表现形式是，肆意破坏彩色玻璃窗和污损镀金十字架，因为这些工艺品被看作是对人类技艺的盲目膜拜。在新英格兰，这种怀疑的表现是，在寒气袭人、简陋朴素的礼拜堂中禁止管风琴演奏和唱诗班表演；而在《诗篇》的翻译上，也要求严格照搬希伯来句法（由此产生了不合韵律的英语诗行），因为，按照《海湾圣诗》（*Bay Psalms Book*）前言指出的,"上帝的祭坛不需要我们的修饰。"这种审美的严苛性永久地影响着美国人的生活,它表现在清教思想盛行的新英格兰那些奥古斯丁派的虔诚信徒身上,也表现在震颤派教徒和摩拉维亚教徒的工艺品之中,以及某些追求未被扭曲的自然原貌的文学的浪漫主义形式中。当我们见到这种简洁的虔诚之举时,我们简单地称之为"清教徒式的"。作为一个清教徒,在任何历史时刻,都要将巴洛克式的华丽炫耀的风格看作是撒旦的风格。

在现代人的脑海里,这种虔诚相当严苛,看似毫无乐趣可言,但它的神秘特征之一就在于其显然矛盾的关于罪的理念——罪既可以是无实质的,又可以是真实的。奥古斯丁假想了一个世界,在那里,人类的冲突就是一出皮影戏;戏中,人类对上帝旨意的干预——圣徒保罗说这是我们在"以卵击石"——就是一个小孩为挣脱巨人紧握的手所做的徒劳的挣扎。人生就像小孩子在游乐场的黑暗角落里发生的争吵,争吵的声音不一会就随风消散。奥古斯丁写作时所带的厌恶之情,不仅针对吵吵闹闹的孩子们,同样也针对婴儿,因为婴儿一不满意就大发脾气,而且对他们来说,这个世界除了自己的肚子和吸奶的嘴唇别无他物。阅读奥古斯丁对罪恶的论述,就是进入到这样一种想象,其中罪的平庸琐碎令人震惊,其无限的深度、广度及丑恶度又让人目瞪口呆。就像源于罪的悲伤一样,罪既是一个虚幻之物又是一个实际存在。依照这个最纯粹的基督教想象来看,世界就是一间停尸房,没有任何真实的东西被消耗掉。

将罪等同于某种缺失的这一不寻常的观念很难为现代人接受。部分原因是,我们认为没有实体性就不可能有任何存在。在有关恶的两个概念中,一个是缺失性的恶,而它并不意味着恶的狰狞和荼毒有所减少,另一个是被我们弱化了的、消失在相对论之中的恶,我们常常将这两者混淆。比如,1940年代的那些恐怖事件令卡尔·荣格(Carl Jung)的内心受到重击,他坚称恶"绝不能再因善的缺乏这个委婉的说法而被最小化……不能再……因为一个托词就从这个世界上消失。"[62]在神学方面最有造诣的作家之一,约翰·厄普代克,在他近期作品中塑造了一个固执武断的人物,也同样陷入了缺失就是消减这个误区之中:恶"不是一个我们想用的词,"其中一个东镇"女巫"这样说,"……我们更喜欢说'不幸的'、'不足的'、'误入歧途的'或者'弱势的'。我们更倾向将恶当作善的缺乏,好似阳光暂时收敛了,投下一片阴影,带来一阵微弱之势。"[63]奥古斯丁或许会认可这一事实:"阴影"较之于"撒旦",是一个更好的描述恶的隐喻。但是在阴影中瑟瑟发抖的奥古斯丁却可能不敢认为,比起某个性质单一的、游离在身外的魔鬼,黑暗倒没有那么可怕。

[六]

这种罕见的、平静的自我厌恶——对自己的憎恨伴随着对上帝无怨无悔的爱——曾经被称作"奥古斯丁式的虔诚",便是美国文明的基调。清教主义确实曾认为撒旦是一种活跃的、独立的力量,从这个意义上讲——或者从清教信仰是一个二元论宗教这个意义上讲——魔鬼从来不是一个野兽,而是一个诱惑者。人们可以选择拒绝他,因此,如果被诱惑,也应当自己承担责任。撒旦是一种诱惑,让人向一个贫困的邻居过度索取;当自我牺牲可以慰藉朋友时，撒旦又代表了内心的软弱。当更具条理性的新英格兰神学家讲述人的最初堕落时，他们讲述了一个几乎没有任何魔鬼化身的故事，同时他们并未将责任推卸到上帝身上："戒律[1]绝对是无可指责的，"它就好像"一块礁石，舵手愚蠢地将船朝它驶去。"正是人类的恣意妄为造成了他的原罪；"该称赞的是这块礁石，因为它把撞向它的船只震得粉碎。"[64]

这种被修正过的二元论好似一幅人类在大雾弥漫的世界中彷徨的图画，它要求用非常细腻的笔触去描绘作为诱惑者的魔鬼——这一直以来都极难做到。一旦魔鬼被赋予形象和声音（就好像弥尔顿塑造的那样），就往往成为关注的焦点。他成了一个极富魅力的形象，无处不在，令人难以抗拒。他强行占据人的想象，使人的脑海里充满了一种近乎愉悦的恐惧——这类似于人推迟入睡时的愉悦感。即使扮演最具有男性特质的角色时，魔鬼都表现出女巫瑟西和黛利拉才有的某种魅惑。他摇曳生姿，在蛇的躯体里自由自在，他像女人般抱拥着被他俘获的受害者，又像男人般侵入他们，直至占有者和被占有者之间的界限消失：

> 魔鬼将邪恶的意念铸刻在他们心里，驱使他们去完成他所提倡的那些罪恶的使命；魔鬼控制着他们；他说他们的语言，借他们的手行事，用他们的头脑去思考，去渴望，用他们的脚走路。[65]

魔鬼是一个表演牵线木偶的大师，从他"设法让蛇说话、推理和祈求，做到这完全不可思议之事"开始，他就已经在练习操纵的技巧；他在顺从的受害者身上同时表现出控制性和依附性，而这正是他这个名字内在的属性："在拉丁语和希腊语中，'diabolus'象征着颠覆者，或者是一个穿越之物。"[66]这个魔鬼具有特工般隐身幕后的特点；他是第五纵队的灵异前身，穿梭于那些受他操纵却又毫不察觉的人们之间。然而，在某些时刻他又公然地表现出傲慢无理。在他开始堕落之前，他已经感觉到自己"遭到了贬低，因为[上帝]派他去伺候人"，从那时起，他心中的愤懑便如火中烧，直到他将他的骄傲转移到人的身上，他才达到了"逾矩的极致"。[67]

在弥尔顿创作的伟大的诗篇《失乐园》中，诗人将这个魔鬼放在核心位置，而且一部分最具有鉴赏力的读者几乎从一开篇就开始支持魔鬼对抗上帝。这是因为罪包含的成分可能看起来像是美德。独立、叛逆、孤单，清教中的魔鬼像清教徒一样，处在文化的分界线上——处在以往的清教主义（在愤怒的上帝面前，一种自我谦卑的宗教）和正在形成的清教主义（在如同父母般骄傲的上帝的注视之下，一种个人奋斗的宗教）之间。

倘若撒旦的意象在新英格兰人的头脑中是支离破碎的，其部分原因正是由于这种文化的分裂。还有一个原因是，无论是撒旦在旧世界的代表（主要是"病民蛊国的……罗马主教"[68]）还是他们在新世界的替身（高声叫喊的印第安土著和清教团体里的异端分子），都太遥远，或者太罕见，不能成为令人信服的典型。在早期的新英格兰，流传着一些危言耸听的传言，说罗马天主教的巴比伦大淫妇派遣了众人漂洋过海，这就好像在二战结束后的那几年，还残存

---

[1] 戒律：the Law，宗教词汇，也可译为摩西五经，指《圣经·旧约》之前五卷。

着这样的说法,称日本鬼子和德国佬派遣了很多破坏者前往美国的各个城市。但是,从根本上说,在早期的新英格兰,撒旦是一个漂浮不定的标志,他对这些加尔文教徒来说,是那样难以捉摸,就好像他过去对教会教父一样;必须从圣经中抽丝剥茧,才能得到关于他的意象,圣经里说,"尽管在人堕落的历史里,他没有被命名……可是显然对他有所暗指。"[69] 这个幽灵玩家甚至出现在大学校园的狂欢作乐中;在17世纪50年代一个春天的晚上,哈佛校长亨利·邓斯特(Henry Dunster)不得不赶回校园,开枪击毙一个在哈佛校园里扮成魔鬼的恶作剧者。[70]

一些证据显示,撒旦对于教育层次较低的人来说更为可怕。他出现在启蒙读物里,有时也以教皇的形象印刻在圣经侧面。他是受诅咒的对象,当一个临死的孩子吐出最后一口气,或者一片尚未收割的庄稼在一场秋雪中冻死时,撒旦会引发绝望的祷告。他煽动孩子们在大人们礼拜的时候去"吵闹、嚎哭、尖叫,挖出空洞,淹没虔诚的声音",有时他以一个战场上的懦夫形象出现,这个懦夫"在可见的创世中名列前茅,但他毁掉了他的军衔、弃绝了他的职位,逃离了他的军旗。"[71] 然而,这些比喻一直变化不定;无论在公众的想象中还是在正统的神学论述中,撒旦从来都不是一个确定的意象。即使在正统的神学中,从教义的角度而言,他也一直是易变无常。对于弥尔顿这位新英格兰人带着虔诚之心去阅读的作家而言,撒旦早在人类被创造出来之前就已堕落,他收到了关于上帝创造了"卑微"的人类的消息,便带着一股复仇的热望——要去"……驱使[他],就像我们曾被驱使一样,/……或者,如果不能驱使,/[便去]引诱他们与我们为伍……"可是,对于来自新英格兰的《神学全集》(*A Compleat Body of Divinity*)的作者来说,这群天使在"人类被创造以前全都站在正义的一边",[72] 是人的出现引发了他们的堕落,而并非给了他们一个机会为已经遭受的背叛复仇。这位神学家抱怨说"圣经似乎只是隐约地谈及……[他]背叛的理由,或者说[他]是因何事堕落",而其他神学家却用复数形式,把魔鬼说成是"一大批叛变和造反的天使,用骄傲和亵渎来反抗上帝,用恶毒来对抗人类,最终变成了撒谎者和谋杀者。"[73]

在早期美国的想象中,撒旦的作用十分具体,但不统一。"哪里有为上帝的怒气所掌控的硫黄之火,"一个清教牧师曾写道,"哪里就有地狱",可见他赞同弥尔顿所说的,"头脑是它的居所,在那里/天堂能变成地狱,地狱亦可成为天堂。"但是,即使弥尔顿将地狱当成意念的一种活动状态,他也将其生动地描绘成一个"被流体的火烧着的炎湖",和"一个可怕的地牢,四面八方围绕起来/像一个烈火四射的熔炉,但那火焰/却不发光,只见一片黑暗。"在地狱的中心,撒旦如同他在中世纪的原型一般,仍然是一个鲜活的悖论。用弥尔顿笔下的别卜西[1]那曲折迂回的语言来说,撒旦是一个能够穿过"伸手可触的浓暗",腾越在"无垠的坎坷"之上的家伙。[74]

有时,同一个作家会同时信奉不同的教义,而在这些分歧内的确出现了一个可以辨识的撒旦。所有这些对撒旦的描绘有一个共同点,那就是都表现出了他的无法遏制的骄傲,按照弥尔顿的说法,他总是近乎不顾一切地追求肉欲:"我朝地狱飞去;我自己就是地狱。"他

---

[1] 别卜西,Beelzebub,指魔鬼。

的心中充满了他自找的痛苦。魔鬼可以模仿信仰:"撒旦……可以把自己变成一个光明的天使……但是[他]不能抚慰良知,更不能洁净良知,因为他自己就是一个不洁的灵。"[75]他注定永远不能逃离自己,魔鬼终究是"不洁净的",因为他是一个受折磨的灵魂,需要迫使其他的灵魂随着自己绝望的音乐舞蹈。像弥尔顿讲的那样,他精心地策划一场奸污去侵犯他的猎物,致使受害者在被害的全过程酣睡不醒:

  无忧无惧,[这条蛇]睡了:恶魔从它的口
  进去,他的野兽意识,
  进到它的心胸抑或头部,很快主宰了它,
  激起了它富有灵性的行动……

  趁夜晚钻入身体是魔鬼法力的展现,但这也是他的局限之处。每一个基督教末世论的学派都认为,魔鬼知道他最终会被击溃,会被驱逐出被他当成游乐场的世界,所以,他不顾一切地疯狂作乐。他极其娴熟地、几乎是风姿绰约地表演他自己的"死亡之舞"。当人在堕落之前,还是"全然良善"的时候,撒旦已经"通过视觉和听觉,影响了我们的先祖……因为他除了诱惑他们,别无他法",但是,现在他不需要蛇这个粗糙的容器。有一场"比起通过外部器官所能感知的、更接近也更隐秘的交易在天使和我们的精神间进行着"。同时,通过运用"我们所有被罪玷污的能力",他"能够巧妙地把他的暗示放入到堕落了的人类的幻觉或者想象之中"。他不再需要蛇,因为他直接作用于人类这个工具,而我们"轻易地受到了影响"。[76]他蜕下他的身体,变成一缕轻烟,一阵颤栗,一阵易被误认为是风声的、低沉的敲门声。无论是用小型望远镜观察,还是让哨兵远处瞭望,都没办法发现他,因为他就是我们的所思所想。然而在早期的美国,几乎所有人都认为魔鬼是因其狡诈多端、鬼祟隐秘才如此难以捉摸,没有人提出这个令人惊骇的假设,即魔鬼的难于发觉,可能意味着他并不在那里。

第二章 理性年代的魔鬼

尽管撒旦仍然鬼祟地活在美国人的头脑中，并且仍然能够"设法让他的指示……潜入堕落的人的幻觉或者想象中"，但到了18世纪，他开始处处被防备，同时也变得脆弱。在前现代化的世界里，大部分人生活于小型农业单位（家庭、村庄、城镇）中，这不仅使合作型劳动成为必需，且迫使个体必须服从等级制度规定，在这种情况下，自私成为了一种罪恶，而撒旦便是这种罪恶的象征。他是虚荣和贪婪的名字。他也被用来称呼那种在傲慢减损时，充溢的愤恨之意。然而，当一个新的世界框架逐渐成形之时——这个世界充满变化和商业气息，且受市场动力的推动——当个人的雄心抱负和创业精神被当作才智甚至美德之时，用撒旦来比喻人的自负天性越来越没有意义。他开始成为一个不合时宜的现象。

在撒旦还是一个抽象概念的年代——他是一个鬼鬼祟祟、活动在人的行为动机和欲望里的灵——撒旦确实从未将自己化身为有形之物，那时，当清教徒们在布道中提到罪恶时，他们并未提到过魔鬼的意象，也很少将撒旦描画出来。直到恶即是傲慢这个观念开始瓦解之时，魔鬼才变成了一个栩栩如生的存在，一个巫婆和鬼怪的派遣者。到了18世纪，他变成了一个道德内涵正在被抽空的象征符号；而且很快就只剩下一具保留了外部特征的空壳——他恶臭难闻，声音刺耳，鳞片遍体。

这些鲜明的特征构成了我们现在记忆中的撒旦。但是，这些外部特征没有任何道德含义。而且，当它们面对新一轮的怀疑主义的时候，很快就变得缺乏说服力。在撒旦失去了道德符号的意义和客观存在的可信度之后，我们用来描述他的词汇变得纷繁混杂：虽然旧的基督教词汇（比如，"堕落之人"）被保留了下来，但是，现在这些词汇必须和一种新的科学思维竞争，新的思维不再将人的意识描述成一个易于受到超自然魔鬼侵入的灵魂，而将其描述成一类容易发生故障的机器。在提及关于魔鬼的一些旧看法的时候，即使是十分保守的神学家，也不得不迎合日渐成形的理性主义的需要，而这种理性主义最终并未给魔鬼留下一席之地。

这种魔鬼和自我的脱离标志着它作为一个重要的文化符号的终结。这个过程以两种方式同时进行：对灵魂附身的笃信退变成一种迷信；傲慢作为一种合情合理的情感被正名。到了18世纪早期，撒旦在物理形态上和道德上不再具有可信度，对于逃离它魔爪的幸存者来说，如何在谈论邪恶时避免提及魔鬼一词成为了一个难题。

[一]

回顾当时正在发生着的一切，最先的预兆便是关于想象这个概念的基本变化。什么样的精神能力可以让人看到一些别人看不见的东西？人的这种能力又是如何接受到这些"暗示"(例如,一群半人半兽、长着犄角和鬃毛、能说人的语言的生物,或者一群干瘪丑陋的老妪,在夜半时分尖声惊叫着飞到少女床前,诱惑她们在丛林中裸体起舞)的呢?在1690至1700这十年间,新英格兰文化在非理性的观念如何进入理性头脑这个问题上,差一点就分崩离析。那些甚至被一些知名人士确证过的奇异事件,真的是由魔鬼操控的吗?或者说,那些事件——用一个当时开始具有现代意味的词语来说——只是"幻想"?[1]

在1691年至1692年的冬天,在塞勒姆市安角村的几个女孩身上,人们第一次察觉到了异常的行为,那时,上述的种种问题不仅成了人们普遍讨论的焦点,还引发了地方性的争论,很快参与争论的那些人的生命变得岌岌可危。塞勒姆的骚乱后来成为美国历史上最臭名昭著的事件之一,而骚乱的缘起是,一个十一岁女孩(其父是当地的牧师)和她表姐的行为举动与四年前发生在波士顿的一起魔鬼附体案中的女孩非常相似:

> 有时她们听不见,有时她们说不出话,有时又看不见,但更多的时候,这些症状同时发生。她们一会儿把舌头朝喉咙里吞;一会儿又把舌头沿着下巴吐出来,而且吐得非常长;她们有时奋力地张大嘴,致使她们的下颌都脱臼了;随即又很大力地,仿佛弹簧锁似的,将上下颚一磕,合上嘴巴。[2]

当这些面部扭曲的症状无法用青少年们常有的粗俗无礼地扮鬼脸行为来解释时,人们开始低声议论,用巫术来解释整个事件。由于无法找到任何自然原因,在晚冬时节,一些司法权威被请到塞勒姆,来调查此前被指控为取悦撒旦的三个女人。当新英格兰居民怀疑有女巫存在的时候,他们的悠久传统让他们有据可循;圣经允许他们去严厉地处置女巫(在《出埃及记》中,上帝对摩西说:"行巫术的女人,你们不可容她存活"),他们还有长达几个世纪的司法上和医学上的先例。第一批嫌疑人的其中之一,是一个从西印度来,名叫蒂图巴的奴隶,她承认自己和年轻女孩们一起调制药水,并在夜晚到丛林中和魔鬼一起狂欢,据她所述,魔鬼长得像猿猴,身上具有各种扭曲变形的人类特征。另一个嫌疑人是一个老妇人,她对强制人们参加礼拜的这一法规表示蔑视。还有一个嫌疑人是"生活贫困潦倒、形容枯槁、爱吸烟斗的丑婆子"。[3]这些受到指控的妇女典型地代表了在整个17世纪被指控为施行巫术,或"取悦撒旦"的人。她们之中鲜有妙龄少女或那些嫁得体面的女人,这些女巫要么是老处女、寡妇,要么是遭到抛弃、身心受挫的老女人,她们把自己弄得蓬头垢面,常常自言自语,一边游荡,一边散布着渎神的言论,还不时发出阵阵恶臭——关于这些民间传说中的悍妇还有许多夸张版本,比如,少女受到她们的触碰便会失去贞洁,就好像由女孩变成女人的过程一样。当社会条件合适时,某些处于边缘地位的女人很容易就被认为与这些形象相吻合,一旦她们落入到这种境况之中,轻则蒙受羞耻,重则被置于死地。

历史学家们用了许多不同的方式解释塞勒姆爆发的猎巫事件——比如,部分学者认为该事件是清教信仰中厌女情绪的一种恶毒的表现;也有学者认为该事件是经济状况较为窘迫的家庭的一种反击策略,其攻击对象正是那些适应了创业机会增多的大好形势的人,或者是从经营酒馆等先前为人所不齿的贸易中获利的人[4]——这起事件也成了宗教狂热的象征。然而，从早期美国历史这个更大的背景来看，塞勒姆这段插曲中最显著的特点便是其罕见性和短暂性。在一个对无所不在的撒旦时刻保持警觉的宗教文化里，我们现在所说的猎巫本来极易发生，但由于必须有确定的实证，因此这类事件发生的普遍可能性得到了控制。尽管如此，还是有个别事件被认为是撒旦在滥用女人的身体，比如，在17世纪30年代的一个臭名昭著的案件中，一个被怀疑传播异端邪说和煽动反上帝言论的女人诞下了一个畸形的死婴：

> 当它死在母体中时，（大概在分娩前两小时就已经死了，）这个母亲躺卧的床发生了震动，此外，还伴有一阵恶臭的味道，当时大多数女人都开始上吐下泻，所以她们被迫离开了；另外一部分女人的孩子开始痉挛，（他们在此前和之后都不曾发生这类症状，）所以他们被送回了家，正是因为这些情况，这件事情才被隐瞒了起来。[5]

类似这样的谣言和盛传的古老传闻——比如，撒旦恶臭难闻，靠近他便会有坏事发生，在当时屡见不鲜；然而，要使巫术的正式指控成立，必须以被告的某些具体的生理结构特征来证实。有关巫术的传说宣称，在女巫身体的某个隐秘位置上，长着"异常的肉瘤"（一般在阴道附近，或在乳房的中间），其作用是哺乳她所"熟悉的灵"。这个她所"熟悉"的东西是一种邪恶的庇佑之物，它服侍女巫，在女巫受到魔鬼召唤，为魔鬼办事的时候，这个邪恶之物伴她左右；这个邪恶之物可以化身为"男人、女人、男孩、狗、猫、马驹、野兔、老鼠、癞蛤蟆，等等"，[6]而它所吮吸的乳头，这个有时被称为"魔鬼的印记"的器官，其特别之处在于即使被戳伤了，也不会流血。据说，在这个熟悉的灵的伴随之下，女巫们在夜半时分聚集成群，纵酒狂欢，去满足她们真正的饥渴——与撒旦本人交合。在那里，她们派遣她们的"幽灵"（只有目标人群才能看到其幽灵形象）去招募新成员，这些幽灵以快乐和奢华的享受为承诺，邀请或者引诱妙龄少女，但是，如果这些候选的少女抵抗不从，幽灵就以伤害或者死亡作为威胁。有时，女巫的幽灵，甚至撒旦自己，会实际进入到一个负隅顽抗的受害者体内；如果有人观察到受害者在猛烈地扭动或者呻吟，很有可能这便是可怕的魔鬼附体。对一个少女的灵魂来说，魔鬼附体状态相当于一场激烈的视觉和听觉上的抗争——这种感觉与性兴奋非常相似。对于任何干涉这一过程的人而言，指明这个折磨少女的加害者，抓住他并最终使他性无能，这是个可望而不可即的想法。撒旦的共谋者可能是东窗事发的不忠的妻子们。从某种程度上说，指证女巫这个行为是一个男人在面对女人和孩子的逾矩行为时，解决内心深层恐惧的一种方法；这个方法也被用来处理当权力移交给不擅听取意见的年轻人时所产生的矛盾，抑或用来报复一个骄傲自大的邻居。最重要的是，指证女巫成为对个人和社会的无序状态的一种解释，——有时也是一种解决良方。

考虑到成功的猎巫行动将带来的精神层面上的奖励，那么新英格兰人极少采取这一行动的事实就显得很不寻常。即便是有十八个女人（还有两只狗和一个男人）遭到处决的塞勒姆猎巫事件，在美国早期也只是一次相对轻微的社会风波；有人曾理智地评价说，"如果要书写新英格兰在1720年之前的思想史，这类事件几乎可以忽略不计。"[7]在马萨诸塞湾殖民地建立的前二十五年内，几乎没有任何关于审判巫术的记录，在塞勒姆事件发生前，也只有一些零星的记录，而在这件事件结束后，对于女巫的极刑就被永久地禁止了。那么，为什么塞勒姆审判女巫案一直被视为我们历史的分水岭呢？在这里，除去月光下女巫聚会的奇异吸引力，或者妙龄女子那些最终导致恨意的情欲热望，一定还有更多其他的原因。

在1692年的秋天，面对法官要求判决更多人的呼吁，早已双手沾满鲜血的陪审团成员们开始动摇，这时，塞勒姆审判案的意义开始凸现。波士顿最有名望的牧师英克里斯·马瑟（Increase Mather）虽然一开始赞同审判程序，但在这一年他撰写并传阅的一本名为《良知个案》（Cases of Conscience）的手稿书中，他呼吁停止这类审判。尽管塞勒姆审判案的调查程序援引了各种旁证和实证，例如，有时依据被女巫触摸的死尸会流血这一"事实"来判定谁是女巫；但马瑟指出，法庭过度地依赖于幻觉证据——受害人声称被告的幽灵或一个刚过世的人的幽灵曾造访自己，并告诉他被告就是撒旦的同党。尽管按照圣经上的说法，两个意见一致的证词足以用来判处被告死刑；但马瑟认为法庭的审判程序过于草率，而且，其推断的"结论过于绝对化"，比如说，撒旦只能化身为一个罪人的幽灵，而不能化身为无辜的人。马瑟提出，相信这个论断就是对上帝那"无瑕主权的大胆篡夺"，[8]因为在上帝设计创造的宇宙中，魔鬼诡计多端，其创新能力超乎人类想象，且不受任何束缚。塞勒姆审判程序的问题并不在于人们凭空臆想出撒旦的存在，而在于低估了撒旦无所不在的能力。他们忘记了一个关于撒旦的根本事实——他无所不在。他们也忘记了在自己的行为动机中去寻找撒旦的存在。

很久以后，有些参与审判的法官意识到了这一点，他们试图为自己开脱，声称受到了撒旦的诱骗。在处死女巫事件过后的第五年，距马萨诸塞湾常设法庭宣布对受害者家庭进行赔偿还有十二年的时候，作为陪审法官之一的塞缪尔·休厄尔（Samuel Sewall），在波士顿老南教会的门口张贴了一张为那些受害者平反的公告，这张公告写道："请上帝宽恕世人，特别倾听那些恳请上帝……宽恕那种罪行和他的其他罪恶的祷告"，他承认"已意识到上帝对自己和他家庭的反复责打；而且……意识到……自己对于塞勒姆审判案后期听审和裁决程序的开展难脱罪责"，他也已经准备好"承受责备，并蒙受羞耻"。[9]

休厄尔的忏悔中隐藏着一种发自内心的羞愧之感，这种羞愧源于他曾经是一个草率而又轻信的法官，源于他曾经囫囵吞枣似地相信了太多诽谤造谣的故事，源于他在任职期间缺乏足够的怀疑精神。所有这些自我谴责强烈且真切；休厄尔感到自我在神的旨意前堕落并被摧毁，认为自己犯下了许多该受到惩罚的罪行。但是，休厄尔在塞勒姆一案上所持的宇宙观——女性代理人参与撒旦的阴谋这一观念基本上和人们关于这个世界的想象吻合——并没有因为他意识到自己的错误而得到修正。

休厄尔和他的同辈人对于魔鬼曾经出现在塞勒姆这一点深信不疑。虽然他们最初也曾质疑，那些心智迷乱的女孩也许并不是被那些只有她们才能看见的折磨者的目光摄取了心智，但他们最终打消了疑虑；因为他们亲眼见到，一些头脑清醒的人在法庭上对幽灵挥舞着棍子，又在幽灵的反扑之下退缩躲避，仿佛手中的棍子猛烈地攻击了一团无形的东西。休厄尔张贴那张平反公告的时候，他把自己交由上帝处置，这并不意味着他在魔鬼的强大力量前失去了信心，而是因为他感到撒旦是一个可怕的敌人，远比他想象中的难以对付。

从某种程度而言，出现在塞勒尔的撒旦比以前更加狡猾——他既无所不在，又全然不可预知。这个清教信仰中的新撒旦是一个外部的敌人，因为他有偷袭的本领，所以又显得格外危险。英克里斯那满腔热忱的儿子科顿·马瑟（Cotton Mather），就因为自己认识到这一点而欢欣鼓舞，他甚至庆贺魔鬼的法力，因为这象征着上帝和撒旦之间的终极决战即将到来：

> 魔鬼今天正在进一步地试探我们；比起我们曾经遭遇过的试探，这种试探更难以抗拒，更让人措手不及，这种无法解释的状况更为混乱；这个试探如此重要，以至于如果我们一旦战胜了它，我们将很快和那些被我们踩在脚下的地狱捕食者一起欢庆太平盛世。[10]

然而在这种庆贺之中，却有一种哀怨，这种情绪始于人们的私下议论，然后进入到公众的冷嘲热讽，在这些议论中塞勒姆的检察官们被涂上了一丝荒诞的色彩。围绕着这些事件——从人们写给好奇的朋友的私人信件，到那些发表于远离波士顿，安全的出版物中的评论——人们公开质疑甚至蔑视的声音开始涌现。在1693年的秋天，马瑟父子赶到一个住在波士顿的女孩的床前，因为这个女孩身上出现了"魔鬼附体"的症状，当时，一个头脑冷静、具有怀疑精神的名叫罗伯特·凯莱弗（Robert Calef）的商人全程见证了他们给这个女孩所做的检查。"女孩当时正在抽搐，"他在后来的回忆中说道，"[科顿]……搓揉她的胸部和其他部位……把手放在这个女孩的胸前和肚子上，就是隔着她身上的衣服搓揉，据他所说，他感觉到一个活物在动，他的父亲和其他人也感觉到了。"看着这两个有社会地位的男人公开摆弄着这个斜躺着的女孩的身体，凯莱弗倍感诧异，他由此认为塞勒姆真正的受害者是那些遭到指控的女巫，她们的尸体已被人"拖到……一个乱石堆积的洞穴或者坟墓里"埋葬。甚至连英克里斯·马瑟本人也勇敢地拨乱反正，在不久以后承认，那些捏造事实的原告，而并非判罪的女巫，才是真正的"恶魔"和"谎言之父"的仆人。[11]

正因为此，塞勒姆那些不愿妥协的权威人士在他们的兢兢业业中开始变得滑稽可笑，甚至猥琐，而他们猎捕魔鬼的行为本身成为了嘲讽的对象；与此同时，在那些以前从未有过争议的问题上，新英格兰人开始产生分歧——比如，"在看不见的世界里的奇事"（这是科顿·马瑟的说法）有没有可能是幻觉，而相信这些奇事的人到底有没有上当受骗。一位怒不可遏的评论家用一种讥讽的口吻将塞勒姆的法官们称为"塞勒姆的绅士"，还嘲笑说，他们没有理解因果关系和纯属巧合这两者之间的区别。一个女巫能通过眼神向受害者施魔法，所以

> 法官们命令被逮捕的人看一眼他们所说的那些孩子，她们照做了；在眼神交流的刹那，（我可不敢效仿塞勒姆的绅士说，因为那个眼神）那些受害者们立刻昏厥了。然后，被逮捕的这些人被蒙上双眼，并被命令去触摸那些受害者；在接触的那一瞬，（和刚才一样），尽管不是因为触碰，这些受害者们通常都会从昏迷中苏醒过来。[12]

根据这种理论，被蒙住双眼的女巫将手放在被施了魔法的人身上，会使得邪气从被魔鬼附体

的人身上流出,并返回至女巫,就好像这个咒语在完成了一次循环后被破除了。但是批评者们[在笛卡尔(Descartes)《方法论》(*Discourse on Method*)的影响之下]迅速指出,"任何一只手的碰触,经过一段时间,都会产生这种治疗的效果……经验也证明了这一点"[13]——这种反对意见源自一种新的社会风潮,这种风潮认为经验胜过权威,而理论如果与观察到的事实相悖,也就不足为信。在新英格兰的历史上,人们开始第一次尊重这种观点,即认为只有那些能从物理形态上考量且通过实验验证的现象才是可理解的真实存在。在这种思维理念中,关于撒旦的传说逐渐变为一种古老的诗篇。

我们可以这样来看待曾经发生的一切:起初,撒旦从人的一种自我特性变成了一个游离于自我之外的有形之物。然后,以各种新的奇异的形态出现的撒旦又被人们抛弃了。换言之,魔鬼正被简化成为一个受过教育的人不可能相信的东西。这是魔鬼作为象征罪恶的意义符号走向终结的开始。尽管科顿·马瑟不经意而为之,但他正确地看到了一点:旧有的基督信仰中的魔鬼在塞勒姆已经进入垂死挣扎的阶段,而那里也是他在新英格兰最后一场战役的据点。这不是因为《启示录》上的应许正在塞勒姆得到应验——"将兽和在兽面前行异象来欺骗那些受了兽的印记的人们的假先知擒拿住……[而且]将他们活活扔进燃着硫黄的火湖。"而是因为,魔鬼像一个老演员,他夸张的表演风格已经显得滑稽荒诞,他正在失去他的观众。

[二]

新理性主义的核心思想是,人的思维和机器类似,因此和任何其他一台机器一样,思维也会发生故障。从希腊时代开始,西方心理学说就已经非常关注身体的变化(疾病、醉酒、性冲动)对思维产生的影响,并且认识到想象"不仅促成艺术的产生……也制造了幻觉和可怕的假象"。[14]然而相较于以往,现在的一些阐释性类比越来越呈现出物质化的特点。我们以托马斯·霍布斯(Thomas Hobbes)的《利维坦》(*Leviathan*)(1651)中的一个类比为例:

> 我们观察水面时可以看到,尽管风止息了,但波浪在很长一段时间后仍在翻滚;所以,当一个人观察、做梦或进行其他一切活动时,这种情况也发生在人体内部器官的运动中。这是因为,在客观对象被挪开之后,或者在我们闭上眼睛以后,我们思维中仍然残留着先前看到的物体的映像,只是比我们看到的模糊了些。[15]

霍布斯这个关于记忆的比喻说明,身体的感觉器官——眼睛、耳朵、皮肤、鼻子、舌头——认知客观对象的过程被视为一个客观事件:这是因为虽然"作用于我们器官的物质",从客观对象转移到观察主体的那些"感觉不到的微粒"可能是无形的,但基于可见之物或有声之物所产生的影响,人们可以推测出这些物质确实在发挥着作用。"当眼睛被按压、搓揉或者受到碰撞时,我们会感觉眼冒金星;当按压耳朵时,也会产生耳鸣;同样我们的身体也会因为我们所看到或者听到的物体而产生强烈的,尽管并不被察觉的动作。"[16]就好像将一根手指放在眼睛或者耳朵上会产生光线或者声音的影响一样,与感觉器官发生碰撞的微粒会使人听见声音或者看见意象,这样一来,人们甚至可以感知远处的物体。认知被理解为一个客观事件;而自古以来被当作是记忆子范畴的想象力,则开始被定义为这一事件的残留,一次爆炸所产生的回音。正如霍布斯所说,想象"只不过是一种*正在衰退的感知*",是刚结束的感知体验正在缓慢消散的影响。想象的产物类似于一个被激起的水花所产生的向往扩散的涟漪,在下面这段优美的形象性描述中,霍布斯阐述了这一观点:

> 人在清醒时感知的衰退,并不意味着感知中发生的运动在衰退,而意味着那个发生受到了障蔽,这就好像太阳的光芒掩盖了星辰的光辉一样;星辰在白天发出的使人们可以看到它们的光辉绝不比它们在夜间发出的微弱。然而,当我们的眼睛、耳朵和其他器官接收到外部物体的种种冲击之时,我们只能感觉到占主导优势的冲击;由于太阳的光芒占优势,我们便感觉不到星辰的影响。因此,就任何从我们眼前挪开的客观对象而言,尽管我们脑海中还留存着对它的印象;但是由于其他事物在眼前相继出现,并作用于我们大脑,所以那些旧的想象就变得模糊、微弱;就好像一个人的声音淹没在白日的嘈杂声中一样。[17]

这段论述将人的思维视为一个档案系统,一个装满凌乱的文件并盖有不同认知体验印章的包裹。那些旧的文件被堆放到档案的后面,随着时间的推移,印在文件上的映像开始褪色,最终消失,留下一张张空白的记录。在这个记录被磨灭的过程中(实质上,死亡才会将我们的记忆最终剥落),每一次新的认知体验都将上一次的推挤到档案堆的后面,那里它将最终消失。但是,通过想象,这个过程却可以被逆转,因为想象能使那些旧的映像被突然唤起,在这一过程中,旧的映像能够跨越许多干扰性的体验,并最终和当下的体验发生关联。一个人在二十年前从马背上摔到石头地上的记忆可能与他今天摔倒在烂泥里的经历重合,而且这两个映像会重叠,直到与这两段经历各自相关联的具体的地点和痛苦融合成一个观念,这种观念在人的脑海里鲜活生动,但却与任何一个实际发生过的外部事件都不吻合。这些观点以一种"复合想象"的方式出现在人的大脑中,它储存了记忆中的映像,并将这些映像综合成一个由多个部分组成的统一映像。这种复合的"思维的虚构"被约翰·洛克(John Locke)(其心理学理论在18世纪中叶的美国教科书中被视为权威)称为"幻想性"理念,

> [这些理念]所包含的那些简单观念的集合,从未被真正地统一起来,抑或在任何一个实物中被同时找到:比如,一个生物具有理性思维,但它却长着马头人身,如同神话所描述的半人马一样;或者说有一个物体,色泽金黄,可以被锻造、熔解、凝固,但却比一般的水还轻;或者说,有一种既统一又缺乏组织的物体,对感官而言,这个物体的各部分都很相似,但它具有知觉,并能自发地运动。[18]

想象的联想作用能够轻易地解释,为什么一个女孩会在梦境中看见一个尖笑着的老太婆的影像飘在她床的上方,因为正是这个老太婆前一天用小镇水泵的把手打了她的手。

从对人类思维的机械理解发展到现代观念中的无意识，似乎是一个漫长的历程，现代观念将无意识视为一个混乱的巢穴，不为理性控制的各种象征符号不断从中溢出，涌入意识中去。19世纪初期，联想性模式就开始显出其不充分之处，早在20世纪发生的弗洛伊德革命之前，对意识的描述就已经变得越来越富有动态，而且朝着用原始电影的理念来理解思维的方向发展：将思维看作一块银幕，映像通过连续的投影叠加在这块银幕上。在美国，这种理念的转变最为显著地体现在威廉·詹姆斯(William James)提出的"意识流"这个著名的短语上，这一概念不把时间当作由连续的时段组成的一个匀整的序列，而是将其重铸为一团杂乱的、翻滚的记忆碎片。类似于詹姆斯的19世纪晚期的实用主义者，以及先于他们的浪漫主义者，在如何再现意识这一点上带来了实质性的改变。这种新的再现方式超越了洛克和霍布斯所确立的、被沿袭了近二百年的模式。尽管如此，在17世纪末前，将人类的想象看作一个发明工厂的基本理念就已经建立了，那时，人们的思想开始具备现代怀疑主义的精神，对受过教育的人来说，约束他们头脑中那些难以抑制的激情变成了一件刻不容缓的事情。

这对神学——因此也是对魔鬼的命运——来说意味着，截止到18世纪，当那批在北美使用英语交流的群体仅繁衍生息了三代人的时候，受过教育的人们相信，他们已经完全可以解释那些几百年以来被理解为上帝和其代理人介入个人精神生活而引起的幻象。一位学者解释道，"幽灵并没有被驱散——他只是被内化，并被重新解释为一些充满幻觉的想法。"[19]诚然，认为人的头脑能够"看见"客观上并不存在的物体的这一观念并非最新发现。在比洛克还早两千年的时代，亚里士多德(Aristotle)已经深知这个道理："即使在我们双眼闭阖之时，我们仍然得见形象"[20]；而且，中世纪的学术复兴也恪守着一个经典理念，即想象就是思维将感官映像储备起来，并将其合成为新观念的一种能力。不过，在亚里士多德的《论灵魂》(De Anima)中，他对想象的关注相对来说并不太多(甚至可以说轻描淡写)；他将想象当作一种次级的功能，没有真实的感官印象那么逼真、有感染力："当我们只是在想象的时候，我们就如同正在观看一幅描绘着阴森恐怖的或振奋人心的场景的图画，我们无动于衷。"[21]然而，在各派狂热者都在煽风点火的那段长达几十年的宗教纷争过后，17世纪晚期的新理性主义者迫切地意识到，人们可以受到内心想象的激发和驱使。在这种语境下，"幻觉(hallucination)"作为一个很能说明问题的英语单词，开始被用来驳斥乔治·福克斯(George Fox)等一批信徒的言论。贵格会的创立者乔治·福克斯在1694年曾从身心感受的角度来形容他的宗教皈依体验："现在我被圣灵充满，经过燃着烈焰的剑，升入到上帝的天堂中。所有的一切都是新的，所有的创造都向我散发着一种不同于以往的气味……"[22]

此后，当联想性理论为这种体验提供了一个从技术层面上令人满意的解释的时候，虽然这仍然不算一种新解释，但它在一个全新的状况下为人们所认可，并且得到广泛的传播。彼时，英国已经从一个基于封建组织形式的农业国家转型为一个拥有国际海港的现代国家政权，英国开始拥有重工业，商人和律师阶层也日渐壮大。握手言交的邻国交易逐渐被基于信贷的商品交换所取代。由于个人的记忆根本无法追踪商品交换的复杂过程，所以记账成为了一种必需的技能。与此同时，显微镜和望远镜的发明将大部分那些先前看不见的世界带入了人们的视野。在这些新出现(新发明或者新发现)的现实的压力下，人们对于人类思维的能力和局限性的认识不仅广为接受，也更为完善。持着一种新的坦率态度，人们承认思维既富有创造力，又不可靠；这个发现产生的结果之一便是人的怀疑精神和自信心的奇特融合，而这种融合成为了启蒙主义思想在基调和风格上的一大特征。18世纪的一批作家——伏尔泰（Voltaire）、约翰逊（Johnson）、蒲柏（Pope）——创造了一种新的写作风格，即以威严可信的方式来描述他们自己的愚昧无知。

尽管新的理性主义产生了种种影响，许多人仍然还能十分清晰地看到自身的魔鬼和幽灵，并公之于对此持怀疑态度的外界。在18世纪60年代至90年代这一段动荡的时期中，英属北美殖民地涌现了大量关于鬼魂造访和灵异事件的出版物——它们通常是恐怖故事，有时也有关于善灵如何在艰难时世给人带来善意忠告的传说。阅读这类作品，我们感受到我们所说的一种"抵触"效应——对那个早已不足为信的无形世界的一种说不清道不明的怀旧。比如，在1765年（《印花税法案》颁布的那一年）于费城出版的一本畅销的小册子中，就曾报道过一个西里西亚伯爵的故事，这个伯爵"以一种残酷的方式折磨他的臣民"，直到"有一天这真的发生了，他的身体变成了一只狗，仅剩下头部还是人形"——这是一个代表性的事件，因为"如果万物之主将他的公正审判降临到每一个亵渎神灵的人……那么我们在费城每天都能看到这样的例子。"[23]十年后，当帝国的危机引发了公开的战争之时，新英格兰的一家印刷厂出版了一个故事，故事中，魔鬼闯入一位波士顿保守党党员的卧室，指引他参与到对抗马萨诸塞市民的地狱阴谋中。又过了十年，当人们在新的美利坚合众国随处都可以听到雅各宾派的哭喊声时，一个惊惶不已的曾就读于耶鲁的男人出版了一本回忆录，书中提到了一位去世了四年的老同学的鬼魂造访他的过程，这个鬼魂来到他面前，指责他追求享乐的行为和他世俗的抱负，鬼魂缓缓道来，"你将如何去渴望离开身体，与主同在。"[24]在这些故事里，来自灵异世界的拜访者开始谴责现代生活；他们是前来捣乱的一批守旧分子，他们提醒这些可怜的生者，不要忘记在曾经的那个时代里，人们对于道德和忠诚是多么明白无误。

在那时，美国的报纸也编出一些故事去迎合公众对来自魂灵世界讯息的兴趣：

> 上个星期三的早晨，在布雷茵特里，有一个名叫威拉德的人发疯了（那时看守他的人正要去睡觉），他突然解开自己，冲出大门，随手找到一把斧子，劈向了自己的头部，但斧子的一边刚好滑了下来，所以他伤得不重；后来他将斧子的刃面朝上，将自己的脖子往刃上撞，脖子被卡住了，而且被砍得面目全非。他说魔鬼要他吃苹果，他只是照做了而已，就在那时，人们刚好找到了他，要不然他早就已经把自己给杀了。他说魔鬼先生再也不会这样对待他了。[25]

魔鬼正在变成一个由这些错乱的思维所创造出的恶作剧者。因此，有文化的人对他持鄙视态度，将他看作文盲的一种迷信。因为文学创作的需要，人们将魔鬼从已经丧失的传统中挽救回来，但却用它来娱乐和他不再有亲密关系的观众。在为那些关于魔鬼的传说而绘制的插图中，魔鬼被以一种漫画手法勾画出轮廓，而关于他恶意的内部细节却完全被省略了；这个新的魔鬼既矮胖又粗俗，他不再像过去那个地狱古老的最高主宰，却与犹太传说中的附鬼，抑或爱尔兰小妖精变得越来越相似。

尽管如此，人们偶尔还是会遇见一个18世纪的撒旦，它还保留着某种因为自我萎缩而产生的愤恨特征，而这种特征被弥尔顿和教会教父视为其本质属性。例如，在费城有位名叫简·西斯(Jane Cish)的虔诚信徒，她常去教堂做礼拜。她在梦中遇到了公义仁慈三天使，她发现三天使的"侧边立着第四个形体，[他]看起来又黑又坏；他远远地站在其他形体的旁边，面部扭曲，充满妒忌、仇恨和愤怒。"[26]这个时期的出版物充斥着许多令人将信将疑的故事，这个故事中的郁郁寡欢的路西法形象跃然而出。霎时之间，西斯找到了字眼去表达原罪教义所蕴含的那种发自肺腑的古老力量："我看到亚当和夏娃在伊甸园里行走……呀，他们徜徉在快乐中……就好像一条鱼在海水中畅游。我也看见他们灵魂的端正无瑕，因为他们的身体并没有遮挡住我的视线。"在亚当和夏娃受撒旦的诱惑堕落以后，西斯怀着一种既同情又恐惧的情绪，描述他们如何"充满恐惧地颤栗着"，而且她"也为自己在人内心中看到的卑劣和邪恶感到羞愧，并且意识到上帝对自己的愤怒如此理所应当，因而情愿去接受任何惩罚。"[27]就好像奥古斯丁曾经感受过的那样，这个女人也感觉到她疏离了上帝。她眼中的撒旦非比寻常，因为他不仅仅只是一个漫画形象。

[三]

英克里斯·马瑟去世时，带有怀疑主义色彩的启蒙思想刚刚在美国扎根，但在马瑟卷入塞勒姆的系列事件之前，他就已经意识到"当今的撒督该人(Sadducees)说世上没有魂灵，所有关于魂灵的故事，要么是奇闻异事，要么只能归结于自然原因。"[28]在即将进入18世纪的时候，马瑟认识到，受过教育的人梦见或者看见类似简·西斯所描绘的异象时，他们的第一反应不再会是战栗，他们不会认为上帝正在传达一个可以解读的讯息；相反，他们更有可能执意去寻找一些和生理因素有关——但在精神信仰层面上毫无意义——的解释。马瑟生于1639年，那时世界被看作是一个由上帝刻写并且不断修正的文本，这个世界与圣经中埃及的约瑟所处的世界相差不大——在那个世界里，约瑟被法老传召解梦，因为梦境被认为是上帝的预言，所以必须弄清楚。但是到了马瑟去世的1723年，世界已经在很大程度上接近我们现在所处的世界，梦境被认为是客观事件作用于大脑之后，在大脑回路的深处产生的刺激。这是开始于那个时代，而在我们这个时代几近完结的一个过程：一个将大脑和思维之间的区分彻底打破的过程。

这种区别的消失无异于灵魂这一概念的消失，而这个过程在当时遭到不少英勇抵制。从当时讨论犯罪的一些通俗小册子的标题中，我们便可以感觉到这种抵制的存在，这些标题试图在受害者被摧残的肉体和完好无损的灵魂之间维持一种令人宽慰的区分。例如，《黑人阿瑟关于生命和死亡的言论……这个人被执行死刑……因为他强暴了一个叫黛博拉·梅特卡夫的人的肉体》(1768)；《伊丽莎白·伍德女士的亲生儿子对她肉体所进行的最血腥残暴的谋杀》(1793)。[29]然而，类似这些将某种人格与肉体区分开的努力，在很大程度上是徒劳的。直到19世纪20至30年代，当想象这一概念(霍布斯和洛克将其视为大多数精神问题的祸根)开始取代灵魂这一过时的概念，这一过程便一直在推进。人类被重新构想为机器，而机器是没有灵魂的。

在越来越多描述精神失常的文献中（比如医生的参考手册、学术论文和通俗指南），将思维看作与上帝沟通渠道的观念逐渐让位，更多的看法是将大脑视为一个感官印象的储存设备。精神错乱被看作是区别于抑郁症或者突然发作的"脑炎"的不同病症，它在当时被普遍定义为一种"由感知异常引起的、对客观对象的*错误认知*"。——这个定义由一名哥伦比亚大学的医学学生于1796年提出。这个定义成立的前提是，精神病人相信"感官所暗示的真实，因此"也就容易采取"巨大且异常的努力来实现某种假想的善，或者避免某种恶"。实际上，这种对精神病症状的典型描述又一次重申了联想性理论，根据这一理论，在思维的调控机制失效以后，"各种思想观念的病态或反常的联想"会将人的大脑填满魔鬼和天使，而精神病人有可能会攻击或者接纳他们。[30]

当18世纪的医生们开始思考如何治疗精神病症的时候，他们只能借助于那些道听途说的有效疗法。传统的治疗方法——例如在矿泉水中泡澡、轻度按摩、不让患者受到过多刺激——是他们能给出的最好方案，医生们用粗糙且机械的因果理论来解释这些偶尔的疗效（对于"肠子打结"一类的生理失调病症，他们仍然采用强迫病人吞服铅弹头的疗法）。他们认为"感觉器官"而非大脑才是"思想的温床"，因为当外部物体的幻象接近人体的时候，正是这些器官——眼睛的视网膜，皮肤外层的受体——直接受到刺激，这就好像"当美食入口时，舌头上的味蕾会竖起来"一样。[31]让这些器官不再暴露于刺激之下可以让它们有机会自我康复，这跟在扭伤的指头或者胳膊腿上打上夹板的原理是一样的。

医生们在解释精神病症发作的机制时，常常用一种含糊的类比来说明问题。他们将精神病的发作比作性器官的兴奋和松弛阶段，也比作对不同的对象产生的不同强度的性感受。"各种观念的异常联想"被拿来与"其他肌肉的痉挛性收缩"相比较，"基于不同的人有不同的感知能力"，这种"肌肉的痉挛性收缩"让一部分人心智健全，而让另一部分人处在一种"愚蠢糊涂的状态"。[32]早期的精神病学著作生动地提醒人们，那时一些言之凿凿的论断（比如，"视网膜的柔性扩增是由肌肉纤维组成"）如何在试图传达一种博学多识的感觉，尽管这些论断跟真正的知识毫无关系。

因此，尽管精神病学作为一门实证科学在当时享有很高的声望，但它实质上不过是卫生学的一个非常初级的项目。精神病学沿袭了宗教传统上的克制功能，在描述精神病症的特点时，医生们使用了一些已经变味的宗教词汇。例如，"骄傲"原是万恶之首也用来指代撒旦身上腐败的中心，现在被医生们客观地描述为"[一种]对自己优点的过高评估"，而"由于这种心态会让我们更加容易感到失望，所以它或许能被看作是导致精神狂躁的间接原因。"正如我们所见，这种所谓的"科学"仍然基于一个传统假设，正如哥伦比亚大学的那名医学学生曾说过的那样，"兴奋和冷漠之间的中间状态最符合人的本性。"[33]精神病学断定极端的精神兴奋是一种疾病，由此表明了与基督教悠久传统的决裂态度。而基督教信仰中关于极度精神兴奋的这一传统，源于《使徒行传》第二章中有关使徒说异国语言的记载，即"一个人肯定是癫狂了，否则他不能向神活着。"[34]

尽管如此，在对精神失常的这种全新的理解中，神秘主义的残余思想仍然挥之不去：

> [疯子们]飞离人类社会；他们以超凡的速度在物体间漫游，他们叫着，唱着，笑着；他们中的一部分人游弋于高远的梦幻之境，数着群星，在想象里记下行星系的运转……而另一部分人则张开他们爱冒险的翅膀，飞到地球的各个角落，上天入地。[35]

在这类"科学性的"文字中，有一些令人触动的过时的东西。它和我们这个时代的某些精通文学的医生所具有的气质颇有些类似，这些医生不愿将精神失常归入疾病的范畴。面对与灵魂有关的奇闻异事，18世纪的医生们还没有完全丧失敬畏。他们意识到促成精神失常的原因可能是言语、图像或者声音这类转瞬即逝的现象：18世纪90年代，一位年轻的医生曾记录道，"在'南海泡沫'事件发生的时候，英国一所重要的"疯人病院的主管医师，发现他的绝大多数病人都是因为受到一夜暴富的刺激而入院"；著名的本杰明·拉什（Benjamin Rush）博士，美国第一本在全国使用的关于心理疾病的教科书的作者，也曾经注意到，"忧郁症"通常出现在人们得知继承房产或者彩票中奖此类好消息之后。他引述了一位忧郁症患者的说法："当生活波澜不惊时，当没有乌云蔽日时，那便是我最悲惨的时刻。"然而，即便当医学领域开始对抑郁症进行纯粹的精神分析时，唯一所知的治疗方法却仍然停留在生理层面——比如，刺激脑部血液循环，从而加强脑供血。这似乎是一个有效疗法，因为有些患者在经历了一阵奇痒之后，也许是由于猛烈的抓挠利于血液循环，他们的抑郁症立刻就被治好了。[36]

我们看到，当启蒙思想于18世纪在美国最终确立之时，它对我们今天仍然赖以生存的现实进行了翻天覆地的全新改造：无形的世界不再是知识所能合理解释的对象。疯癫的人再也不是被魔鬼附身了，而是生病了。精神失常曾经被认为"与幻想中超自然的存在相关"，如今却成为一种临床病症，有时则是因为刑罚而产生的病症。[37]据记载，1724年，新英格兰的一所法院在一桩巫术审判案中，第一次下达了对原告进行精神检查的命令——这又一次象征着魂灵所处的那个世界正在消失。当时，大部分被超自然的魂灵附身的案子都被判为欺诈。在英国，当作为殖民地法规之基石的詹姆斯法令在18世纪30年代被废除之后（当时这项法令已很久未强制执行），新的汉诺威法令将对"巫术"的处罚从死刑降为一年监禁，而这项罪名本身被重新定义为伪装"巫术，魔法，[或者]魔咒"。[38]一个人再也不可能会是巫师了；他仅仅可能伪装成巫师，抑或自欺欺人，将自己当作巫师。

在英国的殖民地，情况也是如此（尽管在18世纪30年代，罗德岛地区颁布了一项法案，重申巫术为重罪之首），那些关于巫术的旧法令几乎已经完全被废弃，而在整个18世纪的公共记录中，有关巫术的呼声主要出现在被告以诽谤罪起诉原告的时候。在1700年后，那些零散的特例屈指可数：例如，1706年，弗吉尼亚有一次声势浩大的审巫案；1718年，马萨诸塞的一个男人——他明显是生活在殖民地时期的一个不堪忍受的波特诺伊（Portnoy）——指控他的母亲行巫术；在18世纪40年代，一个纽约的巡警将"一车上了年纪的荷兰人"当作巫师抓了起来。[39]

而在某些场合中，关于巫术的呼声一经出现可能很快就被压制了，它就像是夜里突然的惊醒和哭闹，所有人（甚至包括那些大声抗议的人）在第二天醒来神志清醒后都会觉得尴尬。例如，在1770年，一个马萨诸塞的女孩突然表现出过去曾发在别人身上的抽搐昏迷症状，如果时间退回到一个世纪以前，这些症状足以让被她所指控的人受到讯问；但是这个女孩的牧师尽管对"魂灵、无形世界、特别是撒旦代理人"等观念深信不疑，却警戒人们说，"许多事情曾经……被认为是魔鬼的作为，却被发现不过是孩童的……诡计。"[40]早在这件事发生的几年前，波士顿的一篇抨击文章就将一个锡姆斯伯里女孩所受的痛苦编成了一首打油诗：

> 有时她会上蹿下跳，在房子里手舞足蹈；
> 像个疯子，发出恐怖的咆哮；
> 有时她会上蹿下跳，爬上椅子，
> 她站在上面，虽然没有人在身边。
>
> 有时她看见黑猫和飞翔着的乌鸦，
> 还有其他的可怕场景；
> 有时她被看不见的一双手又打又抓，
> 这个孩子又叹气又呻吟。
>
> 呜呼哀哉！呜呼哀哉！让我告诉你们实情，
> 降临在这个孩子身上的不幸，
> 两言三语都不够描述，
> 因此我祈求你，现在就让我结束。

这个乏味的打油诗人不断地重复这个主题，直到他认为是时候给这个女孩的父母提点建议了：

> 现在轮到她亲爱的父母，该仔细听好
> 祷告，要向上帝祈祷；
> 若要安抚这个狡猾的元凶
> 切莫妄想凭借魔法或者愚拙的伎俩就能做到。[41]

巫术（和魔法或者招魂术不一样，它涉及到个人与魔鬼的交易）沦为了家庭闹剧，这说明撒旦不再被严肃地视为对人类灵魂的无形争夺者。这也标志着17世纪类似中世纪世界的最终完结，在那个世界里，人们获取知识的方式仍然主要表现出突发性，一个人突然获得智慧也不能给后世的人带来任何益处。但是，启蒙思想的新精神则完全不同于以往。这种精神具备增积性，且处于进步变革中；它最具代表性的项目——在图书馆和哲学团体中流通的百科全书——是集体性的，而它的创新之一是相信知识的传播能让后代无需再花费精力去探索人类的既有知识。相信人类而非神力带来进步的理念与旧的宇宙观有着本质的区别，因为后者认为宇宙由上帝支配，他有权给予或收回知识的惠赠，而这种恩典在人类之间无法传递。

信仰和知识之间的这种竞争在殖民时期的美国所产生的影响随处可见。这种影响表现在一些细小事件上——例如在1774年，一位在普林斯顿大学受过教育的牧师怒气冲冲地离开了客厅，只因为客厅里的另外一个人对魔鬼的存在表示怀疑——也表现在大事件上，比如赞同与抵制新理性精神的双方之间的分歧。在理性主义的压力下，相信上帝无所不在的古老信仰分崩瓦解，科学开始试图寻求突破点。尽管科学表现出令人惊叹的解释力，但却几乎给不出任何方法去改变那个被上帝和魔鬼抛弃了的世界。概括而言，美国人发现他们的处境和历史学家基思·托马斯（Keith Thomas）关于现代化初期的英国公民境况的精辟描述没什么两样，托马斯认为这批人"在尚未构想出任何技术层面上的替代物时，就已经抛弃了中世纪教会所提供的倚靠神力的解决方法"。[42]当医生不再使用"神圣的措辞"，转而从唯物主义角度去理解人类思维的时候，他们认为精神兴奋是一种生理疾病，而并非由超自然力量的活动所引起。尽管如此，面对这种疾病，医生们却束手无策。

这种情况使得很多人处于一种精神极度饥渴的状态，因为没有什么比发现一个无法解决的问题更令人烦恼。指明这种疾病，但却不予以治疗，这简直就是种折磨（正如一位清教牧师在一个世纪之前曾指出的，"看得见肉却吃不着，对所有人来说，没有什么比这更痛苦的了……"），因此，面对早期现代科学对其本身无能性的认识而涌现的这种普遍的焦躁情绪，也是可以理解的。上帝和魔鬼都隐退了，这意味着祈祷和忏悔正在失去它们对个人生活的影响力。而同时因为没有任何一个可与上帝和魔鬼相比拟的势力去取代他们，人们只能求助于其他的慰藉：比如，有人诉诸占星术，因为它仿佛提供了一种观察世界的方法，而其中的操作手段则让人能抚慰那些管理世界的神灵。在18世纪的美国，许多名义上的基督徒仍然相信，想要马匹诞下一匹小母马，他们必须在月圆之后将公马引到母马跟前；在上弦月之夜砍下来的栗木，燃烧时容易火星四溅；在一年某个月的下弦月之夜砍下的木材永远都不会被虫蛀。[43]这类信条让人扮演着求爱者的角色，并迫使他们像异教徒那样，尝试以各种诡计和魔法去骗得幸运夫人的青睐。这里流露出一种对由神灵管理的、不复存焉的世界的怀旧情绪——虽然这些神灵时而充满敌意，时而仁爱慈悲，但是他们对人类一贯有求必应。

[四]

当英属北美殖民地和英国作战并发表独立宣言的时候，美国社会正在分化为怀疑派和探索派。通过观察那个时期语言的自身构造，我们可以感受到导致这种分化的压力：语言中残留的宗教因素被挤压沉入化石层，也就是说这些词语不再出现在日常口语中。从前指代那些超自然准则的词语现在变成了表示病症和寻求便利的代名词。例如，"恶"这个词，从18世纪50年代起开始成为消化不良和拉肚子的同义词，它曾出现在"抗坏血病滴液"的广告中，该药剂保证对"坏血病、麻风病、溃疡、肠胃不适[1]、瘘症[和]痔疮"有显著疗效。[44]本杰明·富兰克林(Benjamin Franklin)在他的《自传》(*Autobiography*)一书中,则完全避免使用"罪"这个词,一旦谈及背叛或其它他希望能避免公之于众的个人行为时,便从印刷行业的术语中借用"错字"[2]一词来代之。而这最终成了一个经典的例子,借用20世纪的神学家莱因霍尔德·尼布尔(Reinhold Niebuhr)的说法,"将罪定义为过错而不是罪恶"。[45]

圣经中的词汇受到了最直接的威胁,尤其是预言书卷中那些描绘空中的宝座、玻璃海、化为血的月亮、长着多只眼的野兽等词汇。现在已被我们视为传统的联想性理论认为,过多地阅读圣经中的这些描写存在着一定的风险,与此同时,以那些敬虔罪犯的犯罪生涯为主题的丑闻文学也开始大量涌现。这些罪犯或是半文盲的人因为妒忌而丧失理智,或是妇女因为自己珠胎暗结而陷入绝望,他们都听到了、也听从了幽灵用圣经上的话语叫他们去杀戮的声音。理性主义者对这些真正的信徒倍感惊骇,因此他们警告说,过分狂热的臆想是对道德的一种威胁,而如果这种狂热的臆想不受克制和限制,必将会滋生出一群疯子。

我们简单描述一下一个处在殖民地时期的"山姆之子"的犯罪经历:36岁的约翰·刘易斯是宾夕法里亚巴克斯县的农民,在1760年6月的一个早上,刘易斯注视着他正在为每天的沐浴做准备的妻子。当时他的妻子怀有身孕,胎儿已经超过预产期两周,所以刘易斯担心,"妻子在这种状况之下,大概没法站在澡盆里面的。"[46]但是安,他的17岁的妻子,拒绝了他的帮助,还把他驱出了房子,后来刘易斯回来了,"准备一些东西去耕地",晚饭前他一直在地里忙活。"晚饭过后,"刘易斯讲述道,"我想要她和我一起上床躺下,"但安拒绝了,说"她必须先洗漱",于是刘易斯又去田里忙活了一阵,之后,他"再次要求安躺在床上,安躺下了"。刘易斯描述了接下来发生的事情:

> 她睡下后没多久,我就猛地扑到她身上,我的两个膝盖顶着她的肚子,两手掐住她的脖子,还用我的两只拇指勒住她的喉咙!——她大叫,"约翰尼……不要杀我。"——我没有回答,继续着我的血腥行动;她又一次(竭尽全力地)大叫起来,"救命!救命!"——我脑子里的那个邪恶念头却一直没有消退,直到她在我杀戮的双手下死去!……然后,我决定进行另一桩谋杀,就是在我们的一个孩子身上下手,除了这个两岁的孩子,其他孩子当时都在外头……但是那时那个孩子在睡觉,所以我认为给他一条活路对我没有什么危害;看来这是蒙受了上帝的喜悦,所以这条生命才没有被我夺去。

刘易斯的忏悔首先被作为一个典范式的序言,刊登在题为《对贵格派教徒、摩拉维亚教徒、独立派教徒、独立浸信会教徒、罗杰派信徒和其他狂热分子的明确致辞》(*A Plain Address to*

---

[1] 这里用来指代肠胃不适的就是"恶(the evil)"这个词。
[2] 英文原文为"erratum",即"(印刷或书写中的)错误"。

Quakers, Moravians, Separatists, Separate-Baptists, Rogerenes, and other Enthusiasts)（1762）的小册子上。这一忏悔的重点在于，刘易斯在神灵授权的幻觉下，听到了"一个来自于全能的上帝……要我去杀掉我妻子和未出生的婴孩的呼召"。诸如此类自称为预言实现者的人似乎将我们带回了殖民地时期的美国；而按照那些敲警钟的人的说法，显然，"撒旦[仍然能够]搅乱圣经"，正因为如此，像刘易斯一样头脑简单的人才会相信圣经上的话语是专门写给他们的。[47]

出现在美国宗教生活中的这种紧张状况是一个主要文化分歧的征兆之一。如果说"撒旦狡诈"，它曾经通过"完全破坏真相……[或是]竭尽所能粉饰真相"来颠覆信仰，[48]那么撒旦现在的任务——从理性主义的观点来看——就是制造出真实的幻象，描绘出另一个引人入胜的、可以给那些饥渴的信徒们提供指导的世界。如果说"典型的疯子"是"在过去的几百年当中……否定上帝存在"的人，那么今时今日，疯子则是那些极度相信上帝的人，这些人（按照布朗森·奥尔科特（Bronson Alcott）后来用以形容神秘主义诗人琼斯·维里（Jones Very）的说法）"因为上帝而精神失常了——在思考上帝的神圣时，他们早就变傻了。"[49]被魔鬼附身意味着成为一个信徒——在这些信徒的梦里，上帝和撒旦都极其真实。

换言之，那时的美国正分化成两派，一派固执地相信一批古老的鬼怪和魔鬼的存在，另一派则将这些看作是思维的假象，嗤之以鼻。农民刘易斯属于前者。他是一个精神贫乏的信徒，对于这类人而言，"启蒙思想"是一种残酷。因为备受真实的抑或想象出的妻子不忠的折磨，所以他迫不及待地接受了自认为属于他个人的、屈尊来与他对话的上帝的沟通渠道。他怀着感激之情领受了下面这段《启示录》的经节：

> 然而，有一些事我要责备你，就是你容那自称是先知的妇人耶洗别教导我的仆人，引诱他们行奸淫，吃祭偶像之物。我曾给她悔改的机会，她却不肯悔改她的淫行。看哪，我要叫她病卧在床，那些与她行淫的人，若不悔改所行，我也要叫他们同受大患难。我还要杀死她的党羽[1]，叫众教会知道，我是那察看人肺腑心肠的：我将照你们的行为报应你们各人。[50]

面对普通人对这段经节的解读，即认为这是在描述淫乱行为，保守派牧师们感到十分吃惊，他们指出，这些犯罪事例正说明了未加引导的圣经解读可能带来的后果。

神职人员为了努力重树他们在解读圣经上的权威性发起了运动，这类劝诫式的耸人听闻正是这一运动中的部分举措。要衡量17世纪到18世纪这一时期内宗教信仰的发展轨迹，最好的办法莫过于审视对"回家去思考教会教导的东西到底是不是真理"这一过时清教命令的再次摒弃。在启蒙思想的阴影下，当下新的紧要之事便是对"作为行为准则的冲动或感觉"保持警惕，即便这些冲动和感觉源于"圣经的经节"；而同时我们也必须依赖于一个受过教育的、能通过对经文的准确理解——圣经到底说了什么，没说什么——而掌控全局的牧师。[51]

---

[1] "党羽"原文作"儿女（children）"。

这场斗争中最尖锐的矛盾现在开始汇聚到一个看似微不足道的问题上：一个神学学位和个人基于对圣经的切身感悟，而非单纯"理论化"理解的布道能力之间是否存在关联？宗教大觉醒运动的支持者们意识到了普通民众的精神需要，他们对牧师的学历不感兴趣。而唯一激起他们兴趣的是，这个牧师是否能够真正洞悉罪，是否恩典满溢。在殖民地时期，虔诚的宗教团体蓬勃发展，那些饥渴慕义的信徒不仅聚集在小型移民教派中，比如中部殖民地的门诺派、顿刻教派、施文克菲尔特派，而且也聚集在大型教派中，例如北部的新光长老派和南部的卫理公会教派，在一些学历卓著、知识丰富的牧师的带领下，这些信徒们离开了已经享有一定社会声望的教会。

尽管教派各式各样，宗教大觉醒运动中出现的种种争端最终归结为一个长期以来存在的争论，即宗教体验中强烈感觉的合理性问题。这种感觉遭到了一派阵营的讥笑，而另一派则认为这正说明上帝在后使徒时代未曾抛弃他的人类孩子。一部分人认为，虽然灵魂会产生幻想和假象，但它是一个可以被训练的理性工具；另一部分人则坚信，灵魂仍旧是基督和魔鬼之间斗争的战场。对于前者来说——他们是大觉醒运动的反对者——宗教的精髓能够充分地表现在教会的制度化生活中；因此，强烈的感官体验是令人怀疑的。对于后者而言，一个奉行习俗及惯例的世界是无关紧要的，但一个人的生命能够而且必须发生彻底的改变，这种改变要建立在当时一位学者所说的理解之上，即要理解"一种存在本体的秩序，而并非陈旧的制度化宗教……[曾经]泰然处之的那间环堵之室的存在方式"。[52]

大觉醒运动的积极倡导者詹姆斯·邓文波特(James Davenport)——他在1742年因为"假想而且假装自己和上天发生了超乎寻常的关系"，而被殖民地大会逐出康涅狄格——曾说过，当基督的"喜乐之声"突然在饱受折磨的罪人的灵魂中响起，并将他们的"叹息……化为歌声"的时候，就是宗教皈依的时刻。但对不喜欢这样用音乐来做比喻的理性主义者而言，将恩典描述为一种个人清洁房屋的状态更为合适：

> 亮光照彻着人的认知；意志变得既顺从又驯服；情感倾注在合适的对象上；激情变得祥和又宁静；良心静谧而平和；生命和谐整一……[53]

在这种描述中，恩典是心理上的一种整洁状态；思想被安置妥帖，色彩变得柔和；意识的居所仿佛是一间疗养院。

必须说明的是，历史并非完全遵循这两种相对模式的绝对划分；大部分美国人可能在他们自身内部都曾感觉到过虔诚主义和理性主义这两股力量，并且从牧师那儿听说过这两股力量的融合。我们只从极少的人那里听说过这两种力量的纯粹版本。但毋庸置疑的是，在散发出学究气息的精英宗教信仰和那些将灵魂的提升视为基本的宗教体验的人之间，隔阂正在形成。争论的焦点便是关于道德生活的一系列最紧迫的问题。理性主义者认为人在本质上是孤独的，在一个由渐行渐远的上帝远程管理的世界里，人对自己而言是自由的，且只需要对自己负责。面对那些力图从理性思想的抨击下挽救关于个人的上帝这一理念的觉醒者，理性主义者要求知晓，这样一位全能的神(能预见一切，掌控一切的神)如何能与人类的道德责任保持一致。回答这个问题的责任落到了乔纳森·爱德华兹(Jonathan Edwards)这位觉醒者中出类拔萃的知识分子身上：

> 普通人在形成自我关于过错或罪过观念的时候，他们在进行反思和抽象思考的这一过程中，从来不曾上升到形而上的高度，去思考事物的源头、它们间的联系和依赖关系。他们不会依据思考的提炼物，也就是首先让他们下定决心的东西，来作出决定。不论这个东西是由外在因素还是内在因素来决定；不论是意志决定意志，还是认知决定意志；不论是否真有形而上学者所说的偶然(如果偶然的东西真有意义的话)；……普通大众从不曾从上述问题的求解中，形成他们关于过错或羞耻观念的理解。如果情况果真如此，大多数人，可以说人类的绝大部分，一千个人中的九百九十九个人，在他们个人的生命历程中，都从未在脑中真正思考过诸如过错这样的概念，他们也从不曾想过，是否有人该为某些事情受到责备，抑或表扬。[54]

这种现代性的预兆将我们引入了18世纪美国文化的争论中心。正是爱德华兹认识到基督教信仰的根本教义——原罪的教义——并没有被启蒙思潮的意识形态同化，而是随着它的象征符号，撒旦这一鲜活的生物一起消失了。如果人们不再相信魔鬼，那么一个可能的状况是，要一个受过教育的、"自我奋斗"的人敬奉全能的上帝(他能完全预见到每个人的意向和行为，正是他赋予第一个受造之人好奇心和虚荣心，使其在罪面前不设防，也是他续而将罪归咎给全人类，并对他们进行正义的责备)，这将同样非常困难。当世界进入现代化的时候，这条教义根本不可能蓬勃发展。因此，本杰明·富兰克林，作为理性主义的发言人，提出了另一种更合时宜的倡导：

> 如果受造之物的行动因此受到了限制，只能做上帝让他做的事情，而不能拒绝上帝所做的事情；那么他并不拥有所谓的自由，自由意志，能做抑或不做某些事情的权力……[而且]如果受造之物没有类似于自由意志的东西，他们也就谈不上有任何的优点或者缺点。[55]

富兰克林认为(这点正是爱德华兹认为荒谬之处)，老的加尔文主义宇宙观使得道德判断失效，他的这一结论带着一丝斯威夫特式的欢乐基调；纵观富兰克林一生，他从来没有因为任何事情责备过自己；而且他也难以接受这样一个上帝，即将那些无法控制自己行为的人打入地狱，又凭着人所不可揣测的喜悦去拯救另一些人。对于富兰克林(和其他的许多人)而言，相信这样的上帝，继而谴责那些他可以容忍的罪恶行径，似乎在最深层的意义上是非理性的。

富兰克林象征着未来。这是一个平衡于放荡败坏和自我约束两种选择之间的未来，但却没有任何超然的标准可作为选择的参考。富兰克林仿似我们的一位近邻，因为他具备现代意义上的分裂个性，他是一个服务于自己愿望的殷勤仆人。但爱德华兹却恰恰相反，他似乎遥远又超然。他明白关于神赐恩典和地狱磨难的古老叙述仍然和很多人的生活紧密相连，这些人正在见证而并非加快富兰克林所象征的那个新世界的到来。爱德华兹也相信，大部分人都会忍不住评判自己的邻舍，因为他的某种生活特点或者说失败——如经济上的贫穷、生理上的疯癫、秉性上的酗酒习性——驱使他殴打了妻子或者欺骗了同乡。对爱德华兹而言，一个无法控制自己情欲的好色之徒就应该受到指责，尽管无可辩驳的事实是他那冲动的躯体与生俱来，且在他的眼目所及、伸手可触之处出现了另一具顺从的身体。当他陷入色欲时，他不能以各种借口来减轻罪责，无论这个借口是上帝，还是命运（这是后来的词语），或者是（我们现在俗语中的）"荷尔蒙激增"。依照爱德华兹式的严格观点，个人需要对自己负责。

富兰克林和爱德华兹之间的巨大分歧道明了两种极端的情绪，而正是在这两种情绪之间美国文化正在实现当时的自我重构。富兰克林的理念是公众第一次真正发出的现代呼声；而爱德华兹的先见则预示了经验和其表达的道德理念之间将出现分裂——爱德华兹看到文化的力量在逐渐共抗宗教的要求，这种对抗不是源于某种广泛的敌对情绪，而是因为在特定意义上，个人责任和一个决定一切的上帝这两个双生概念正变得无法兼容。换言之，18世纪的文化正表现出明显的现代性迹象，这就是偏好辩解而非忏悔的态度，以及对环境因素能减轻罪行这一观念的确信。

随着魔鬼的形象和原罪的教义进一步退入神话中，知识分子们开始关注许多问题，例如，为什么儿时的朋友或者手足（甚至双胞胎）经历过同样的教养后，却在道德发展上呈现出差异。截至18世纪70年代，他们开始展开研究，为的是弄清造成精神差异的环境因素："两个小孩"跟随他们的老师去散步；"一个小孩忙于采摘花草，追蜂捕蝶，而另一个小孩却和老师手牵手、并排走……"[56]这种个性上的差异是与生俱来、注定要体现在这两个小孩生活中的吗？老师的训诫能否让那个散漫的孩子变得驯服？理性主义者[在这一点上，相当有影响力的英国改革家威廉·戈德温（William Godwin）]日益坚信先天与后天这个古老论题中后天因素的重要性。在这个过程中，他们提出了现代自由文化的基本前提：通过调控个人所处的环境可以塑造其道德品质。自我不再被认为是一个拥有独立灵魂的、被创造出来的实体，而被当作是一个尚未成形、但通过外在影响的作用，将会拥有某种形状和特性的物体。人就如同一起偶然事件，所以他是一个不能对自己完全负责的实体。

爱德华兹对这种现代理念超前性的回应是，要一举铲除这种完全错误的构想，并指出意志的自由并不等同于某种与外界影响隔离的理想化状态——在这种理想化的情况下，意志或许可以自我主宰，而是在这个现实世界中的一种"想做就做"的、纯然彻底的自由状态。这根本不关乎

> 个人抉择的原因或者初衷；[不关乎]人们如何才能进行自由的抉择；[不关乎]抉择的缘由，到底是出于某种外在动机，还是内在的习惯性偏见；[不关乎]抉择由内在的先前的自由选择决定，还是无缘无故地就发生了；[也不关乎]抉择是否与先前的经历有任何联系。让人获得自由意志，随其意愿做出抉择吧，如果他能这样做，且没有任何事情阻碍他去追求、实现自己的意愿，那么按照自由的最基本、最普遍的概念，这个人就获得了完全、彻底的自由。[57]

对爱德华兹而言，什么事件先于意志的行为这一问题根本不具有道德的意义。他的一位弟子解释说，"我们不根据原因本身来预测自由意志的罪恶性，我们只看自由意志本身；只看我们自己。"（拿当下很普遍的虐待儿童的例子来说，一个人在儿时受到过虐待，这并不能作为他虐待自己孩子的借口。）人拥有的意志自由足以让人承担道德责任；人不同于树，如果一棵树上"经常有大雁或者夜莺栖息"，这棵树大概不会因此被赞美或批评；[人们也不会说]"这块石头比其它几块更邪恶，因为响尾蛇常常爬在这块石头上。"[58]人是一个自由、理性的生物，所以将人本该承担的错误或者罪孽的责任强行推卸在某些先在的原因上，只不过是一种逃避。

爱德华兹明白这种逃避日益普遍，正是这一认识赋予他一种悲剧预言的气质。如果他在有生之年能读到戈德温列举的那两个小孩随老师散步的例子，他一定会认为，一个小孩可能是被花朵的芬芳吸引了，而另一个小孩可能是被植物隐藏的根部绊疼了脚，但他也一定会坚信，这两个孩子对他们日后成为怎样的人是负有责任的。如果他们中的一个长大后，热爱且祝福这个世界，而另一个却仇恨且污染这个世界，他们俩都不可以拿童年成长中的这段花园散步的经历为借口，为自己辩解或开脱。上帝似乎决定了我们诞生的偶然性，但对于我们将成为怎样的人不负任何责任。这是我们的负担，只能由我们独自承受。

[五]

面对这些争论，我们不得不问，为什么人类责任这个概念在18世纪突然变得如此的问题重重。也许比起以往，这个世界充满了更多的偶然事件；同一个家庭培养出来的孩子之间，日后社会身份出现悬殊的可能性比以前更大，比如说，一个儿子仍生活在正日渐衰退的、自给自足式的务农生活中，而另一个儿子则去了繁华的城市谋生。然而，机遇和偶然性一直充斥着人们的生活，尽管我们可以从教堂和城镇的档案记录中发现关于它们的某些暗示，但在狂热的宗教情感和社会地位之间并没有任何紧密联系。

如果宗教信仰的分化和社会阶级、性别或者年龄上的断层并不完全对应，这就说明英属北美殖民地正在经历一场转变，而这场转变和一个世纪以前在英国发生的转变非常相似。当地方人口超过了城镇最初的设置限制时，土地资产开始枯竭。这种情形孕育而生一个普遍的（对青年男子尤为急迫的）精神问题——导致这个问题的部分原因是，由社会流动和自立心理组成的现代道德观彼时尚未完全形成，而这种观念本可认可甚至鼓励人们逃离荒废的城镇的梦想。家庭中次子们的生活比以往更受限制（统计数据显示，他们继承的土地产业减少，结婚年龄推迟，贫富差距增大），他们发现自己所处的境况就等同于青春期的延长。他们不能在对异性需求最强烈的时候结婚，又被年长的兄弟姐妹夺去了祖传财产，人们期待次子们对长辈保持始终如一的孝敬和顺从，尽管相应的财产继承的传统奖励方式变得越来越不确定。如历史学家帕特里夏·特蕾西（Patricia Tracy）所言，这"对当时的青年而言，是尤为糟糕的一段时期"，[59]那些年轻人明知道他们的大好前途在家庭圈囿之外，却又被要求维持单身状况、固守孝子角色，这也就不奇怪他们会因此寄情于这样一种宗教体验，强调自我怀疑甚至自我怨恨是恩典临近的标志。福音派讨论宗教体验的方式易于年轻人理解；根据他们的描述，灵魂处于混乱之中，是欲望和责任之间的战场，尽管对于理性主义者而言，灵魂毫无冲突，安详宁静。

理解宗教分化的另一种方式是认识到，在启蒙思想繁荣的时代里，福音派的虔敬是一种用来对抗人的责任偏离神的旨意的方式。对福音派信仰感兴趣的人往往执着于"即便无可避免也要负起责任"这一悖论。这一悖论由晚于爱德华兹两百年的神学家莱因霍尔德·尼布尔提出，他指的是一种生命体验，一种意识到即便人生已被注定，但个人又必须对自己生活负责的体验。

对于内心充满欲望和罪恶感的矛盾的年轻人，以及在美国历史上一直与无助感和羞愧感抗争的黑人而言，这种信仰一直以来都是一种具有宗教形式的特殊力量，对妇女也具有强烈吸引力。我们可以从杀害自己婴孩的母亲被送上绞刑架前的牧师祷告（往往夹杂着死刑犯的忏悔记录）中看到这种信仰的最好体现。这些母亲都是未婚的年轻女子，她们在感到无助和内疚的时候，情愿闷死自己的婴孩，也不愿向世人揭示自己的堕落。在我们记录痛彻心扉的羞耻感的文献中，这些可怜女孩的忏悔便是最纯粹的例子。1700年，一个年轻女子在处以绞刑的前一刻忏悔道，"哦！我可以真实地说，我为我的罪痛恨我自己，我厌恶我自己，如果我在这个世界上再活一千年，我一定会痛恨所有的罪恶。"[60]

尽管如此，我们发现到18世纪末为止，神职人员们依然抱怨说，"我们不从罪恶的事情中寻找罪恶，反而从引发罪恶的原因中寻找它；而且，通过这种方式，我们让罪恶远离自身，并由此感到坦然和漠不关心。"这个评论和我们现在所处的时代相当贴切——埃德加·劳伦斯·多克特罗(E. L. Doctorow)最近曾这样评论我们的时代，"我们逃避我们的恶，将它具化在……我们的被告身上，然后转身离去。"[61]在即将进入现代社会之际，神职人员的评论是对一种文化（也就是我们现在的文化）的预言。在这种文化中，大部分社会行为通过无形的交易完成，它给人类带来的后果尚不明确，而对于我们的生活以何种方式影响我们看不见的人，人们普遍觉得"坦然，漠不关心"。（马克思主义理论传统围绕"物化"和"异化"等概念相应地建立了一整套理论，用以解释这些过程是如何渗入了现代生活——比如，即使商品在制造过程中耗费了巨大的人力，一旦被制造出来以后，这些商品便获得了自主性，而制造它们的人们却不为人知。）两百年前，当社会和经济生活还是主要通过熟人之间的服务交换和商品交换来完成时，这种发展趋势尚不明确，所以人们也不太需要那些用于描述或者掩盖这种趋势的词汇。但是乔纳森·爱德华兹和他的追随者们明白，将个人需要对其行为后果承担的责任推卸到其他的人或事上，正逐渐成为一种心理需要。

以下为牧师塞缪尔·惠特曼(Samuel Whitman)在1797年写下的关于恶之源头的一段文字：

> 在解释恶之根源的时候，如果除了假设上帝是其源头外别无他法，我们就不得不接受摩尼教的原则；并且由此断定世界上必定存在着两位神；一位是善的本源，另一位是恶的本源。[62]

惠特曼声称，这一结论是对上帝的亵渎。然而，有没有其他办法能避免将上帝视为罪和痛苦的本源呢？我们只有带着伏尔泰在《老实人》(Candide)(1759)中所嘲讽的那种漠然淡定的态度(在这部作品中，伏尔泰描写了一个喋喋不休的哲学家，四处宣扬这个所谓"好的不能再好的世界")，去诉诸一种超越理性思维范围的秩序：

> 神的旨意看见的和谐，在我们看来却可能主要是不和谐。人的骄傲可能会反对上帝的治理，反对的理由恰恰是那个无限智慧视为必要的、用以成就最重要的目标的那些事情。[63]

换言之，那些看起来是罪恶的东西(例如死亡、苦难、未竟的愿望)实际上是善的。但问题就在于，话虽如此，实际上的*体会*并非如此。仅仅向昏聩不明的人类提倡一个他们看不到的秩序，根本不足以重塑丧失的信仰。这样的神学是脱离实际的、苍白的，榨干了信仰的魅力。它所使用的语言("恶之源")机械化，带着条文主义色彩；从技术层面上来说，这种神学或许可以使上帝免于承担罪恶创造者的责任，但却不太可能给痛苦中的人带来任何的安慰。这种神学可能会让人意识到，正如威廉·詹姆斯在一百年后指出的，"某些恶的存在是为了服务于隐秘的善，苦味使得鸡尾酒更有滋味"；这种神学也可能宣扬一种"教义，即宇宙中的所有恶的存在都是为了达到宇宙更完美的状态"。但这永远无法掩盖一个事实，那就是，"眼目所及之处，恶的严重性挑战着整个人类的忍耐限度。"这种"超然理想主义并未使我们到达比《约伯记》中描述的状况更好的地方"，它只带来了一种令人无法忍受的妥协，即"上帝的道不同于我们的道，所以让我们三缄其口吧。"[64]

这便是于18世纪开始掌控美国人思想的纯粹理性主义所导致的必然后果。它让人们迫切地渴求信仰。似乎只有爱德华兹一个人看到了这一点——他超前地认识到了人们的一种现代绝望情绪，而正是这些人"完全抛弃了至高的和谐理念……认为这种理念还没有一个受欺负的小孩的眼泪值钱"。[65]尽管爱德华兹关于永恒诅咒的布道最负盛名，他却是一位富有同情心的传道人，在上帝和魔鬼都化为抽象概念的时代，他努力寻求一种方法去保存奥古斯丁式异象所具有的慰藉力量。对爱德华兹而言，面对"神性的美好和神的尽善尽美"，罪只是盲目、麻木和封闭，"如果没有神性的美好和神的尽善尽美，上帝本身(如果真有这种可能的话)就是极度的恶，而我们宁愿自己不曾存在，也宁愿任何生命体不曾存在。"[66]正如这段美妙的话语所证明的，爱德华兹仍然在其灵魂深处感觉到对疏远上帝之罪的恐惧。他也知道，因为人们用以逃避这种恐惧的传统手段(比如说，通过如痴如狂的宗教顿悟去理解超自然的和谐状态)已经被冠以精神失常之名而遭到禁止，所以神正论的整个构架也只能搭建在理性之上。

爱德华兹看到了现代性可能会带来的灾难，即面对罪恶，人类在精神上无所依托：

> 作为一个生物，那就必须遵行造物主所定的律法，但它又是一个自由行动的生命体……要承担责任，而同时又要将个人行为视为上帝的运作——这两组观念的统一是在我们构想一个尽善的世界时，必须视为理所当然的一种统一。但是只有已经

认识了那个超感觉的世界，已经看到这个世界是如何建立在经验世界基础之上的人，才能理解这种统一。只有造物主的道德智慧能建立在这种认识之上——但没有凡人能获得这种认识。[67]

对神正论矛盾特性的这一总结并非出自爱德华兹，而是欧洲启蒙运动的巨擘、哲学家伊曼努尔·康德(Immanuel Kant)。它概述了一场所有美国思想家都参与其中的论辩。康德指出，在调和上帝的概念和罪恶的经验这两者的关系时，理性并不能解决问题，因为这两者中的任何一个都不能仅仅依靠理性去理解。"没有一种神正论[能够实现]其承诺；面对我们从经验世界中所产生的疑问，没有一种神正论证明，道德智慧为管理这个世界发挥着作用。"[68]

康德的观点简明，但却令人极度不安，这是到18世纪形而上学的一首挽歌；当康德开始思考圣经中约伯的故事时(约伯这个善人对灾难的欣然接受和他朋友的喋喋不休的解释形成了鲜明对比)，他的这一观点显得雄辩有力：

当约伯说话的时候，他依据他的想法、他的感觉，依据任何处于他的境况中的人会有的感受。但是，当他的朋友们说话的时候，他们似乎知晓，评判他们的全能上帝正在偷听；他们似乎为了得到上帝的青睐，更愿意传达正确的评价而不愿说出事实。

在苦难面前絮絮叨叨地谈论理性不过是在谄媚上帝，而这种阿谀奉承根本配不上上帝，要知道正是上帝"为了赞扬约伯，向他展现了创造的智慧及其深不可测的本质……让约伯看到创造的美妙之处，也为他所创之物命名，让约伯看到创造之可畏"。康德由此得出结论，"神正论不是一项科学任务，而是一个信仰的问题。"[69]

截至18世纪末，大多数美国神学家的说话方式和约伯的朋友相似。在福音派教会之外，新教教会变得既苍白又脆弱；信仰开始变得空洞。它既不是坚信活跃的魔鬼在与上帝争夺这个世界的真正的二元论，也不能重振将魔鬼理解为形而上虚物的奥古斯丁式的宇宙观。对那个人们仍然感到存在于周围和内心的魔鬼，宗教再也无法提供一个令人由衷满意的描述。

在早先对道德体验的描述中，那个魅力十足的、上帝疏于管教的诱惑者曾占据主导地位，深受其害的人虽然感到既愤怒又愧疚，但他们从来不觉得自己应该承担责任。这个魔鬼现在正在垂死挣扎。魔鬼和对他不加束缚的上帝，曾经是标志着责任和宿命相融合的、充满无限力量的象征。很多人仍然在他们的经验深处感觉到这种责任和宿命的统一，但他们再也无法用言语来描述。

第三章 自我的诞生

纵观从古至今的美国文学史，现代文学出现的时间很容易辨别。须知要游览殖民时期的宗教和政治地貌，就如同深夜穿梭在陌生的未知领土，耳边是各种赞美和诅咒的窃窃私语，然而对我们而言，这些言语已然模糊，退化为种种情绪渲染，甚而根本无从辨认。快到1800年的时候，我们仅仅转了个弯，便来到了似曾相识的社区。尽管确切的地址无从得知，然而其建筑结构、道路和指示牌的设计都是我们所熟知的风格。我们最终摆脱了摸索寻路的疲劳，依靠记忆和直觉继续前进。

这种突然间出现的熟悉感，源于这一时期的文学作品开始对既往信仰进行质疑甚至是蔑视。文学开始将先前人类的想象看作是历史（其过去性难以简化）中可探索挖掘的资源。文学也放弃了对历史结构的分类——这种分类形式多样，盛行不衰，从教父到清教徒再到美利坚合众国的创建者；在这种分类中，历史被看作是上帝精心安排的一瞬间，而过去则是各种毫无头绪和规律的现象集合。自此，历史被看作是呆滞的而非预兆性的，而且只能通过具有争议性的回忆式想象来还原。

[一]

在这个业已瓦解的世界里，形而上学和客观事实失去了关联；而在世界的残骸中，仅存的是基督教义中象征邪恶的整套机制。由于在启蒙运动中受到打击，到了18世纪晚期，撒旦的表现就好像一名早已退役的、过气的运动员去参加宴会。似乎是为了取悦那些依然怀念他的崇拜者，撒旦为了革命文学中的最后一阵欢呼归来了。正是这些文学点燃了独立战争的战火，而在战争的狂热追随者们（借用英国共和党传统的称呼）眼中，这个世界就是地狱般的帝国势力与被困市民之间交锋的战场。在这些革命文学中，国王的内阁成员们被描述成一个"阴谋集团"：他们给轻信的陛下灌迷魂药，在陛下心智未熟的孩提时代，他们就已密谋控制他。正如撒旦诱惑夏娃一样，"王子遗孀周围的一伙人"给"她的孩子（未来的乔治三世）"灌输"主观武断的原则并且……教导他如何建立专制统治"。这样一来，当他成年后，他的身边早已充斥了"蛇蝎般"的顾问，这些人想方设法将他们的爪牙分派到英帝国各处任职。于是，维系帝国完整的不再是敬畏，而是以贪婪为纽带的谄媚和贿赂。[1]

当我们读到关于英帝国覆灭的记载时，展开在我们面前的是这样一个世界：人们在每个合法的交易中滥用职权，牟取利益。革命者用撒旦来比喻这群人。今天看来，在革命者煽动性的文章里有一丝"偏执狂妄"，他们需要用一种象征来替代万物之恶的根源。在革命题材的故事中，收税官们被英国国王派遣到大西洋另一边的殖民地，在那里他们对诚信经营的民众虎视眈眈，一旦找到机会下手，便如恶魔般地扑上去。今天我们也许认为，诸如汤姆·潘恩(Tom Paine)的《常识》(*Common Sense*)、托马斯·杰斐逊(Thomas Jefferson)的《独立宣言》等审慎、合理的革命文学宣言，是建立在启蒙时期的天赋人权观点之上。但在当时，这些宣言被视作诋毁国王和托利党的异端邪说，如同撒旦的口舌。从这个意义上来讲，革命既是世俗的，也源于狂热的宗教情结：

> 魔鬼的本性便是诱惑和折磨。——哈钦森、奥利佛和他们圈子中的其他人，为了满足自己的野心和贪婪，参与介绍、促进、鼓励、商定、支持、唆使美国税收制度的实施。这些人是真正的诱惑者，他们将世人引向税收滋生的恶习、罪行、犯罪和愚蠢。然而现在他们却通过自己及其朋友、倚靠者和追随者，来谴责那些被他们带入恶习、罪行、犯罪和愚蠢的世间男女。[2]

圣战初始，英国军队节节胜利。魔鬼因此被赋予了种种新的面貌，视为残酷的象征。某革命诗人就曾将公爵康沃利斯(Lord Cornwallis)比作撒旦，在他身上，"自然……扭曲了神圣的形体"，"将……他幻化成了——一头猪的模样；/那只修饰了他额头的眼睛；/羞愧呀！自然，羞愧——居然赐予了他尾巴和角！"[3]独立战争后，随着《失乐园》一书重新风靡文学界，魔鬼的叛徒者形象被进一步强化。弥尔顿的诗歌在像约翰·亚当(John Adams)这样的新英格兰人中备受推崇。他们担心在一个没有国王的共和国，贪婪和野心最终将如脱缰野马，无法控制。然而尽管魔鬼作为道德符号一直有其存在的价值，他的复归却是短暂的。在革命中，他又一次走向衰落，仅仅沦为了一种类比的符号。这正是德育家和政讽作家乐于讨论魔鬼的原因。

战后往往是魔鬼最易滋生的时期，但大势已去的撒旦在各种场合中，更多只是起到一种装饰作用。在一首题为《背叛的胜利》("The Triumph of Infidelity")(1788)的诗中，虔诚的耶鲁大学校长蒂莫西·德怀特(Timothy Dwight)(乔纳森·爱德华的孙子)用押韵的对句把撒旦描写为一个雅各宾派的调皮孩子，密谋"将新世界投入罪恶的深渊"。但不过短短几年，我们就可以从各种通俗读物的书名中看到撒旦势力的削减(每一次复出后，他最终都会变得比遇挫前更弱几分)，例如18世纪80年代广受欢迎的英国戏剧《裁缝中的魔鬼》(*The Devil Among the Taylors*)(该剧于1805年在美国出版)。最终喜剧化的魔鬼形象成为主流，例如《恋爱中的魔鬼》(*The Devil in Love*)(1830)，《魔鬼变医生》(*The Devil Turned Doctor*)(1831)和《魔鬼的滑稽年鉴》(*The Devil's Comical Almanac*)(1837)。这些娱乐剧说明，加尔文教义中关于无法重生的自我的观念正迅速地被人淡忘。过去，魔鬼是一个承诺实现世人欲望的诱惑者；如今，魔鬼的形象和最初需要它的原罪毫无联系。

看到以下这个例子，我们也就不足为怪。某位"玩世不恭"的联邦诗人曾在他的《恶魔起源记》("The Origin of Evil")一诗中，用类似黄色笑话的方式讲述了人类的堕落——而这和魔鬼并无关联。

对于新婚之乐他一无所知
　　更无从知晓何谓人生慰藉；
那些毫无意义、疯狂的抚抱
　　便是亚当挑逗处女之身的妻子的方式。

当夏娃紧紧地将他拥入怀中，
　　手游走他的身体之上，
她看见了在爱之乐园的中央，
　　智慧树怡然站立。

………………………………
她柔软的手半握住它，
　　胸部起伏，贴住他的坚挺
她轻启红唇，来吸吮它。
　　但先剥开了赤褐色的外皮。

………………………………
而当她品尝到这琼浆玉液，
　　夏娃四肢酥软，她唯有叹息：
"天啊——天啊，我的一生都荒废了，
　　如此美味，此刻死去此生足矣。"

当她见到曾经的高耸之树，
　　此刻变得枯萎，缩小；
她温柔地对亚当低声说：
　　"看！这就是死亡！这就是堕落！"[4]

尽管魔鬼并没有从各种神学的争论中退出舞台，然而这种类似的荒诞滑稽却最终在魔鬼身后如影随形。在禁酒运动中，魔鬼被化身为饮酒的拥护者。他在民间故事中被描写成一个双目清亮的酒鬼，对他而言，"一大杯酒，一口豪饮，火辣辣的烧热，直入喉咙，这似乎是家常便饭。"他也是曾流行一时的小说《执事贾尔斯的酿酒厂》（*Deacon Giles's Distillery*）（1835）的主角。故事中贪心的兰姆酒供应商拒绝让工人们在安息日休息，因此他们集体罢工抗议，此时一群魔鬼主动要求接替他们的工作。这些乐于在酿酒厂火炉和热锅边工作的"新工人"拒绝了免费提供的烈酒，因为"他们已经受够了他们所来自的那个地方的热东西"。[5]

而当魔鬼以一种令人生畏而非喜剧的形式出现的时候，他们往往最终被揭示为骗子。我们来看看19世纪20年代弗吉尼亚一个赌徒的回忆录中的一段话：

[我的母亲]会用我能听懂的话来告诫我。她说，不要偷盗，不要撒谎，也不要

说脏话。如果我不听她的话,一个黑皮肤、丑陋的、长着一双畸形大脚的家伙,也就是魔鬼,会把我和其他坏孩子抓到地狱,然后把我们烧死;但如果我是一个好孩子,我就会上天堂和上帝在一起,我的兄弟姐妹都在那里,而且母亲会跟我一起去,然后我们从此快乐地生活在一起……我一直严格遵守母亲的要求。直到有一天,大姐要我牵着小猪去河边取水,我拒绝了,要她自己去,她打了我,我就骂了她。她把这件事情告诉了母亲,母亲把我狠狠揍了一顿,并要我立刻去河边取水。我哭得很伤心,去的路上我似乎看见天裂开了,天堂就在那里,我看见了上帝。我摔倒在地上,似乎听到了什么。如果你是个坏孩子,你就不能来这里,你必须下地狱!天堂的门关上了,接下来看到的一幕让我终生难忘:一团黑色的似乎人形的东西,头上有角,他大声叫道,"我来抓你了。"我一边尖叫着、吼叫着,一边大哭,连水都忘了取就立刻跑回了家。母亲本来又准备揍我;我跪在地上,求她跟我一起去,让她和姐姐也看看。她们和我一起去了,可是什么都没有看到。这时太阳快落山了,母亲和姐姐说她们会原谅我。以后一旦我做了错事,脑海中就会出现这一幕,我立刻就感受到那种恐惧。[6]

这段代表性的话预示了现代性的即将到来。它描写了一个还没有主见的孩子的脆弱的一面。教育他的人认为应该用关于魔鬼的神话来吓唬小孩。撒旦被简化成教育的工具。这个故事暴露的问题不是信仰的缺失,而是过分信仰——我们称其为轻信。这个孩子处于一种原始恐惧中,于是他仁慈的母亲便将他紧拥在怀,而放弃了作为家长的可畏的特权。最终,她告诉自己的孩子这只是神话,并且以一种现代意义上爱的方式,让孩子意识到一切只是他的幻想,以此来消除他的恐惧。从我们的角度来看,他被拯救了;然而,如果以一种早先的、已不太为人记起的标准,他已经向地狱迈出了一大步。

尽管如此,旧形式的信仰并没有完全被遗弃。直到19世纪20年代,在新泽西州的莫里斯顿,"如果一个女人身体畸形,或者上了年纪、满脸皱纹,她往往会被认定为巫婆。如果一匹马腹部剧痛,或任何一种动物经受剧痛,表现异常,大家也会认为它被恶魔附身。""以恶魔的名义将这些现象自然化。"撒旦还常以赌徒的盟友身份出现在民间故事中。其中一个故事说他有一匹乌木马,在道路上狂奔时鼻孔冒烟,蹄声如惊雷。而在另一个故事中,他将一个人的吹嘘变为现实。这个人和他的马一起参加周日马赛,毫不理会去教堂的邻居们关于安息日对他的告诫,并且夸下海口,"就算骑向地狱,我也要去骑马。"他的马将他摔下,踩过他的身体,然后飞奔而去,无论灰尘如何堆积,马蹄留下的足印依然清晰可见。[7]

撒旦还以一个游乐项目的形式存在着。在19世纪50年代中期,纽约皮尔博物馆最受欢迎的展览是"地狱",其中参观者会看到别西卜、地狱犬、地狱蛇和路西法护送着那些被诅咒的人进入火坑。门口的拉客故意问有没有人敢进去参观,他们这样描述里面的情景:参观者将"陷入完全的黑暗,他的周围是各种被诅咒的灵魂痛苦的尖叫声。铁链的碰撞声、魔鬼和妖精的喧闹声完整地呈现了一派恐怖的场景"。[8]

到了19世纪中叶,撒旦已经彻底降格为街头艺人。曾经,诗人将自我描述为"受诅咒的渣滓,/绿色、黄色、蓝色条纹的、有毒的、令人讨厌的东西,/自然的巢穴中毒蛇的蛋上孵化的小家伙"。[9]古老的傲慢的魔鬼形象深入人心,因为他代表了不受约束的自我可能带来的恐怖后果。如今,随着欲望、野心甚至蔑视成为美德的象征,重新解释邪恶这一概念尤为必要。撒旦的所有品质——他的狡诈、顽固、劝诱的本领——成为了现代意义上傲慢的标志。

换句话说,由于利己主义在美国当下大行其道,神职人员口中和演讲台上所描绘的"毫无节制、自私"的魔鬼形象已不再具有威慑力。[10]如果还要在塑造邪恶的原型时强调魔鬼的权威性,就不得不采用一种贬低和嘲笑的方式。在19世纪40年代,约翰·格林利夫·惠蒂尔(John Greenleaf Whittier)曾引用柯勒律治(Coleridge)的话来说明这一现状:

> 随着一代又一代人的逝去,这种巨大的恐怖——这种无处不在潜伏着的邪恶——这个几乎拥有无限力量的幽魂和诱惑者——这个毫无目的的、恶意的化身——正从人们的想象中黯然消逝。[11]

然而,连惠蒂尔也无法预见的是,在二十年后的一次化装舞会上,一个时髦的联邦将军为了吸引客人们的注意,他穿上了

> 镶着金边的黑色天鹅绒大衣和斗篷。同样材质的裤子只齐大腿。红色的丝织紧身裤下居然没有穿短裤。红色的天鹅绒斗篷上插着两片直立羽毛,好像魔鬼的角。鞋子全黑,鞋尖上翘。腰带显眼。戴着黑色丝绸面具。[12]

1865年,乔治·阿姆斯特朗·卡斯特(George Armstrong Custer)以扮演魔鬼为借口,在紧身连衣裤下不穿内裤跳舞,这一小小事件证实了以上提到的文化变化。

[二]

在文学作品、民间故事、神学领域和日常行为中,对旧有撒旦形象的否定经历了一个相当长的过程。截止19世纪50年代中期,正如一位作家所言,几乎没有人曾"体验过撒旦的个人存在",而且"由于人们并不相信他的存在及其对人的精神影响",所以这种提法本身"被认为是非常肤浅的"。[13]尽管如此,撒旦之死总的来说并不是值得欢呼雀跃的事情。相反,正如同这些征兆所预示,它表明了当下危机——文化符号延续性的断裂——的即将来临。而魔鬼之死只是这种危机的一个主要表现,但绝非唯一。

当时的很多敏锐之士,以及每个研究历史时期划分的历史学家都普遍认为,19世纪上半叶发生的新变化从根本上改变了美国各阶层的生活,而这些变化比独立战争的政治动乱产生的影响更加深远。那么,具体的变化是什么呢?这个问题一直没有定论,争论往往集中在究竟哪一种变化占据了主导地位。海外移民的大量涌入是无需质疑的:19世纪30年代约二十万爱尔兰人来到美国;在40年代,因为土豆饥荒,又有八十万爱尔兰人进入美国;到了19世纪

50年代，这个数目接近一百万。[14]美国历史上第一次涌入了大量的罗马天主教徒，他们中的许多人住在美国新出现的场所——城市贫民窟。廉价劳工的充分供给促使了工业化的全速发展，给保持了两个世纪相对安稳的美国社会带来了全面冲击。这时，家庭妇女的手工艺品必须和机器成品竞争，这种现实迫使她们中的很大一部分人走出家门，进入工厂工作。[15]而经济状况较好的家庭从新出现的服务阶层中雇佣女佣，并开始过上了我们所说的中产阶级的闲暇生活。所有这些变化不可避免地改变了美国人对责任和义务的看法——具体来说，就是在人际关系中对善恶观念的理解。

所有地区无一幸免。当城市发生巨变时，农村也是如此。西部的农场主开始把大量产品用船运到急剧发展的东部城市(伊利运河在1825年完工)，至此农业成为大型商业贸易。曾几何时，新英格兰人自给自足，以物易物，代代如此。如今，因为贸易需求他们开始种植专门的庄稼，或者把他们的土地抵押给波士顿银行，或者甚至——当竞争压力大到无法承受时——移民到西部保留区，在那里他们有时对于"东部挣大钱"这一新的社会现实是有丝愤恨的。[16]

相对而言，在美国南部发生的变化虽缺乏多样性但影响更加深远。奴隶工的加入使得规模经济成为可能，技术革新使得棉花生产得到极大促进。因此，发展经济作物成为了农业发展的主导思想。由于资本主要用于购买奴隶和维持他们的生活，这样一来，南方的工业发展停滞不前，南方成为了某种意义上的农业殖民地——独立战争前，它是英国的殖民地；独立战争后，成为了北方各州的殖民地。因为依靠棉花贸易来交换大多数的工业成品、机器甚至食物，南方社会还停留在半封建社会，一小部分地主阶层越来越执意靠剥削黑人劳工为生。(梅尔维尔在《白鲸》中描述了捕鲸业中的这种等级制度。佩柯特公司的一名职员站在那里，仿佛"一片雪花……飘上了"那些黑皮肤鱼叉手们的"巨大"肩膀上。)在这个新美国里，任何形式(一个人、一部分人或者一个地方)的富裕都明显建立在他人的痛苦之上。

我们不难发现，为了迎合新的经济秩序，有关公共道德的表述发生了变化。例如，随着种植园巨头与波士顿和纽约的金融家建立起合作关系，曾经将奴隶制看作世袭的难堪并避而不谈的南方知识分子们，现在开始阐述一种复杂的原理，为此公开辩护。在他们的辩护中，奴隶制不再是一种可耻的需要，而是一种"有益的"需要。这种论调最终演化成一种有悖常理的结论，即奴隶制实际上是"自由文明的基石"。[17]在南方的畅销杂志上[《拉赛尔杂志》(*Russell's Magazine*)、《南方季刊》(*The Southern Quarterly*)、《德鲍评论》(*De Bow's Review*)]，我们第一次读到关于白人种族优越性的系统性的辩护，以及对北方工厂制度残酷剥削本质的指责。事实上，南北方的评论家都深知，这种唯理智论只不过是在贪婪的驱使下产生的虚伪。

简而言之，尽管南方和北方相互指责对方社会中的金钱至上原则，事实上，这种商业文化充斥了整个美国。在19世纪50年代北卡罗来纳州戴维森学院的某位教授编撰的一本教科书中，有这样一道数学题：

> 一个美国北方佬将每块价格为0.25美分的假豆蔻和每块4美分的真豆蔻混合出

售。他一共卖出总价为44美元的货品，并且通过这种欺诈手段挣了3.75美元。请问，售出的货品里面一共有多少块假豆蔻？[18]

然而，当戴维森学院的学生在思考这道计算题的时候，北方的报刊也在揭露南方人自以为荣的文化：在奴隶交易市场上，交易者们将黑人女性脱光，以便查看她们的哺育能力，而他们对待黑人男性就像马匹一样，检查他们的牙齿和四肢。

有些人认为，北方和南方之间这种与日俱增的敌意，是一种迟来的厌恶感的发泄，仅对安全范围外的远处的贪婪发起攻击。南方人认为他们是文明的守护者，而"野蛮的北方佬"对奴隶制的敌意完全出于机会主义立场。对于新英格兰育家（直接源自衰落的清教徒传统）而言，尽管他们充满了改革的激情，但由于他们早已对伪善和自欺欺人习以为常，所以对于所有政治上的激进分子持怀疑态度，对于社会症结也漠不关心。例如，爱默生在1850年因为震惊于丹尼尔·韦伯斯特（Daniel Webster）对《逃亡奴隶法》的支持，而介入这场运动。但是在此之前，他却认为废奴主义者"对于千里之外的黑奴过于关心"，指责"他们的来自远方的爱伤害了家乡人"。[19]

对公共道德的厌恶隐藏了一个具有麻痹性的观点，那就是，市场规则已经统领一切。1832年，一位英国游客这样写道，"蜂巢里的每只蜜蜂都在繁忙地寻找最美味的花蜜，用通俗的说法，就是金钱。"[20]美国似乎成为一个以贪婪为主题的狂欢节，其文学作品中涌现出越来越多的骗子和小偷的形象，例如《瓦尔登湖》（Walden）中偷梭罗盖棚屋遗落的钉子的拾荒者，《哈克贝利·芬历险记》（Huckleberry Finn）中四处游荡、假冒演出莎士比亚戏剧的骗子杜克和多芬。在城市和乡间，人们发明了类似"strumpetocracy"和"whorearchy"的新词，来描述日益增多的性工作者似乎正占据着公共生活这一状况，当然这也带有寓意的色彩。人们也听到许多类似萨奇·佩吉（Satchel Paige）的箴言——"别往后看；有人会靠近你"——的早期版本，比如一个记者是这样描写19世纪30年代在密西西比河和阿拉巴马区域的投机狂热："诈骗被提升为一门艺术"，"不前进的人就会被撞倒、踩踏"。[21]

在这个贪婪的闹剧中，骗子各式各样。来到纽约的人都知道街头杂货店店主会将牛奶掺水，作假他的度量衡。[22]在文学作品中（例如爱伦·坡的短篇小说《钟楼里的魔鬼》（"The Devil in the Belfry"）[1839]中，一个外乡人将小镇的钟敲响了十三下，由此扰乱了小镇的生活），骗子有时具有明显的性特征，比如说"一个长长的鹰钩鼻"，一把"几乎是他个头五倍大的"小提琴，这些都让我们联想到早先撒旦的形象。不过，现代魔鬼已经从一个残暴的强奸犯变成一个动作很快的咸猪手——还没调戏完上一个受害者，就开始寻找下一个目标。用爱伦·坡巧妙的口语表达方式来说，他就是一个"小混混"。但如果他遭抓捕后逃出城市，那么城市将从此没有人烟。这是因为在南北战争前的美国，每个人都试图欺骗他人。

逃离这个充满欺诈和缺乏信任的世界（爱默生曾说过，"自然憎恶算计者。"[23]）成为了人们去西部或者海边的原因——在那里，纯净的原则就像是一种神圣的仪式。梅尔维尔在书中提到，他看到过狂风吞噬了一块甲板；他描绘了这样一类人类的污染物，他们污染了岸上的世界，只有咸的海风才能吹散他们的臭气：

他年纪很大，长相可怖。眼神冰冷，眼带像果冻一样松松垮垮。他全身散发着贪婪，无情和肉欲的气息。他似乎总在心里算计，算共有多少钱：他的嘴角爬满皱纹，扯向两边，看起来像个钱包。[24]

这个人的丑陋容貌并不仅仅是因为嘴角的皱纹——鱼尾纹长错了地方，而是因为他的屁眼长在了脸上。在他身上我们发现了魔鬼的一些传统特征的现代体现，例如屁股上有时长了两只眼睛，或者尾巴下有一个长着牙和舌头的嘴巴。"当他死的时候，"梅尔维尔接着写道，"他的头盖骨会变成一个储蓄罐，他的牙齿缝就是存钱的抽屉缝。"[25]

换言之，魔鬼的特征已经耳熟能详，并没有任何怪异或者荒诞的地方。在霍桑的小说中，他是一个冷漠的偷窥癖，专好偷看"瘦削的面容……畸形的形体"，他的眼睛发出"一种蓝色的……不祥的光芒"；在《白鲸》中，他是类似锯齿动物的半人半物，一旦看到挣钱的机会，就会因为兴奋而浑身冒湿气。在路易莎·梅·阿尔科特(Louisa May Alcott)的《现代靡菲斯特》(*A Modern Mephistopheles*)(1877)里，他是一个普通的人物，"一双眼睛非常黑亮，而且大到以致他的瘦脸似乎都撑不起来。"[26]在所有这些伪装下，他崇拜男性生殖器，疯狂地渴望囤积他人的生命和钱财。然而在平时生活中，他是一个普通的人，有邻居也有同事。

1850年，爱默生在《具有代表性的人》(*Representative Men*)一书中提到，对于很多美国人而言，他们只关心自己，这种自私的想法让他们付出了巨大的代价：

我们生活在一个市场中，这里的小麦、羊毛和土地的数目是固定的；如果我想多要些，其他人拿到的份额必然会减少。……有人欢喜必有人忧愁，可见，我们的制度就是一场斗争，是损人利己的优势的斗争……一个人的成功实际上是用其他竞争者的失望、嫉妒和仇恨来衡量。[27]

憎恶成为每个地区的讨论主调。就这点而言，南北战争前的美国的论调和我们当今时代出奇地相似。我们习惯于这类文学：土地对于整个国家有着护身符般的意义，"甚过它对那些遭受海难的船员的含义"。[28]在美国人的想象里，一切自然的物体都能变成工具。

这段时期成为了"开发商"的第一个黄金时代，他们凝视着今天的山峦，看到了明天的矿场。实用和地产是这个时代的代名词，而这个时代的经济在繁荣与萧条间来回摇摆：1819年迎来了全国第一次经济萧条，1837年的市场崩溃使全国"陷入困难时期，本不该破产的人破产了；银行被迫沦为靠绝望的投机者们操纵来支撑；所有的报纸都充满了悲观的论调……社会结构出现了巨大裂层"。[29]一小部分非主流意见认为，真正的问题不是物资匮乏，而是供大于求："对于人们来说，财产超出了需要……没有什么比堆满了家具和废物的一个大仓库更俗气的了；在这种情况下，最好的处理办法莫过于拍卖或者一把火烧掉。"[30]当然，对于没有这种经历的穷人来说，这种境况他们还很羡慕。

当时，在美国的所有人(甚至包括那些刚逃脱大难的人)，都认为自己离财富已近在咫尺。当查尔斯·狄更斯(Charles Dickens)第一次来到美国时，他发现所谓的人民代表只不过是一群在参议院地板上随意吐痰、爱嚼烟草的人。由此，狄更斯警告那些来到美国的游客，在这个似乎充满烟渣和痰液的国家，如果没有戴上手套，就不要从地上捡东西。不过，美国人对此也作出了回应。以爱默生的回应为例：

> 在英国，每个人都是一个城堡。我们的汽车行驶在费奇葆大街上时，我发现头等厢里的几位男士身着长袖衬衣，闷热难受，而坐在他们旁边的男士和女士都衣冠楚楚，乍一看这些人之间并没有什么区别。可是设想如果是在英国的头等马车里，当光彩照人的英国人发现上车的人穿戴如斯，坐在他们旁边，他们会多么震惊呀。我想，告诉他们美国和英国并无二样，这肯定不合适。是的，我们这里是第三阶层的天堂，这里什么东西都便宜，这里只有穷人的东西。英国是上流阶层的天堂，是贵族的社会，其他阶层都以挤进贵族阶层为目标。在英国，你遇见的每个人都是某人的儿子；而在美国，他或许是某人的父亲。[31]

以上这段话节选自爱默生的《日记》(Journals)，充分表达了正在形成的美国意识。在表达这种意识的同时，爱默生几乎没有提及他对于身体接触的厌恶。这种意识仍然促使我们至少在观念上拥护自己的国家。"美国的这种制度……是什么？"和爱默生同时代的奥雷斯蒂斯·布朗森(Orestes Brownson)问道，"难道不是废除所有基于出生(或者其他偶然条件)的等级差别，让每个人生而平等……难道这不就是我们和旧世界的最大决裂吗？"[32]从旧世界来的人都惊奇地发现，美国人在第一次见面后就开始直呼名字——这并不是否认阶级差别，而是因为姓氏作为血统的象征对于当下事务没有意义，而美国人只想活在当下的社会现实中——在"正如动名词所表示的时间里……起起伏伏，来来往往，成功或者失败。"[33]

对于从历史继承的各种偶然因素(无论是否有利)的难以忍受，首先形成了南北战争前的一种集体意识，并最终成为一种信条，即当下一切都无定论。美国是一个具有疯狂当下性的国家。它引领着"现代文化向着主观性的巨大转折"，[34]将个人置于生活的中心，因此当任何一个政权或者政府侵犯个人特权时，美国公民会感到非常震惊。而像安德鲁·杰克逊(Andrew Jackson)这样的政客，正是通过鼓吹人权来赢得威信。

然而，对于托克维尔而言——他在1831年访问美国时，新造了"个人主义"这个术语，这种民主热情被"一种奇怪的感伤情绪———种常困扰处于昌盛时期的民主国家国民的情绪"——所降温。[35]在尼加拉瓜瀑布(早在1843年成为热点景区，在这里旅游者得以欣赏到受到人类社会威胁的自然之崇高)边，玛格丽特·福乐(Margaret Fuller)这样来描述坚决无情的、改造自然的美国精神：

> 我最喜欢坐在靠近大瀑布的大石头桌上。那里我看不到瀑布的任何细节，在那里我感觉天人合一。

一次，我刚坐好，看到一个人过来观察瀑布。他走近瀑布，看了一会，大概在思考如何将瀑布尽可能为他所用，最后他朝里面吐了口痰。

在一个以实用为主的时代，这种性格似乎再正常不过。而这种实用让我想到某王子［帕克勒—穆斯柯（Pückler-Muskau）］曾建议人们将已逝父母的尸体作为肥料埋在田里，也让我想到狄更斯书中描述的某个国家……[36]

福乐意识到，美国精神对于未开化的世界表现出一种占有性的蔑视。更委婉的说法是，"当欧洲的旅行者来到美国时，他们发现在所有的地方——从华盛顿的白宫到阿利根尼山脉的木屋，除了小部分联邦制的拥护者外，每个美国人——从杰斐逊、加勒廷（Gallatin）到最穷的棚户区住民似乎都抱有一个想法，即他们正在推翻历史对人类思想的禁锢。"这种想法不只是贴在贪婪上的华丽装饰。它让创业者、流民和移民相信，在这片土地上，"一块木板、一把凿子、两美元一天的工钱就能造就一个木匠"。正是这种想法鼓舞了"那些身无分文、无家可归的苏格兰或爱尔兰移民"，并使他们相信，"斧头和锄头的每一下重击，都将帮助他在日后成为一个资本家，并让他的孩子们成为绅士"。[37]

这并非白日做梦。早在中世纪以前，即便是本质上很保守的法律制度也开始不再保障旧有的财产占有权，转而清除发展的种种障碍。当一个资本主义企业家将投资商召集在一起，商讨改变河流的流向或者修建一座桥的时候，虽然实施其计划可能会剥夺他人的生计，但他发现法律更有可能维护自己的利益，而不是站在自己的对立面。[38]此时，这个企业家开始将自己看作是世界历史中的进步力量，他在行使被欧洲暴君们否定的权力。（在这个好雄辩的时代，政客们常常将世界历史描绘成灰暗的背景，以突出美国自由的光辉形象。）个人是第一位的；个人就是世界。

在当今时代，我们不再相信"向上爬"的信仰追求。这都是骗人的。在我们周围这种想法遭到抵制和嘲笑；我们的政客用最嘲讽的语气提到它，并且毫不鼓励这种想法。我们最优秀的历史学家告诉我们，银行和铁路是在开发西部热潮中的真正获利者，而并非电影和神话中宣传的创业者；而在共和国的早期，这种"向上爬"的幻想被"兜售"给普通人。当然，对于每个怀揣这个梦想的人来说，都会遇到一个骗局——一个拍卖者"发现最穷的人最先投标……然后……一旁等待，那些可怜的手艺人、机械工人和外乡人为了养活他们的小家庭，将他们所有的家当都拿来买政府的土地，他们将可怜的一点钱赌在一小片土地上，而那片土地那时还在水下一英尺"。[39]

在美国不受调控的市场经济中，赢家和输家都无可避免地付出了精神代价（"一件东西的代价，"梭罗的话说，"是用来与之交换的、我称为生活的价值"[40]）。尽管如此，美国还是有许多毫不气馁的梦想家，他们备受打击，依然怀揣梦想；而正是他们的愿望帮助成就了那些出身贫寒的领导者的政治生涯。这些领导者包括杰克逊和三十年后的亚伯拉罕·林肯（Abraham Lincoln）：

这些小心翼翼、一无所有的新手最开始靠佣金过活，当他积攒了一定数量的资金后，他开始购买工具或土地；自己先单干一段时间，然后开始雇佣新手帮忙。这……就是自由劳动力——在这个公平、慷慨、繁荣的机制中，所有人都有同等机遇……"[41]

林肯在他的竞选演讲中常常重复上述这段话。这里，他拓展了爱默生的经典名言——在美国"每个人……都或许是某人的父亲"。根据林肯的说法，在美国自由劳动力的报酬并不需要等到下一代才能收获：每个人都可以改善自我，过上更好的生活。

19世纪美国生活的最大改变，便是将这种目标确立为公共利益。到1850年为止，美国人发现他们在受益于这个蓬勃自我（在过去被称为傲慢）的同时，也受制于这种自我意识。在这个新世界里，我们已经找不到旧魔鬼的位置，因为他是自我膨胀的化身。维持旧有道德的体制正逐步瓦解。爱默生说，"我认为，每个带着自我认识走进教堂的人都会感觉到，曾经将公众信仰凝聚在一起的那种东西已经失去，或者说正在失去。它已无法掌控人们对善的热爱和对恶的恐惧。"[42]

面对传统的道德标准不再符合时代的需要这一现实，在我们历史上没有一个时代像此时一样如此鲜活地展现了全民的反应。基督教义中撒旦的传统概念即将彻底瓦解，每个地区和每个阶层开始匆忙寻找新的替代品，虽然无法与撒旦相比。对杰克逊总统的拥护者而言，这个魔鬼是银行，因为它不给普通人借贷或向其强行征收高额利息；对奴隶主而言，这个魔鬼是以君子自居的北方佬，他们要求让黑人享受自由的权力，这无疑断了他的发财路；对城市的本地工人而言，这个恶魔是醉醺醺的爱尔兰人，虽然他们努力工作，希望获得体面的收入，然而爱尔兰人却愿意为极其微薄的工资而工作；对陷入债务危机的农场主来说，魔鬼是占有了他的抵押物的债权人；而对债权人来说，它是为了纸币闹事的暴民。这些魔鬼来自不同地方、不同阶层，但他们有一个共同点：他们只是载体；他们是*自我*的敌人。

自傲曾经是魔鬼的符号，现在不仅成为一种合法的情感，也毫无争议成为了美国的神。既然每个人都有自我，每个人就有自己的神。曾经，反对傲慢是合情合理的；如今，这一举动被谴责为对地位牢固的特权阶层的反应，同时，"非美国"这一概念开始形成。恭敬顺从意味着异己和陌生。长子继承权在所有州早就被废除，这被托克维尔看作是美国历史上最重要的事件，它促使轻视劳动的偏见迅速消减。这样一来，各个政党的成员反而将底层出生看作是竞选的优势，社会地位的迅速上升正是其才能的证明。在1840年的选举中，为了不让他们的民主党对手占据道德优势，辉格党成员自称民主辉格党，并且在组织的游行中，他们从移动的小木屋里给选民们提供苹果汁。曾经，杰斐逊在他的就职演说上穿着"破旧不堪的线袜和拖鞋"走上了国会大厦的台阶，这一举动让联邦制成立委员会的成员大为震惊。半个世纪以后，在政坛已经没有公开意义上的社会保守派了。[43]

真正的社会保守主义会质疑民主制度的优越性，然而在那个时代，真正的社会保守主义都秘密进行，这种情况到现在也没有太大变化。当美国的保守主义日后试图再次挽回思想的尊严时，莱昂内尔·特里林这样说道，"除了一些零碎的、教会的特例，保守主义倾向和反对派倾向并不表现在思想上，而仅体现在那些模仿思想的行动上或是令人不悦的心理姿态中。"[44]到了1850年，除了南方以外，美国已经基本达成了自由主义共识。

[三]

自由个人主义的现代形式在这段时期形成。建立在道德和心理悖论上的自由个人主义将个人权力神圣化，而妨碍这一权力实现的任何东西都被指控为恶意的；但是即便在一个疆域不断扩大和市场逐步开拓的国家，这个野心勃勃的自我也受到限制，并且迟早会和另一个有着同样合法野心的人发生冲突和矛盾。在这个充斥着贪婪自我的新世界里，个人的善很可能是他人的恶。

这一难题呈现在类似"你的美食他的毒药"、"你失去我得到"这些经典套话中，也向我们暗示出，将生命看作"零和博弈"的这一看法早已司空见惯。然而，事实上，美国人第一次广泛地切身体验这个悖论是在南北战争前，他们第一次面对了（或者说创造了）市场经济中这种可怕的生活平衡。南方的奴隶主指出了在这些所谓的"自由"州内贫富间的巨大差异。他们举出一系列事例来证明其指责，例如金融恐慌的发生更加频繁和严重，工厂老板和工人之间冲突激化。在这样的文化中，不久我们会发现"跷跷板规律"，即一人发财另一人就会倒霉，反之亦然。而人的命运反转的关系也成为内战前美国文学的主题。如同霍桑所说，"在这个共和国国家，在不断波动的社会生活中，总有人处在垂死挣扎的边缘。"[45]在马克·吐温的《哈克贝利·芬历险记》中，我们也发现了同样的观点：帕普（Pap）清楚地说明，他薄弱的自我意识，他的发达，都是依靠黑人的堕落而获得。根据滑轮原理，一个人的上升意味着另一个人的下降。

没有什么比蓄奴制更能说明这个社会真相——尽管精明的南方的蓄奴制辩护者也揭露了"自由劳动力"的谎言本质。毫无疑问，在美国这一自由社会中存在着一个野蛮落后的制度，这个制度将个人变成他人的欲望工具。尽管"有'保安'和'必需的法规'"，这个制度是"现代历史上所知的、最大规模的犯罪——如果我们考虑到时间的跨度，所涉及的广阔领土和人数，以及这些罪犯的文明"。[46]北方的新资本主义秩序通过其对无限扩大生产和消费的承诺，已经代替了旧有的商人思想，即个人的富有意味着"其他人会变得更穷"，而且"个人获得多少，他人就会失去多少"。[47]然而，在南方这种现象依然存在：白人（至少其中一部分）越来越富有，而黑人则饱受痛苦，并且似乎没有人注意到这种现状和美国人引以为豪的自由理念之间的矛盾。

在很长的一段时间，似乎只有外国人才能清醒地觉察到这种悖论。早在独立战争的时候，英国德育家塞缪尔·约翰逊（Samuel Johnson）就提出了这样的问题："为什么我们听到的渴望自由最响亮的声音来自那些黑人司机？"[48]几年前，一个法国移民在南卡罗来纳州旅行的时候，来到了美国的黑暗之心：

> 来到这里不久，我受到住在三里之外的农场主的邀请，和他共进晚饭。为了躲避烈日酷热，我决定在林荫小路上步行，穿过一片怡人的树林。我一边不紧不慢地

前行,一边仔细研究我采集的一些奇特的植物。突然,我感到一阵狂风大作,尽管阳光灿烂,周遭也很平静。我立刻望向不远处的一片空地,看看是不是有阵雨。此时,我听到一个低沉、粗糙的声音,在我当时听来,似乎是一些无法辨别的单音节。我既警觉又好奇,仓促地四处张望。我看到,离我约六竿远处有一个类似笼子的东西,挂在一棵大树的树枝上;上面全是大型食肉鸟,它们挥动着翅膀,急切地试图停留在笼子上。我不由自主地举起了枪,几乎没有多想,就朝它们开了枪;它们都飞到了不远处,发出无比刺耳的噪声:这时,现在想起来还心有余悸——我看见了一个黑人,他被关在笼子里,任由其自生自灭!我心下一阵冷寒,那些鸟已经叼走了他的眼睛,他的颧骨裸露,胳膊的好几处已被啄破,浑身是伤。顺着空洞的眼窝和已变形的躯体上的撕伤,血慢慢流下,将他脚下的土地染湿。鸟一飞散,虫子立刻爬满了这个可怜人的身体,迫不及待地喝他的血吃他的肉。我心中突然充满了恐惧和惊吓;我神经抽搐,浑身颤抖,呆呆地站着,不由自主地思考起这个黑奴的命运,所有可能的悲惨境遇。[49]

美国人尽其所能,将关在笼子里的黑人隐藏起来,不让外国人和他们自己看到。但是要让他们完全从视线中消失是件不可能的事情。

从早先一系列事件的公开争论的预热中,我们可以感受到蓄奴制面临的日益剧增的压力。19世纪20、30年代,随着白人深入密西西比河山谷地区,印第安人被赶出了他们的领地。关于印第安人迁移的全国性争论,首次打破了长久以来关于美国受压迫人群的"悲惨境遇"的沉寂,也为日后关于奴隶制的争论敲响了警钟。1831年,印第安切罗基部落向美国最高法院起诉佐治亚州政府强行夺去他们的土地。最高法院最终驳回了这一起诉,理由是切罗基人只是一个"国内部落",而不是一个有着司法自主权的州。尽管如此,在宣布这个决议的时候,当时的最高法官约翰·马歇尔(John Marshall)承认"如果法庭上同情能有一席之地,估计没有什么案子能比这一起更激起审判人员的同情心了"。他似乎站在切罗基人的立场,意识到了这件案子下深藏的罪恶,一旦这个罪恶被揭露,那么美国的整个机制将会因为震惊而分崩离析。一年后,马歇尔放弃了早先的判决,宣布除了联邦政府外,各州法律均"无权干涉"印第安人的事务。安德鲁·杰克逊曾在1812年和切罗基勇士并肩作战,与克里克部落和米诺尔部落交锋,现在他承认自己备受理智和情感之间矛盾的煎熬。在给愤愤不平的切罗基人的信中,他写道,"对你们父辈的尊敬让我对你们当下的困境非常关心。"尽管如此,公开场合下,作为总统的他并没有维护切罗基人的利益,反对佐治亚州的行径,还说出了日后臭名昭著的话,"约翰·马歇尔已经做出了他的判决。现在让他来执行。"[50]

现在看来,这些有权有势的公众人物声称的对现状无能为力的痛苦,只是嘴上说说。但是,与其说他们虚伪,不如说他们打官腔。这些人的态度说明了在道德情感和法律权威之间产生了一种新矛盾。然而,虽然他们在美国政野中持有相反意见,他们都同样意识到了历史的影响力——霍桑在其短篇小说《韦克菲尔德》("Wakefield")(1835)中称之为"一连串的必要性"。无论这些公众人物多么自大,他们都认为自己只是微不足道的演员。在他们的声明中，我们既听到了过去的内疚心情——杰斐逊在1787年谈到奴隶制时，曾写道，"当我意识到上帝就是正义，并且他的正义必将得以宣扬的时候，我为我的国家担忧"，也看到了奴隶制斗争风暴来临前的预兆，因为正是在奴隶制这个问题上，个人道德和公共法律之间产生了前所未有的分歧。[51]

这些人已经具有现代意识，因为他们越来越不满受控于爱默生口中的"严格的纲领和可悲的部门"，而自我在其中变成了无迹可寻的、集体意识的工具。在这一方面，他们比林肯更早指出了这一困境。三十年后，当迫于军事需要林肯提出解放奴隶这一决议时——此前他一直认为这个决策在政治上并不可取，他表达了一种既愧疚又感激的心情（"我承认我并没有控制整个事态的发展，反而受它控制"）。然而，一旦这个决策最终成为权宜之计，困扰林肯的良心和理智之间的鸿沟不复存在。他在1855年给朋友的信中写道，"我讨厌看到那些可怜的人被追捕、抓获、穿着囚衣押送回来；尽管如此，我咬紧双唇，保持沉默。"[52]林肯迫使这个国家去正视一直被掩盖的罪恶，他能做到这一点，正是因为在自己身上看到了长期存在的同样的回避态度。

在内战开始前夕，南方人继续转移公众的注意力，使他们不再关注其所宣称的以自由为基石的文明这一说法中的矛盾。例如，一个研究北方商业文化的南方批评家说，"所有的竞争就是试图奴役他人，同时获得他们支持的行为"，直到"社会上的有钱阶层、专业技术阶层和从事商业的阶层成为劳动大众的主人。这些工人的生活本已无法忍受，现在更加日益糟糕。"[53]这些指责并非无稽之谈，当时超过一半的国家财富掌控在只占全国人口百分之五的最富有的家庭手中。在大城市，贫富差距令人瞠目，北方的一部分游民在工厂以及铁道和运河的建筑工地上流动，产生了大量"难以清理的废品和垃圾"，充塞了城市贫民窟。封闭的房间和臭气熏天的厕所，这些常常和现代城市贫穷联系起来的新事物首次形成。1849年，纽约市警察局局长谈到，"日益增多的游民和那些无所事事、可恶的野孩子，已经成为一种不幸的、日益增长的罪恶，充斥了我们的城市街道。"[54]

尽管北方人也视平等和进步为理想，他们同时深信，贫富之间的必要平衡的观念早已过时。他们对于南方的所有愤慨在于，富人不仅剥削穷人还有奴隶。对他们而言，蓄奴制是美国不可容忍的缺陷；而且由于地理原因，相距甚远，承认这点对于北方并无利益损害。蓄奴制违背了这一信条，即堕落和社会性的失败都是对自我犯错的惩罚。如果你处于社会底层，美国的世俗宗教（关乎自我的宗教）会告诉你，这是自作自受。而奴隶制完全建立在出身和种族上，因此它本质上与这一原则相抵触。从出生的那刻起，奴隶就无法改变他的状况，这公然违背了民主最基本的原则。

面对此指责，唯一能够为奴隶制洗脱罪名的办法，就是系统地说明天赋人权并不适用于黑人种族。沿着这个思路，蓄奴制的辩护者们提出了这样的观点。他们认为，黑人有着"动物的麻木性"，他们不怕烈日酷晒，也不怕鞭子抽打；他们身上表现出一种"漂泊性"（逃跑）和"流氓性"的病状，更不用提他们臭名昭著的无法抑制的性欲。最后，随着"人类多源论"的提出——根据这一说法，人类没有共同祖先，不同种族都有截然不同、相对独立的起源，反对黑人平等权利的呼声被推向（或降至）新的高度。这一理论也通过一些技术得到某种

"证实"。例如所谓的科学家通过比较现代黑人和古代黑人的头骨大小，推论"他们属于居住在同一地区的不同类别，并且认定他们是'人属'中的不同种类，而并非同类物种的差异体"。直到1860年，来纽约巴纳姆博物馆的观光客们，还在排队观看"一个最恶心的东西——它被认为证明了黑人和猴子之间存在联系"。[55]

要证明黑人是一个不同物种，支持这种观点的人必须应付几个难题。首先，这种观点和圣经中声称亚当为人类共同祖先的说法相违背。其次，根据当时流行的生物学理论，杂交种类是无法繁衍后代的。按照"人类多源论"的说法，黑白混血儿属于杂交种类，但他们的确具有生育能力。(事实上，浅肤色的黑人女性常常是奴隶主家中性欲最强的，她们为奴隶主生的更浅肤色的孩子恰恰证明了其肉欲上的堕落。)然而，所有这些反驳的观点都没有起到决定性作用。宗教上的反对论据被规避，默认的观点是种族差异大概取决于环境因素；而关于混血不育的观点据说被简单修正为，要在几代人以后他们的生育能力才会慢慢枯竭。

这场关于奴隶制的论战主要集中在学术上的争论。尽管如此，所有那些关于自然属性和种族起源的争论最后都完全跑题。从奴隶制一词的词源上来看，它是一个"耻辱"，一个道德上的陷阱和圈套。大多数美国人都会同意，它已成了邪恶唯一的表现形式。即便那些拥护奴隶制的人也意识到，它毒害了奴隶和奴隶主的思想。从识字的奴隶们记录他们经历的文字中，我们可以清楚地看到奴隶制如何使人堕落——它剥夺了奴隶的家庭概念，它通过性别和权力的混合作用催发了奴隶主的性欲，它迫使女孩不得不在生存和贞德之间做出选择。早在19世纪50年代爆发政治危机前，南方的文献就已经说明了奴隶制是一剂道德毒药。以下为19世纪20年代发表的一段文字，它用轻松幽默的笔触，描绘了奴隶主和奴隶之间的堕落关系：

一位颇有声望的医生有个叫汤姆的黑人男孩，非常乖巧听话，负责在柜台后捣药等工作。在他的工作职责内，汤姆干得不错，但他心血来潮地执意想要成为一名医生，所以告诉他的主人，想跟他学习这门专业。主人，我会成为一个好医生，我会帮你挣很多钱。好的，汤姆，那你必须跟着我，学习如何分药、拿脉、了解病人的身体状况等等。好的，主人。那阵子，这名医生正给附近一位妇女看病；他对她说，夫人，我的帮工汤姆想当医生，他是个不错的男孩，但我需要他继续他的工作，彻底忘记当医生这件事，您能帮我吗？明天早上十二点我会准时过来，汤姆也会来；麻烦您先把便壶洗干净，看到我们来了之后，倒入热的鸡蛋布丁，多加些蛋，要热腾腾的。到时候我不会问您的身体状况或者肠胃情况，或者有没有便秘。跟您打完招呼后，我只会问，您今天感觉如何？让我看看您的舌头，给您把脉等等。然后，我会问您便壶在哪里，今天您有没有排便？这时，您得把装有布丁的便壶递给我；我会找您要一把汤勺，当着汤姆的面吃，然后告诉您高烧已经好了，您的大便很正常，我会把它全吃掉，您的病也会很快就好，明天我会让汤姆来给您看病。汤姆眯着眼，惊讶无比，他的主人居然会吃这种东西。汤姆，去把马牵来。是的，主人。汤姆走出了房间。夫人，明天注意时间，我会让汤姆12点准时到，您在便壶里放上您自己或者您家里人的大便，热的，和您今天放的布丁差不多大小。第二天汤姆按照预约的时间来给他的病人看病。他洋洋得意，有点江湖郎中般的自命不凡。夫人，您今天感觉如何？哦，汤姆，我好像感觉更糟糕了些。夫人，不用担心，我会治好您的病。让我帮你把把脉；让我看看您的舌头；夫人您已经完全退烧了呀；您的大便在哪？她说，汤姆，就在床下呢。汤姆对仆人说：你这个黑鬼给我拿把汤勺。那个仆人服从了他的指示，可怜的汤姆中了圈套。他将汤勺插入便壶，然后放入口中；他吐了一口，大叫，哦，我亲爱的夫人，恐怕您情况不妙。我估计从昨天开始情况变糟了；这个味道很差；根本无法下咽。而主人昨天都吃完了。是的，汤姆，夫人说道，你必须把这个吃完，否则我就会死去。好吧，上帝呀，我亲爱的夫人，我试试；于是他强咽下便壶里所有的东西，然后回家回复主人。汤姆，今天夫人的情况如何？奇怪的是，夫人的脉搏很正常，舌头也没有发热的迹象，但是大便太糟糕；我恐怕她从昨天开始情况变糟了。主人，下次请你去吧，还有看在上帝的份上，我再也不想当医生了。可怜的汤姆终于不再胡思乱想，他也接受了现状，不再期望研钵和杵以外的东西。[56]

这个记录于1822年的令人反感的故事便是以后此类文学样式的早期版本。这种文学样式的形式多种多样——雷摩大叔（Uncle Remus）系列故事中的乔尔·钱德勒·哈里斯（Joel Chandler Harris），哈克贝利·芬对黑人吉姆的嘲笑，好莱坞电影中对愚笨的史蒂宾·福切特（Stepin Fetchit）这样的黑人的再现，以及许多令人心酸的、由黑人自己证明的事实，那就是自甘堕落和运动成为他们供奴隶主无耻取乐的两项服务。

每个读到或者听说这些故事的人都不会对其残酷性视而不见。但是，残酷带来恐惧的同时也带来喜剧效果。一些人战栗，而一些人则大笑。这些故事都披着温和的外衣，充满了委婉的表达。主人吃的是"[汤姆]误以为的别的东西"；叙事者只提到"便壶里的东西"，如此保持礼貌，而不愿说出让黑人吃屎这一可怕的事实。这个故事还带有一丝淫秽的色彩：女士将她的身体和最隐秘的排泄物托付给这个行医者，迫使黑人降低人格吃掉她藏在床下、还冒着热气的便壶里的东西，并从中获得快感。从这个故事里我们看到凌驾于他人之上者身上无法形容的虚伪——那温文尔雅的笑容，和蔼可亲的风度，还要拉上这位迷人女士达成计谋。但最终这不过是个圈套、骗局和（获得对方信任后的）欺诈，这是场以残酷为主题的华美乐章，是以下问题的答案："当你被毒蛇的美丽诱惑时，难道你没有想过换位思考？感受蛇之所感？悄无声息地在草地上滑行？只是一蜇便致命；你美丽的身体只是绚彩的死亡之鞘？总之，你是否想过远离知识和良心，片刻陶醉在快乐无忧、肆无忌惮、依靠本能、不负责任的动物的生活中呢？"[57]在这些故事中，人成为一个被随意消遣的小丑。这些故事就是撒旦的靡靡之音。每个人，无论在奴隶制的体制内还是体制外，都明白这个道理。

[四]

救赎—杀戮这一悖论体现在，尽管种族歧视在北方和南方都很严重，但对奴隶制的憎

恶——"南方人心中的同情,"用林肯的话来说,"表明……他们觉察到了奴隶制的错误"——正是美国自我的组成部分:

> 我希望每个人都有这种机会——我也相信每个黑人都享有此权利——能够改善他的处境——当他向前看并且希望在今年或者明年成为一个雇佣工人,从此以后为自己而工作,且最终雇佣别人为他工作![58]

尽管林肯一再重申他的虔诚想法,即个人野心可以变成集体公益,尽管美国"最不可一世的需要"只是"不在世界上沉没",[59]在这些政论和公众讨论中,还是存在着某种天真的愤怒。美国人似乎需要相信,还有足够的土地和空间让每个人无需成本便发家致富。几乎没有人意识到在这一过程中会有伤亡。现在我们知道,这些假象得以维持是通过对那些背井离乡、付出血汗和尊严的人视而不见。显然,这些人中包括被隔离在全民发展的梦想之外的黑人,被赶出部落土地的印第安人,在帮助修建完跨州铁路后,被船运穿越太平洋送回本土的亚洲工人,甚至包括为了生计而卖淫的可怜的女店员,因为那些急切的嫖客所给的报酬会比日用杂品高一些。

在林肯竞选总统期间公开谴责奴隶制之前,美国在反思自身问题时依然鲜少提及人力剥削这一概念。正视它所带来的代价似乎相当高,但最终林肯要求支付这一代价。尽管自19世纪30年代以来,类似废奴主义的非主流抗议声日益高涨,在19世纪50年代,本土主义和反对黑奴的混杂孕育出了共和党派,他们谴责奴隶制更多是因为奴隶制对劳动力市场形成了威胁,而不是因为它违背了道德。一种恰如其分的描述是,显然,"美国文学上的耻辱是19世纪30和40年代的作家在很大程度上"对于他们那个时代的罪恶"表现出来的沉默"。[60]在林肯之前竟然没有一个美国总统曾经个人公开表态反对蓄奴制!

所以当我们在美国主要作家的作品中发现对于权威的无效性的勉强承认时,也就不足为奇。例如,霍桑喜欢描写牧师类人物——《牧师的黑幕纱》("The Minister's Black Veil")(1835)中的胡佩先生,《红字》(1850)中的丁梅斯代尔——这些人物都借助于引人注意的视觉效应(胡佩用绉纱包住了自己的脸,而丁梅斯代尔的皮肤上烙了字母 A),来重新挽回一部分人迷失的注意力,对于这部分人来说,教堂已成为散布流言蜚语的地方。迄止那个年代,这些故事是美国文学史最具紧急政治意识的著作,在这些故事中道德教师的恐慌源于意识到对于父辈们具有完整象征意义的词汇已经开始支离破碎。在霍桑1850年的巨作《红字》中,他描写了一个年轻的犯通奸罪的牧师尝试在教民前承认自己犯下的罪(包括公众前的自贬),但每一次都徒劳无功。他的教民就是无法看到他暴露的罪恶。当他站在他们面前宣称:"新英格兰人……你们曾爱过我!——是的,你们曾认为我是神圣的!——现在看看我,世上的一个罪人!"他们却认为他使用了委婉语。他们无法相信牧师的话的字面意思,无法相信他指的就是他自己。

19世纪30年代的文学中已经出现了这种认识,即由于世界正陷入道德的黑暗,人们失去了对罪恶的辨识力。这种意识日益强烈,到二十年后内战爆发的时候已经完全明朗。从这个方面来说,认识到蓄奴制是魔鬼的杰作,就是精神上的一种解放。美国人首先正视他们正毁掉这个大陆上先于他们之前的文明这一事实,后来面对联邦本身是"建立在邪恶上、联合于鲜血中"的事实,这样一来,美国人不得不承认个人陷入了这个网——我们现在称之为文化——之中。他们发现"罪恶的现代样态表现为以下特点:间接、非个人、由复杂的机构和制度从中斡旋"。[61]他们开始生活在歌德在《浮士德》(Faust)中所预言的世界,在那里,靡菲斯特明白,为避免上帝难堪,人类的混乱杂事(穷人的痛苦、生命的残酷错乱)必须在上帝的视线之外处理。

有一个例子是梅尔维尔的小说《雷德本》(Redburn)(1849)中的一章,令人印象十分深刻。一个年轻的美国人在利物浦看到一个饥饿的女人蹲在阴沟边。他到处找人帮助她——他找了一个当地的老太婆,一群水手,他所住旅店的女老板和厨子,还有三个警察。没有人理睬他。"她活该,"一个老女人说,"——她有没有结过婚?你知道么?""杰克,这不关我的事,"一个警察说,"这条街区不归我管。"

尽管梅尔维尔将这种狄更斯似的场景设置在英国,但其时的美国正如梅尔维尔笔下所描述的一般。当然,今天对于城市居民而言——一个人经过乞丐视而不见,有时双手插在口袋里,有时给25分封嘴费——这种情况司空见惯。然而在南北战争前,这类无名的乞求者还是一个新鲜事物,但是在美国知识分子中出现的新变化便是,他们从传统文化的拥护者变成了对自己的生活方式充满厌恶的人。

在这场道德危机中,圣经和宪法作为美国神圣的建国文件,似乎失去了其在奴隶制迷宫内的指引作用。奴隶主引用保罗的教斥,要求奴隶必须遵从主人;而同时废奴主义者烧毁了宪法,认为它是和魔鬼的合约——"以千百万我们同类人的肉体和灵魂为代价的合约,为了达到其政治目的——一个打着为善的名号、无耻可怖、到处行恶的联盟"。[62]这种日后被称为焦虑的现代痛苦在文学史上第一次得到承认,爱默生在1841年的一段文字中影射了这种普世恐惧:

> 坚定的资本家将银行或者交易中心的地基设在昆西花岗岩上,不管这地基有多深、多广,最后都不是建在一块符合建筑物结构角度的大方石上,而是必须建在大片的未知材料和硬度上——这片岩石的中心可能炽热或白热,表面几近完美的球形,飘浮在轻薄的大气层中,迅速地旋转,以每小时上万英里的速度拖动银行和银行家旋转,他不知道要去哪里,——就像一颗子弹一样,穿过一个时明时暗、一片无限虚空边缘之上的小立方体。[63]

我们很容易理解这种对未来抱负的焦虑。我们本来期待此类篇章出自陀思妥耶夫斯基(Dostoevsky)或者卡夫卡(Kafka)这样的现代作家之手,出乎意料的是作者居然是精明练达的爱默生。然而,再现关于灵魂安在的焦虑则更加困难,这是由于在最近的几十年间,我们已经埋葬了关于西部开发先驱者的神话,而将先前被忽视的受害者置于历史的中心。

在这个历史的新版本中,马歇尔和杰斐逊那辈人,甚至在某些方面包括林肯自己,只能被认定为伪君子——实际上最近对他们的描述也大抵如此。我们并不认为他们陷入了自我怀疑的禁锢。阅读美国的近代历史就好像在翻阅我们熟悉的旅游景点照,照片上我们的亲戚在开怀大笑,而那一大群我们从未听说的参与者——仆人、苦力和乞丐——已经从画面中粉饰清除。曾经受人尊敬的祖父现在看来却很无耻,我们的注意力转而集中在受辱的仆人身上。大概由于这种转向直指那些明显的受害者,我们现在并未完全明白的是,看似漠然的胜利者其实也是失败者。在"命定扩张论"的论调下是一种道德的恐慌,因为美国人意识到活在现代社会就必须承受将自我膨胀的代价隐形化的责任。林肯提到的正是这种恐慌;通过为其命名,他将它的颠覆力转化为道德救赎的责任。

最终,林肯鼓起勇气将美国的集体自我意识昭告于天下——"因为(奴隶制)侵犯了那些人的利益,给他们带来了痛苦,所以(上帝)给北方和南方带来了这场可怕的战争。"而在此之前的很长一段时间内,文学作品中已有了一些关于这种集体意识的真相的间接描写。内战前美国人读的一些书中充满了为自我开脱罪名的论调;在19世纪30年代中期,反天主教文学蓬勃发展,例如《女修道院》(*Female Convents*)(1836)、《修道院的六个月》(*Six Months in a Convent*)(1836),以及曾畅销一时的(在内战前已售出300,000本)《蒙特利尔的主恩修道院旅馆大揭秘》(*Awful Disclosures of ... the Hotel Dieu Nunnery at Montreal*)(1836)。所有这些书都"描写了修道院墙内的酗酒、鞭笞、卖淫和溺婴现象"。[64]这些书将邪恶隔绝在美国人生活的管辖范围之外(它们的诋毁对象主要是外国人);这些故事并未威胁到美国的"面子",而且也表达了对于外国入侵渗透的恐惧。像里根时代泛滥的关于俄国入侵的小说一样,这些书通过想象将邪恶投置在一定距离之外,到了某个时刻,外国的特征开始模糊,国内文化的腐败由此显现。

相对而言,这些小说还是比较温和的。严肃的美国作家——梅尔维尔、霍桑和梭罗——指出美国人正处于日益严重的道德困境中。他们的书读起来并不舒服——例如,梅尔维尔的让人印象深刻的故事《录事巴托比》("Bartleby, the Scrivener")(1853)中,讲述了一个华尔街律师在受到一个蔑视权威的员工的冲击后,被迫追问内心:当企业关系代替个人关系时,我对于人类的责任是什么?这些故事的嘲讽性多于娱乐性;因为它们增加了读者的道德焦虑感,所以并不受欢迎。

这种焦虑感解释了,为什么资本主义大发展的第一个黄金时期也正是宗教高度发展的时期。从1780年到1860年路德教和长老会教的信徒数量增长了十倍,卫理会教徒增长了四十倍。[65]大约五万座宗教建筑在一段时期内先后建成,它们的建立是为了,如同约翰逊博士谈到金字塔时提到的,"纪念人类快乐的有限"。宗教也继续推动许多社会倡议——戒酒、妇女权力、海外传教、废除奴隶制;而且不仅仅是使用关于改革的专有词汇,还有充满了宗教热望的日常言语。当类似"快乐"和"社会"这些词语传承给我们的时候,尽管其中的宗教含义已经过滤,它们的基本含义实际上仍和心灵而非世俗相关:"加入社会"意味着寻找到宗教信仰或者说成为某个教会的一分子;"享受自己"(今天我们提到这个词的时候,更多指的是享受自我之外的东西)意味着唤醒心灵,沐浴在神圣思想中。[66]

约翰·格林利夫·惠蒂尔在1843年描绘了一幅内战前波士顿的画面,这也可看作是内战前整个美国的概况:

> 看看这座基督再临庙——里面挤满成千上万的人,疯狂地、充满敬畏地面朝东

方，就好像穆斯林朝向他们的克布拉¹一样，每时每刻都在期待末日到来时那种烈火般的神秘；等待中激动地近乎颤抖，"又惊恐又喜悦"地用肉眼看着这一盛大庆典，所有的东西都融化了，天堂也急速散去——用火来洗礼这个世界！[67]

这种对世界末日的渴望并不仅仅局限于波士顿。在内战前的美国流传着这样一种观点，即自我已经退变得脏入骨髓；它必须通过净化火焰完成洗礼。尽管现在的文化允许"秀色可餐的"脱衣舞娘在城市剧院里向那些目瞪口呆的男人展示自己，[68]新的社团在全国各地如雨后春笋般涌现，通过集体的意志行为，去实现旧约中关于圣人治理尘世的承诺——这一愿景源于深深植根于美国人生活的千禧年新教义。美国人正再一次进行自我清洗。震颤派团体的范围已经远及西部肯塔基州；摩门教徒从他们的纽约巴比伦一路来到犹他州，声势壮大；沿途中的羞辱和迫害都成为确认他们为新的上帝选民的依据。工业革命家比如罗伯特·欧文(Robert Owen)(1825年来到美国)，宣称他们的使命就是"将一套新的社会制度介绍到美国；将原有的愚昧自私的制度变为一个开明的社会制度，这个制度将所有利益逐渐融汇为一体，并将消除人类争执矛盾的所有起因"。[69]

这些实验往往以失败告终，其失败的速度和其宏伟程度成正比。欧文在印第安纳州的新和谐区最终瓦解，一部分原因是随同他从英国来的中产阶级技术人员和倡导者，还有后来加入的美国信徒，对于体力工作的兴趣没有他们设想中的强烈，而对于阶级等级却比他们宣称的更加看重。尽管他们死后没有名留青史，然而内战前的所有社会和宗教的实验——以及文学中的抗议声——对上升的商业文化中的道德畸形发展，表达了强烈反对和抗议。美国人正仓促地逃避他们所创造的世界。在那段充满各种混乱的反对声音的时代，最令人印象深刻的是一个关于一名震颤派信徒房间的画面——我们在一些震颤派的博物馆里和推销浅色"乡村"家具的商店里都可以看到。在这个房间的墙上——墙面的高度刚好是一个女人能摸到的高度，我们可以看到一排清扫房间时用来悬挂折叠椅的挂钩。他们心中梦想的世界是干干净净的，每个角落都一尘不染。

---

¹ 克布拉(Kebla)：礼拜时应面对的中心位置。

第二部分：摩登时代

第四章 天意的丧失

有人说过，"所有人在确保个人生活保障的同时，都免不了犯下以牺牲他人利益为代价的罪。"[1]这种雄心壮志的代价便是道德的丧失，其规模之大以至于所有美国人发现他们既是19世纪商业文化的受益者也是受害者。奴隶制可能曾经是这种罪恶最显而易见的表现形式，但当美国人第一次感受到资本主义优越的创造力和随之而来的残酷性时，他们发现生活在这个新世界里，不仅需要具备对机遇的全新敏锐力，还需要选择对人类的苦难视而不见。为了成功，或者甚至为了生存，每个人都必须成为罪人。

在成功所必需的新才能中，最首要的便是创造需求的能力。这种需求的对象具有多样性——它可以是产品，友谊或者技能，而针对的人群便是那些看到广告上有什么便发现自己想要什么的人。梭罗在《瓦尔登湖》中用一个小寓言故事说明了这个道理。故事中说，一个"四处闲逛的印第安人"在研究了白人霸占他财产的各种方式后，得出这样的结论：为了生存，他必须进入白人的生产和销售的行业中。于是他编了一个篮子，拿给当地的一个律师。律师简洁明了地拒绝了他，说："不，我们不需要。"老实的印第安人并不明白，白人的经济不但建立在欲望上，也建立在需求上；他并未"意识到他需要做的是让这件东西值得他人购买，或者至少让人认为如此"。[2]

到1850年为止，很多美国人已经学会了这一课。我们开始将这片土地看作我们自己的领土，在这片土地上，渴望发达的欲望和害怕沦为他人猎物的恐惧相互混杂在一起。这样的人也许外表开朗，但正如伊什梅尔在《白鲸》中所说的那样，内心却像"阴雨绵绵的十一月"。他常感到被人利用，自己就好像是张被揉过的寻猫启事；尽管如此，他也不得不寻找机会同样来利用别人。当他在企业里寻找工作机会时，他不断遭遇企业负责人的蔑视或厌倦的嘲笑，有些人还将他上下打量，仿佛是鱼市场里的买家在嗅鱼是否新鲜。

他是一个现代人，换句话说，他总是被告知他的效用正在被评估。用爱默生的话来说，如果"失望总是欣然而至"，那是因为现代生活的结构（工厂、公司、平房、连锁商店，尤其是拥有这些设施的城市）在深层次上具有隔离性，因此使人感到自我更像一种功能而非人类。早在19世纪30年代末期，爱默生就已经预测到，"在这个社会里，每个成员都像被截肢的树干，如此多的怪物昂首阔步地四处行走着，——一根完好的指头、一个脖子、一个胃、一个胳膊肘，但就不是一个人。"[3]

这便是我们历史上的讽刺之一，即当国家处于分崩离析之际，便是这个被肢解的自我可以重新组合之时——如此一来，社会秩序便可以重新恢复，"我们"又可成为"我"，而"我"也是"我们"[4]（套用黑格尔的术语）。就连一向沉稳的纳撒尼尔·霍桑在苏姆特堡激战后，也曾说道，"能够分享这个时代的英雄气概,感到我有一个国家,可谓人生一大快事。——这让我觉得自己似乎又年轻了。"这种"有益的灾难",这种"将美国从本世纪以来的所有罪恶岁月中拯救出来"的机会,[5]后来被证明是最后一次机会。

[一]

1850年,国会通过一项法案,规定潜逃的奴隶必须返回原主(根据该法案的解释,一个逃离主人的奴隶实际上偷盗了自己)。自此之后,北方反对蓄奴撒旦的谴责声与日俱增。对北方人而言,蓄奴制曾经只是一个遥远的抽象名词,如今由于地方政府被迫将逃跑的奴隶交给那些和暴徒无二、靠赏金生活的猎奴者,许多先前对蓄奴制漠不关心的北方人现在对它产生了强烈的憎恶。

《逃亡奴隶法》的通过引起了社会公愤,在这种情势下,哈里特·比彻·斯托(Harriet Beecher Stowe)出于义愤创作了具有启示性的小说《汤姆叔叔的小屋》(*Uncle Tom's Cabin*)(1852)。在故事的人物长廊中,她描写了从冷漠到残酷的各式各样的恶魔。她笔下最出名的罪犯是可恶的西蒙·列格里,他将男奴隶们劳累致死,而将女奴隶们变成他取乐的机器。时至今日,斯托的小说依然引人入胜;在当时一经出版,三周内便售出20,000本,首年内销量为300,000本,随后出现了续本、舞台改编版本和儿童简读本,大量的读者为故事中奴隶主的残酷而流泪。而在南方,这部小说被认为严重歪曲了事实真相,且直接攻击了南方文化的核心,挑起了争端。南方为他们的人道主义奴隶制反驳,认为这本书是对此制度下所有白人和黑人的诽谤。美国的地区分歧由此扩大、最终变得不可调和。对于争论的双方而言,邪恶成为了对方地区的唯一特征。北方人认为北方是一片崇尚自由劳动力的国度。南方人认为南方是最后一处保护私有财产权的避难所,而在他们看来,独立战争正是为维护这一权力而展开的战斗。

由于南方主要依靠相对自由的出口贸易,需要进口大量的机器和成品,因此,当关税和进口商品价格上涨时,他们便认为这是北方的阴谋。而一旦关税和进口商品价格下跌时,他们又认为这是对抗北方"金钱力量"取得的胜利。无论处于何种情况,他们都将自己看作是继承了杰斐逊传统的、品德良好的世人,而他们的责任就是抵制在城市中堕落贪财的北方佬——他们称其为"社会渣滓"、"无信仰的人"、"地狱狂热徒"。他们认为北方妇女"放弃了其性别所属的雅致空间,抛弃了照顾家庭的责任,而成为了政治道德改革家,在城市里游荡,用低俗的讲演宣传自由恋爱和精神主义的美妙"。他们将林肯看作是反对奴隶制既得利益的工具,而这种利益的持有者正谋算着将他们变成北方形式的附庸。[6]

北方人也以同样的蔑视态度来看待南方,但他们不再将奴隶制度看作一种"特殊体制",其范围仅限于一片有猪、有蚊子、有炽烈阳光的阳台的奇怪土地。随着1854年堪萨斯—内布拉斯加法案的通过,奴隶制成为所有人的威胁。新法案规定,当新的领土加入联邦时,这片土地上的定居者,又被称为"擅自占用土地的人",可以投票决定奴隶制的合法性。这项法案使人们担心双方都将发动其拥护者来争取选票,正如早在1850年,在堪萨斯上演的那一幕。

这项法案也引起人们对领土立法中参政议法代表合法性的质疑，因为只有这些代表才有权以国家的名义提出立法请求。自由州的人民怀疑这项法案的实质是，使奴隶制的合法范围不再受到"密苏里妥协案"中规定的地域限制。他们的推测后来得到证实：三年后，美国高级法院在德雷德·斯科特（Dred Scott）一案中裁定，即便现在生活在自由州的奴隶，由于他不是共和国的公民，因此也不能起诉要求获得自由。

对于林肯和其他人来说，这种国会和司法的致命联盟就是一个明目张胆的阴谋，其目的就是为了扩张和巩固奴隶制。如果维护蓄奴者的利益，那么实际上*所有的*美国领土都可能成为蓄奴州，而且依据奴隶制的殖民逻辑，*所有的人*都可能成为奴隶。在堪萨斯—内布拉斯加危机中，林肯在他的私人笔记中阐述了这一观点：

> 如果A能证明他有权利奴役B。——为什么B不能用同样的逻辑证明他也可以奴役A呢？
>
> 你说A是白人，B是黑人。那么划分的标准是*肤色*；也就是说肤色浅的有权利奴役肤色深的人，对么？注意，根据这个规则，你很有可能成为你遇见的第一个肤色比你浅的人的奴隶。
>
> 哦，你没有特指肤色？——你说的是白人比黑人智商更高，所以有权利奴役黑人，对么？那你可又得担心了。根据这个规则，你很有可能成为你所遇见的第一个智商比你高的人的奴隶。
>
> 但是，你说，这涉及到利益问题；如果你能够从中获利，你就可以奴役他人。很好。如果他能够从中获利，他也有权利奴役你。[7]

堪萨斯—内布拉斯加事件和德雷德·斯科特案仅仅预示了接下来会发生的事情。尽管解放奴隶的计划和奴隶暴动的谣言盛传多年，但是战争爆发最显著的预兆直到1859年10月才出现。彼时，废奴主义者约翰·布朗（John Brown）带领他的追随者们（其中包括他五个儿子中的三个）从北方穿过了波拖马可河，占领了哈普渡镇的政府军火库，他们打算在此分发武器并发动弗吉尼亚的奴隶举行暴动，消息片刻传遍了南北。积怨深重的50年代最终以布朗——一个自称为耶稣第二次降临的人（无意中用了一种双关，揭示出了他对耶稣受难的荣光的迷恋）——所发起的武装行动而结束。他在临刑前给妻子的信中写道，"记住，拿撒勒的耶稣，像一个重罪犯一样，在十字架上经历了极为痛苦的死亡。"[8] 至此，南北妥协和解的前景不复存在；双方均认为只有通过与对方这一恶魔的斗争才能救赎自己。

哈普渡事件是当时的"猪湾事件"。他原计划要解放的奴隶并没有加入他的暴动，而且当事态趋于明朗，即以他个人之力无法完成这一任务时，自由州的政府也没有施以援手。尽管计划崩溃（这里这么说不恰当），布朗一个人还是在一夜之间改变了整个世界。事态发生了新的变化：朗费罗（Longfellow）写道，"这就好比种下风的种子，收获飓风的到来"；而梅尔维尔则借用了上天预兆这一古老观念，称布朗为"战争的彗星"。自由州和蓄奴州的边界地区第一次被一群带有暴力目的人所跨越，而这一天也即将来临，美国人不用再应付他们之间的分歧——"这个分歧像一条等温线，弯弯曲曲划过大陆，将它一分为二。"[9]共和国历史上的第一次，美国这一边的士兵侵入了另一边。

从结果上看，如果存在一种与日俱增的新恐惧，那么对于很多人来说，这是一种振奋人心的恐惧。因为不论布朗的势力如何微弱，也不论他如何轻易地被击退[弗吉尼亚国民军的指挥官罗伯特·爱德华·李(Robert E. Lee)将军很快就抓获了他]，他对南方的袭击打破了长期以来美国的麻木状态，并提供了新的原因让它重获生机。梭罗明白此时的内战还只是名义上的，在康科德的行政委员拒绝敲响小镇钟声来宣告这一消息后，他发表了这样一席演讲：

> 这些人在教会我们如何死去的时候，也教会我们如何生存。如果这个人的行为和言语不能带来重生，那么这将是对带来重生的言语和行为最大的讽刺。这是美国有史以来听到的最好的消息。这已经让北方微弱的脉搏跳动加速，向她的血管和心脏中注入了越来越多的大量血液，远多于往年中所谓的商业和政治繁荣带来的活力。有多少曾想结束生命的人现在找到了生活的意义！[10]

梭罗激情澎湃地宣告了一代人的觉醒，而在爱默生的笔下，这些人在不久前"已经丧失了生命的源泉和活力"。梭罗也预感到，布朗所引发的运动将带来激动人心的新一轮圣战。现在美国已经分裂成了两部分，绝无可能重新联合，南北双方开始了长期以来一直在准备的工作，即不遗余力地将对方妖魔化。

《失乐园》再次成为了公众事件的最好注解，而关于正义圣战的论调也达到了自独立战争以来的最高程度。南北之间已经卸除了所有礼仪的伪装。一个直率的纽约商人说道，南方人是一个"由懒惰的、无知的、粗俗的、淫荡的、狂妄的、肮脏的、鄙贱的野蛮人组成的种族"。另外一些人则引经据典，把这个观点表达得更为冠冕堂皇。奥利维·温德尔·霍姆斯(Oliver Wendell Holmes)将即将到来的战争看作是一场"圣战"，而敌方的"伟大将军将会倾尽全力，正如同他在被赶出天国前和全能的上帝作战一般。"[11]

在1861年春战争最终爆发之时，联邦支持者们似乎自信满满。一位受欢迎的通俗诗人写道，"这不是一场世人的战争，而是天使和恶魔的战争"。当沃尔特·惠特曼(Walt Whitman)日后回忆起这些事件时，他还记得当时的欣喜若狂，全因"这场与奴隶制这一具象化撒旦的迅速而辉煌的较量"。甚至爱默生，据他在康科德的邻居霍桑的说法，"像我们其他所有人一样闻到了杀戮的味道"。[12]

然而联邦军队在布尔溪的战败令所有人都大吃一惊，原先洋洋自得的情绪也很快消失殆尽。在这场惨败后，另一位新加入革命的新英格兰改革家朱莉娅·沃德·豪(Julia Ward Howe)——她对于奴隶制的憎恨程度不亚于斯托夫人——在从首都返回波士顿的火车上，听到一群败兵戏谑地唱着通俗民谣《约翰·布朗的尸体》("John Brown's Body")。她被民谣的旋律所吸引，遂决定为这首歌重新填上更能鼓舞士气的歌词；这就是《共和国战歌》("Battle Hymn of the Republic")的由来。这首歌模仿了以赛亚书和启示录的预言（"让英雄，女人的孩子，用他的脚后跟将毒蛇踩扁……"，"我的眼睛看见了即将到来的上帝的荣光……"），在众多的启示文学中最广为人知。联邦军队的第一次战役失败了；但是人们的生活再次有了目的性。

从北方到南方，男人冲到了"(招募线)的前面，就如同边远地区复兴布道会上追求信仰上帝的人，争先恐后地报名"。北方的志愿者被称为"由上帝派出的……千千万万武装的天使"，而对抗他们的敌军则被认为是"在人间模拟'地域之蛇'的第一次邪恶暴动"。密西西比州的参议员杰斐逊·戴维斯(Jefferson Davis)被称为"南部联邦的路西法"和"暴政之王"，因为他被南部联邦推选为总统，所以被(詹姆斯·拉塞尔·洛厄尔，James Russell Lowell)认为是撒旦的模仿者，"第一个有重大影响力的分裂主义者"。[13]

路易斯安那州的一个半文盲的甘蔗园种植主，在他的祈祷词中也使用了充满宗教激情的语言来回应北方的这种做法：

> 每一个共和国的黑人和所有反对奴隶制的男人和女人……都将陷入各种不幸的灾难中，他们将缺乏足够的食物和军饷来维持身体和灵魂之需，他们将陷入混乱和堕落中。上帝啊，我向你祈祷，指引每一颗子弹和炮火，让每一个侵入南方土地的北方士兵付出代价，当他们的身体归为尘土后，让这些叛徒的灵魂在火焰之湖里重生。[14]

美国人宣称自己毫无瑕疵，他们将所有的罪恶投射到一个来自地狱的——但又奇怪地受到欢迎的——敌人。他们已经为圣战做好了准备。

[二]

对于作战双方来说，亚伯拉罕·林肯是造成这种僵局的一个象征。因为正是林肯通过(更确切地说)他的政府部门，为重新恢复并且激活(曾一度退出公共生活的)善恶符号的蛰伏力量付出了极大的努力。在美国历史上，林肯是最具道德影响力的一位重要人物，他的赞颂者们称他为*基督的效仿者*——这正是布朗和其他人对自己的称呼，究其原因是因为他站在复兴的摩尼教——战争的制造者——的反对立场上。他接受战争，甚至参与叛乱密谋，但是他心中的撒旦并非外来物或者地狱中的他者。林肯的撒旦是一种关于缺陷的旧符号，而这一缺陷指的是平等原则——这一共和国建立的基石——被修改、限制、最终只适用于某一种族的事实。林肯对此充满了蔑视，他也曾以嘲讽的口吻谈起奴隶制是黑人的自然(或者说期望的)状态这一观点："尽管我常常说所有人生而自由，我却允许那些希望做奴隶的有色人种成为奴隶，而且允许在其一旁的白人为奴役他人的观点辩护。"[15]

林肯早在战争前就已经明白，若要让美国人感到他们的个人命运和共和国的未来紧密相连，这就必须需要某种变革性事件——一件等同于集体信仰改变的政治性事件。对他而言，这个事件就是堪萨斯—内布拉斯加法案的通过，因为该法案的通过使蓄奴制的危害性扩展到了全国范围。在南方人公开宣称脱离联邦之前，林肯就已经意识到，随着共和国缔造者们的逝去（这些注定的先圣们的命运捆绑在一起，杰斐逊和亚当斯作为最后一批离去的人，在1826年7月4日这一天已经病危），共和国已被移交至那些未曾为之抛头颅洒热血的"看管者"手中。1852年，伟大的肯塔基人亨利·克雷（Henry Clay）逝世，林肯在其悼词中明确地阐释了这一主题。他深知，由于现在已经远离了建国者们的时代，国家必须通过一个未经检验的符号系统——旗帜、音乐、高尚的神话故事、日常的政治仪式、神圣化的历史遗迹——来传达某种独立战争的岁月里的生存意义。林肯知道共和国（正如同爱默生口中的基督教）已经"堕入一个谬误，这个谬误腐化了所有传播宗教的尝试"，而他周围的人"如今提到觉醒，就好像这是长久前被赋予并已完成的事情"。[16]

为了完成他的使命，促成民主理想的类宗教式复兴，林肯像一个狂热者一样，对于那些和他信仰相异的人有着一种摇摆于同情和盛怒之间的不信任。在堪萨斯—内布拉斯加法案通过后，他刻意模仿耶利米（Jeremiah）和圣约翰的口吻，说道："我们共和国的衣袍在尘土中拖曳。让我们用革命的精神甚或鲜血将她重新洗净。"对于林肯而言，独立宣言就是圣经，联邦即教堂，于是这场和脱离联邦的南方各州的战役便是他的这种宗教信奉的逻辑结果。林肯承认他对于制度化宗教漠不关心（当他被挑衅时，他承认"我不是任何基督教堂的成员"；当他的对手以背叛的名义指责他时，他至多会说，"我从来没有有意识地去污蔑……尤其是基督教的任何一个派别"），但正如联邦政府副总统亚历山大·史蒂芬斯（Alexander Stephens）最先观察到的，林肯对于共和国的忠诚已经"升华到了宗教神秘主义"。林肯坚称先辈们早已打算在一个不可侵犯的联邦内废除蓄奴制，因此他将这场战争的目的定义为实现先辈们的理想。直到1863年，林肯对于"中央政府只是一个由各州组成的代理机构这一说法"还感到不可置信——他这样写道，"我从未听说"这种观点，他的语气就好像一个信教徒被告知灵魂会泯灭或者基督只是众多先知者之一。[17]无论他听到过多少次这样的观点，对他来说这永远是个令人震惊的新说法——这就好比，对于一个时刻注意举止得体的人而言，粗俗永远都是一种冒犯。在林肯看来，认为美国似乎只是依据一项可废除的条约形成的这一观点本身，便是一种令人无比诧异的亵渎。

尽管疾病缠身，憔悴消瘦，林肯却是一个"不畏神却像神一样的"人，拥有着源源不断的动力——梅尔维尔在《白鲸》中曾用这两个形容词来形容疯狂的船长亚哈。无独有偶，总统身边亲近的人[他的朋友比利·赫恩登（Billy Herndon）和其妻子的黑人女裁缝伊丽莎白·凯克莉（Elizabeth Keckley）——显然这些人不可能读过梅尔维尔的小说]也用这样的词汇来描绘林肯。而他的政敌在演讲中也提到，"林肯先生为黑人平等而发出了不畏神的号叫"。"不畏神的"、"像神一样的"这两个互补的词用来形容林肯十分贴切；他能赢得民众的爱戴（和遭到另一部分人的仇恨），正因为他像亚哈一样，为着一个"顽固的目标"勇往直前。他也拥有和亚哈一样永不妥协的精神：用疯子船长亚哈的话说，"如果太阳侮辱了我，我也要反击。"在赴白宫就职的途中，林肯在费城的独立礼堂里说道，"我宁愿此刻被刺杀于此，也不愿放弃"独立宣言中的原则。[18]

林肯是一个狂热的爱国主义者，和19世纪的马志尼（Mazzini）和俾斯麦（Bismarck）如出一辙。但他骨子里还是一个民主人士。在战争初期（在当年的总统大选中，他在四位候选人中仅以微弱优势当选），他主张让黑人享受平等权利的言论被看作是小丑的疯话。但当他死后不久，人们开始认为他就像复活的基督，"用寓言的形式将他的哲学"四处传播，"在其一生中肩负了一个民族的苦难"，[19]并且似乎该为迟迟不能理解他而承担责任。林肯让人们重新回归了善这一观念——也就是梅尔维尔所说的"我们神圣的平等权"——它曾经为人们所拥有。林肯拒绝将魔鬼描绘成一个可以追踪的敌人，他认为恶便是善的缺失，是整个国家的道德缺陷。当他提到克雷在1850年"驱除了占据国家政体的恶魔"时，[20]他的意思是，建国者们曾将奴隶制这一地狱恶魔关入牢笼，任其死去，它也曾从牢笼中挣脱了出来——而克雷将它重新放置了回去。但林肯始终拒绝将这一恶魔具象化。对他而言，这是一种氛围，一种所有人都该为之负责的态度。

林肯关于恶魔的看法令人十分费解——事实上自保罗和奥古斯丁第一次将恶魔划入神学概念以来，它的意义就很复杂。每一个希望理解林肯对恶魔的定义的人都必须能够正视自我，因为正如林肯深知且提到的那样，在共和国的种族歧视史中，没有一个美国人能置身事外。在战争中能发表这样近乎和敌人联盟的言论无疑是非凡的。林肯谈论到南方人时从不带怨恨，他认为南方人不幸背负了一段可悲的历史，同时他也坦然承认由于北方也是奴隶们血汗劳动的获利方，所以北方民众也是共犯。尽管如此，林肯在进行道德批判的同时也确保了战争的进行。林肯不同于他的将军，也不同于他的批评家和敌人，他本质上谦虚谨慎，但同时比他们所有人更加确信历史的必然进程。他的私人秘书约翰·海（John Hay）和约翰·尼可拉（John Nicolay）称他为"巨人"，这无疑是个明智的称呼。

纽约商人乔治·坦普雷顿·斯特朗（George Templeton Strong）在战争年代详细记录的日记中，讲述了这样一则故事，它能帮助我们更好地理解林肯身上共存的两种独特气质：宽厚大度和勃然狂怒。在战争最初的几个月中，总统曾接见了一个头脑简单些的联邦分子。这名参议员期望用魔鬼和杰夫·戴维斯（Jeff Davis）之间存在的共同点来引起总统的兴趣。热切的参议员原以为总统对于敌方的恶魔本质已经作了大量的思考：

> 参议员迪科森（Dixon）来拜访总统，他将南方脱离联邦的行为等同于弥尔顿诗句中的第一次天国暴动。这是一次十分有趣的来访。亚伯·林肯没有怎么读过《失乐园》，于是他派人找来一本，在参议员的指引下浏览了前几章。他惊奇地发现撒旦与杰斐逊·戴维斯的言语中有一些雷同之处。他那时称呼杰斐逊为"那个家伙"。迪科森提到了一个古老的笑话。一名苏格兰教授在被问及对于天使堕落的看法时，他回答道，"双方都有错呀。""是的，"亚伯拉罕大叔说，"我总以为我们要谴责的是魔鬼呢！"[21]

这位到访者希望能激起正义的愤怒，但是他只得到了一个点头和微笑——正是这些表达幽默和宁静的独特符号让总统显得神秘，甚至让人怀疑他是否神志清醒。参议员发现，如果说林肯是敌军的苦恼，那么他这种刻意的幼稚态度则可以更好地折磨那些企图让他充满复仇之火的人。但他从来没有这样去做。1863年10月，在人类历史上伤亡最惨重的战场上，林肯发表了公众演讲,由于战争尚未结束,公众无疑满怀仇恨之情;但他对敌人却只字未提。在伟大的盖茨堡演讲中,他使用了诸如"献身"、"持久"、"消亡"等不及物动词,这些动词因为没有宾语,也就不会在听者中制造敌意。他坚信世界虽深陷于罪恶之中,但是并无特定的魔鬼。林肯眼中唯一的恶便是革命不彻底带来的罪恶——他对此坚信不疑,其专注既崇高也令人震惊。林肯是我们历史上最伟大的奥古斯丁教徒。

[三]

南北战争被林肯的敌人称为"林肯先生的战争"。像所有的战争一样,人们希望它迅速结束并带来荣耀。"年轻人都欢欣鼓舞/听到桑姆特炮火的轰鸣,/他们心想国家曾多么乏味/在以前的日子里。"[22]战争很快开始了,但是却步入歧途。这场战争成为了史无前例的大型屠杀竞赛。战争不仅夺走白人的生命,黑人也在战争中牺牲。在1862年年底前加入联邦军隔离部队中的白人和黑人的数目,到战争结束时只有20万。一个由奴隶组成的志愿团的白人指挥官说,"从克伦威尔时代以来,从没有哪场战争像这次一样,宗教因素在士兵中占据如此重要的地位。"[23]但很快白人和黑人士兵都成为炮灰,他们显然也早知会有这样的命运。战争的进行方式似乎日益印证这一原则,正如历史学家威廉姆·麦克菲利(William McFeely)所说,"只有确保我方有更多送死的士兵,才能取得对顽强抵抗的另一方的完全胜利",这场战争成为一场持久的消耗战。无论政客和将军在他们的演讲中如何描述这场战争(大多数时候他们都在炫耀和吹捧),这看起来更像是诅咒而不是军事竞赛,随着战争的进行,我们愈发难以窥见"黑暗中的上帝之手"——这些过时的语言拿来表述新规模的机械屠杀似乎依然合适。在前线,信仰无时无刻不在接受考验——在铁甲中,在步枪的不断扫射中,在渐弱的火墙间,士兵们被迫冒死前行,冲在前方的战友们血肉横飞,尸体的碎片溅在他们的脸上。

在这人间地狱中,信仰的意愿必然动摇。而实际情况也正是如此。尽管新的赞美诗和布道词大量涌现,祷告和鼓声也依然伴随着应征入伍的号召,很多人却发现旧有的宗教信仰不合时宜。南方人首先发现过去的宣传口号如今不再适用,他们中的很多人早先就预测到战争的失败,而他们的民众在彼得斯堡和维克斯堡等地遭围攻时内心经受了极度恐惧。南方人投入战争的原因更多是出于禁欲主义者的责任而并非末世论的热情;一部分人认为,和北方佬的战争是在义务延续保王党派和狂热的清教徒(他们从未被完全清除)之间未完结的斗争。与此同时,北方世俗的知识分子也已经明白十字军的旧提法失去了效用,因此他们犹豫是否要加入溃败的一方。年轻的威廉姆·迪安·豪厄尔斯(William Dean Howells)在对军人的描写中写道,"可怜的人!我同情他们,但是因为我在写一篇爱国主义的文章,我试图找到他们所从事的事业的意义,却一无所得。"[25]

在派出了自己的祈祷军队的南方,持怀疑态度的贵族阶层"清点了[太多]教堂里的将军,提议少点虔诚礼拜,多点军事训练更合时宜",然而在北方,随着死亡人数的上升,连林肯最亲密的顾问也承认"这种大量屠杀……让我们既心寒又厌恶"。[26]彼时,梅尔维尔年岁已高,因此也无需就是否参军进行良心的拷问,他想象着登上纽约市某高处,一览街道上反征军暴乱所发出的"无神论的吼叫"和伴随的战火硝烟。此时是1863年的夏天,距《解放奴隶宣言》发表并明确了战争的目的已有六个月之久,但是联邦胜利的前景依然十分黯淡:

> 城市被老鼠占领——船上来的老鼠
> 码头上的老鼠。所有市民的咒语
> 和教士的符咒刚将心聚齐在威慑中——
> 它们因为恐惧而紧密相连,受制于比自我统治
> 更好的统治;这些都将如梦一样消散
> 人类千万年后弹回本初。[27]

老鼠的"红色纵火案"正是一个穷人对"黑人战争"的抗议(这些暴动者主要是爱尔兰移民),这也意味着尽管美国社会各阶层处于不断流动变化之中,整个社会依然动荡不安。在对劳力的需求超越了种族混合所带来的恐惧前,北方的各地政府已给联邦的征兵人员下达指令,要他们告诉"黑人远离……这场白人的战争"[28];这种虚夸的措词引起了公愤,人们抱怨白人被送上前线为黑人送命。林肯在很长一段时间内反对解放黑奴的原因之一,正是因为他深知这将引发激烈的种族抵制。

林肯是正确的。这场战争的崇高目的淹没在蔓延的仇恨中。被煽动的暴徒们在街上跟踪、暴打黑人致死,小孩和成人无一例外。一个纽约人说,"商店被洗劫一空,一个黑人被吊死在卡迈恩大街,不为别的原因,只因他是黑人。"[29]

时至今日,当我们通过书籍、电影或者参观曾经的战场,来见证人们对这场可怕战争的坚持时,我们诧异不已。近期让我们重温了这种诧异的是1990年秋季,一部电视剧吸引了近两千万观众的注意力。剧中的叙述者声调呆板,音乐也乏善可陈,电视剧采用了一种刻意平静的讲述方式,类似于讲述斯通亨奇的德卢伊教团员(Druids)或者某种消失信仰的遗迹的这类纪录片。随着故事的推进,剧中展现了越来越多的死者形象:成堆的残肢断体,在安德森维尔的骨架,在弗雷德里克斯堡被雨水冲刷过后露出地面的头骨。这些战争的视觉证据依然残留在我们的大地上,成为了一个巨大的死亡象征,我们被迫正视这个问题:为什么这些人愿意去送死?面对这个问题,考虑到当时诸多的反对声音,我们不禁要问,"有多愿意呢?"惠特曼曾写道,"对于所有志愿参军的人而言,死亡的矛头直指战争的根本目的","在人类新世界的深渊里,联邦意识的原始的硬土层已然形成并且得到巩固……它随时都能……像地震一样爆发……[形成]全方位的、自愿的、武装的动乱",[30]难道他是对的?

当我们带着怀疑的态度研究逃兵的比例和各种反征兵的暴动时,我们发现有富人花钱找人替他们送死。而年轻人在战争前的幻想,不过是关于骑士精神和马术荣耀的有害无益的童话。我们将士兵描绘成上当受骗的单纯的人,他们被可笑地说服,为了毫无价值的职责而放弃生命。在夏洛伊战役、安提塔姆战役和钱瑟勒斯维尔战役之后,这些借口似乎变得毫无意义,但是这些问题依然存在。为什么这些将军能够在宣称挚爱这些勇敢的孩子的同时,又命令他们参与到这场大屠杀中去呢?而他们为什么要去呢?这些问题之所以值得思考,正是

因为它们确认了我们对自我的部分理解,即在信仰的领域里,我们已经穷困潦倒。自从梭罗敲响康科德的钟声以来,美国人没有看到,也无法想象任何能与独立战争规模相比的军事行动。

南北内战是一个巨大的分水岭,它在信仰的文化和怀疑的文化之间作了划分。战争初始双方都经历了集体信仰的复活,而战争的结束却像垂死病人的最后挣扎。在盖茨堡,三天的时间里双方死伤人数超过五万人;在安提塔姆,一天内的死伤人数是两万五千人;在冷港,形势更加疯狂,八分钟内死伤一万两千人。死亡狼吞虎咽,它在嘲笑信仰。如果信仰的必要性曾和恐惧片刻同行,那是因为,正如历史学家查尔斯·罗伊斯特(Charles Royster)写道,"一个民族希望通过战争来完成救赎,却不能通过预估一场或一系列战争的可能后果来限制战争。他们代表国家;他们发动了战争;他们却无法阻止。"[31]内战也许是美国最伟大的宗教复兴,但它也是我们精神上的自杀。尽管成千上万的士兵走向了死亡,他们一定曾想过,在这片灰烬上是否会诞生一个无信仰的国家。

战前,美国人相信上帝的庇佑。战后,他们只相信运气。这种精神上的倒塌解释了为何理查德·霍夫施塔特(Richard Hofstadter)在近五十年前尖刻地写道,"从精神层面来讲,林肯的生活几乎完全没有达到过高潮。"霍夫施塔特的这一评价写于二战后,也许正因为他意识到"现代战争的胜利中都孕育着失败",他选择用一个近似性暗喻来描述林肯的精神状态,这是十分巧妙的。林肯的不祥预感不仅困扰他自己,也很快让整个国家陷入类似于交欢后的平淡和精疲力竭,甚至有一种慌乱的疑虑,怀疑先前的努力和兴奋究竟有何意义。[32]

[四]

事实证明,未来美国人的代表不是林肯,而是西点军校一个对于战术缺乏兴趣的学生——他父亲认为他除了当兵以外不可能有所作为,所以送他到西点军校学习。他当过农夫,却"连土豆都不会种"[33];他也曾是小镇上的一名皮具商人,却不会为兜售商品赔笑脸。尤利西斯·格兰特(Ulysses S. Grant)欣然发现了自己在杀戮的战争中需要的才能和意志力。正因为此,最近以来,他被认为是从大屠杀中涌现的——并准备担当统领的——现代美国人的代表:

很多能说会道的美国人只会用陈词滥调来暗示心里的想法。他们轻蔑地讨论异于本国的风土人情;他们拿性来开玩笑,并且一本正经地将赚钱的方法理论化;当他们这样做的时候,他们对自己想要表达之事并无兴趣。毫无新意、礼节性的寒暄使得他们的交谈能够持续。有时谈话终止……然后这个人就说不下去了。喋喋不休是他对抗空虚的屏障,现在却没有了。这剩下的空虚令人可怕。格兰特知道这种沉默,他要寻找的是另一种。他想要一种出于自信和掌控的沉默,一个他可以听别人废话连篇而自己不需要加入的时刻。这不是一个对世界万念俱灰的人的沉默,而是积极介入这个世界的沉默。当尤利西斯·格兰特出现在布雷迪(Brady)的照片里时,他表现出来的正是这样一种沉默。照片拍摄于威尔德内斯战役期间,他坐在从教堂里拖到阳光下的板凳上,在那里,其他人忙于交谈,他则沉默不语,泰然自若。[34]

这段文字很有说服力。历史学家认为格兰特制造了现代战争中的"大灭绝",而玛丽·托德·林肯(Mary Todd Lincoln)谴责他为"屠夫",格兰特是我们在20世纪各种虚构或纪实文本中遇到的冷酷无情的杀手的前身。他简直就像从《冷血》(In Cold Blood)中或者《行刑者之歌》(The Executioner's Song)中直接走出来的人物,或者是吉姆·汤姆森(Jim Thompson)的神秘谋杀故事中的无情凶手,作案冷静、老练。一个人若心中没有信仰,也不相信任何超我的存在,他便能在现代战争的机械世界里感到舒适自在,因为他在那里找到了一种令人宽慰的匿名性。他擅长把人想象成能够服从命令行动的躯体。但是他并没有仔细思考过现代生活的苦恼(他的回忆录中成功地缺失了一种自我意识);他只是交出灵魂,向生活妥协,并且因为找到自己的功用而心存感激。他是出现在美国公众视眼中的第一个"组织人",而这种个性成为日后许多社会学家的讨论议题。他拥有"庄严的冷静和行动中游离事外、静观其变的能力,发号指令时波澜不惊",[35]他似乎完全无视他的行为将对人类造成的后果。如果打个比方说他已经经历了太长的妊娠期,那么南北内战促使了他的分娩。

正是这样的现代怪物在阿波马托科斯(Appomattox)以简洁的礼仪接受了李将军的投降。但不久以后,大家便普遍感到这场战争并没有胜利者,双方都被打败了,而且一个新的美国正从这场屠杀中诞生,这个新美国糅合了格兰特似的胆小和残酷这一奇怪的性格组合。亨利·詹姆斯(Henry James)认为,"这次大动乱的沉积便是在全民意识中……注入了对世界的新认识,世界远比看起来要复杂,未来更加变化无常,而成功越发困难。"南北内战是最后一波无回报的狂热,它让整个国家精疲力竭,从此不愿再冒险;如詹姆斯所说,南北内战创造了一种"未来的"新的美国个性——不是内战前得意洋洋爱表现的人,也不是"忠诚的人",而是一个"观察者"——其中冷漠无情必不可少。[36]我们不清楚战争和善恶到底有什么关系,或者说这些概念在战后的世界有什么意义。

詹姆斯意识到,这种退隐到偷窥(这成为战后小说的首要主题)的行为表达了人在制度自主性前的一种无助。战后生活依然以军队英雄为荣。交通现在由时钟来调控,因为铁路的日程需要,曾经取决于太阳变化的地方时差如今改由规定的时区来决定。19世纪70年代,短语"准时"第一次被使用。[37]这时工人阶层的雇员和老板的关系就好像步兵和将军的关系。"投资者和董事之间越来越没有人情味,缺乏直接交流,法定细则界定了他们的关系";在家庭这一女性世界里,"家庭劳动变成主要由预算和购物而非生产所构成。"[38]工业体系的恩惠是否赐予某人,并不由具体的人来负责,而好像是某个看不见的总部[索尔斯坦·维布伦(Thorstein Veblen)后来称其为一个"机器过程",因为它"并不探究这个过程中的善恶问题"[39]]在操作分配份额。一切看起来似乎都在自行运转。

在这种新情况下,我们在日常生活中可能会排队来购买某种商品,而同时对于这些商品背后的人力(谁生产了这件产品?谁让它进入交换市场?)一无所知。在这种新的"百货商店里……销售商制定价格,他们通过售货员和购买者发生联系,而售货员对买卖的条约并无决定权。"[40]路灯照亮了人来人往的街道，可我们再也看不到打着火把的灯工了。

当作家们试图接受这样一个没有人情味的世界时，个人——特别是年轻人——的无能成为他们文字世界的基调。在凯特·肖邦(Kate Chopin)的著名小说《觉醒》(The Awakening)(1899)中，"语调高亢"、"既严肃又风趣的"年轻人整天无所事事，坐在已婚妇女的脚边，因为她们的打趣咯咯傻笑；在萨拉·奥恩·朱厄特(Sarah Orne Jewett)的地域小说[《尖尖的桦树之乡》(The Country of the Pointed Firs)(1896)]中，老男人们要么逐渐衰老，要么还是老男孩，浑身散发着"某种置身度外、年少无知的沉默"。在亨利·詹姆斯的小说中，处处可见对这种倒退现象的评论：《贵夫人的画像》(The Portrait of a Lady)(1881)中年长的图什特(Touchett)先生说，"现在的年轻人和我们那时候很不一样⋯⋯我年轻的时候，当我关心一个女孩时，我总想为她做点什么，而不只是看着她。"记者们表示同意，其中一人注意到，即使是"有才华的"年轻人，走起路来亦"俯身低首，乃风气使然"。[41]

随着国内外廉价劳动力的新供给，(在清除了最后一部分印第安人的反抗后)加速发展的西部开发，连同战争带来的新技术发明，美国跌跌撞撞地度过了一系列严重的经济衰退(1873，1884，1893)，这些危机在一夜之间改变了每个人的命运。无人幸免。由于动乱来临时没有控制措施；个人只能熬过难关。推动经济迅速发展的动力似乎已经完全脱离了人为意愿。从如今教科书上的图表来看，经济发展的速度之快让人印象深刻，但对于许多过来人而言，那种体验就是一种消亡的过程。亨利·亚当斯(Henry Adams)以精练的语言描述了这一状况："灰堆的体积不断增大。"[42]

在这种情况下，个人可以通过自律和奋斗致富的理念——这一观念只在少数引人注目的公众人物[例如卡耐基(Carnegie)以及后来的爱迪生(Edison)和赫斯特(Hearst)]身上得到过印证——似乎成为了无耻的富人向穷人兜售的谎言。对于越来越多的美国人来说，试图通过像自力更生和个人努力这些传统美德来改善生活就好比向太阳扔雪球。工人们像战时一样紧密团结，联合成保卫性的组织，因为工业大地已经成为埋葬美国理想的坟场。人们开始用一组全新的词汇来指代一种新形式的叛国罪：阶级背叛。例如，"scrab"一词因为原指性病引起的皮肤病变，所以曾是妓女的同义词，现在它被用来指代那些在罢工期间接替工作的无耻之徒；工友们将自愿在高温熔炉边加班的钢铁工人称为"猪"、"走狗"、"工贼"、"老板的宠物"或者"抢东西的吉姆"，以此嘲讽他对工友的安全及谈判能力的漠视态度。[43]在一个美德和财富看似毫无关联的世界里，这些词语代表了在这个世界里维持善恶观念的种种尝试。

这是一个充满雇佣关系的世界。雇佣关系本身极度缺乏保障性，千千万万的人一辈子都在寻找、试图抓住雇佣的机遇，并且十分珍惜这个机遇，即便他们深知雇佣关系的剥削性。从这个意义上来讲，整个美国已经发生了改变。早在1877年，当联邦军队从南方撤兵，战后重建工作立刻取消时，大规模的经济萧条使国民经济萎缩了三分之一，一些城市的失业率超过了百分之三十。军队和工人之间的残杀暴乱席卷了整个国家。国家似乎陷入内战后一种无神状况的续篇中——在这些"绅士"阶层的视野外，斗争——在矿场、工厂和钢铁厂里，沿着码头和火车铁轨；在工人和老板之间；在工人内部——无所不在。

在1867年出版的一部关于美国内战的小说中，我们发现下面这段令人印象深刻的段落。

在这段选文中,宗教劝诫和道德热情被寄托在一篇布道文中,而这篇布道文刊登在一个死人手中的报纸上,并且和他的死亡毫不相干:

> 我刚吃完早餐,正躺着抽烟。一颗子弹呼啸而过,它飞得如此之低,我的注意力一下子就被吸引过去,随着一声巨响,它射入离我20英尺左右的树干中。在我和树之间,一个士兵正躺在地上,双手举着报纸读报,他的军大衣被卷起来放在头下作枕头。回想起来,子弹穿过时,他大吃一惊,惹得我发笑。他的一些战友立刻放下手中的牌,循声寻找子弹。那个读报的人身体却依旧一动不动,眼睛紧盯着报纸。这让我觉得很奇怪,因为四周已乱成一团。很快,我发现他的脖子上有几滴血,他的脸惨白。他的战友已重新投入牌局,我冲着他们大叫道,"看,那个看报的人。"他们走过去,和他说话,触摸他,却发现他已经死了。子弹打中了他的下巴下面,穿过喉咙,并且切断了联结大脑的脊椎骨,血从这个可怕的枪洞中涌出,将他的军大衣完全浸湿了。原来那声爆裂声是他的头而不是树被击中的声音。他躺在那里,手里还举着纽约《独立者》报,眼睛停留的地方是亨利·瓦德·比彻(Henry Ward Beecher)的布道词。这真是一幕令人印象深刻的情景。[44]

不同的作家在写作时,总免不了会无意识地陷入一种类似路人视角的单调描述,但是在这段文字之前,没有人真正尝试去创作这样一组毫无感情的语句。这段话是爱德蒙·威尔逊(Edmund Wilson)称为"精练了美国散文风格"的经典例子。这段散文没有任何情感起伏;它也并不希冀模仿爱默生或梭罗的风格,通过一系列相关联的意象来仿拟自然,创作出像诗节一样的段落。然而,随着战争丧失的远远不止是一种文学形式。我们永远失去的还有爱默生的观点,"每一个自然的过程都是道德训句的体现","所有的人和物、行为和事件都是上帝在某一瞬间的永恒中创作的宏伟画篇。"[45]

那么,还有什么留了下来?当圣战最后变成了毫无意义的屠杀,当虔诚成了一种怀旧形式后,人们还能信仰什么呢?

[五]

留给我们的是一个赤裸的事实,即世界由机遇统领。机会和运气成为解释生活的主要原因和迫切之物,这大概就是现代美国历史的中心故事。这个故事虽然运作在每个西方国家,但在美国却突然加速,刚好在内战中的死者被清理完之后。

基督教道德的基石是全知的上帝公平地统治这个世界,如今这种信念已然崩塌,机会代替上帝成为了未知和原因。在美国的殖民时期和早期共和国制时期,这个概念基本上不为人所知,提到它就是对上帝的亵渎。我们能够在许多流传一时的故事中找到这样的例子。例如在1800年首次出版,整个19世纪不断再版的关于乔治·华盛顿(George Washington)生平的书中:乔治的父亲为了试探儿子对上帝的虔诚,让园丁在播撒种子的时候,特意沿着某种样式,这样一来,当花朵绽放时便会出现儿子名字的拼写。当种子发芽的时候,年轻的乔治跑到父亲跟前告诉他这个奇迹,父亲故意试图将这归于运气。男孩回答道,"哦,爸爸,你不能说这是运气",父亲非常满意这个答案,并接着将对话引向了关于上帝这个设计师的宗教训诫。[46]

这个训诫经过19世纪被彻底修改,"运气无可置疑的存在"(借用一个学者的定义)成为了这个时代的标志。早在19世纪20年代,当运气的概念首次潜入布道语言中时,在公共话语中运气和天意之间的界线已经打破。在1830年,爱默生还只是一个任命牧师的时候,他曾说过,"许多好事情都是由好运气发现或实现的",但他很快就更正:"我该说应该是出于上帝的仁慈。"这个小小的自我修正也许能够解释为什么他很快就离开了教堂。当关于运气这种不敬的想法一不留神出现在其措辞中时,爱默生发现自己没有否认它而只是在评论它,他明白这标志着他的信仰出现了滑坡。两年后,纽约霍乱流行,公众针对这场灾难的含义进行了大规模的讨论,信教徒的话语中透出哀伤之情:一个纽约人说,"无神论者可能会否认,但是我们中间的真智慧——智力和虔诚——将会承认上帝的旨意;我们中的绝大多数人都将承认。他们感到上帝正在责罚我们。"[47]

南北内战以无法估量的速度加快了天意这一信念的丧失。即便在战前,传统的宗教叙事也已经开始四分五裂。战后,情况变得十分明朗,我们需要用一种新的故事来讲述人类的生活,而这种新故事和上帝的监督无关。它们将是关于纯粹运气的故事。运气便是这种冷漠力量的名字,拒绝解释比如:为什么一个士兵带着断腿回家,而另一个士兵则完好无损。要坚持告诉残疾的男孩或者寡妇这些子弹的飞行方向都事出有因,将会是个残酷的嘲笑;这就好比向混乱的工业化进程的受害者宣扬对上帝的顺从和虔诚一样。战争将世界变成一个充满偶然性的剧院,在这个剧场里孰生孰死都被随机安排。

炮火下的士兵成为了星相学专家,他们从星星中读取关于未来的暗示,他们身上带着咒文和护身符,什么事情都靠打赌来决定——不只是打牌、玩骰子和摔跤比赛,甚至军队出兵的日期和时间,即将开战的第一声枪响的可能时刻,虱子赛跑——他们把虱子从头上择出来,每两只为一组来赛跑,脏兮兮的盘子就是赛道。一个联邦士兵因为子弹射到他塞在胸前口袋的扑克牌而保命,而他的同伴带着圣经却死了。[48]联盟军用印有酷似杰斐逊·戴维斯头像的纸牌来赌博,因为不间断地玩扑克游戏(二十一点,尤卡牌戏,基诺和菲罗),不断洗牌、打牌,纸牌都破损不堪。弗雷德里克斯堡附近的一个叫"魔鬼的半亩地"的赌博窝点生意红火,如同医院和战地指挥所一样忙碌。

赌博是一种慰藉,一种需要,一种神秘的仪式。对于许多人来说,面对这样一种情形——前一刻一个人还将大衣卷起来作枕头,片刻工夫,一声毫无目的的枪响后,大衣成了海绵,不停地吸收他无法止住的鲜血,似乎运气才是最合适的解释。掷骰子和洗牌似乎是极度无序随意的生活的微像。在关于战争的回忆录中,这种疑惑无处不在,人们无法理解为什么有的人活下来而有的人死去;一个来自印第安纳州的中士在1862年告知他的妻子,一颗炮弹摧毁了他们的食堂,他的四位同志被击中,而他只是被弹片擦伤。他认为这是神的庇护,于是重新使用了古老的语言,希望"上帝能带我平安回家"。但是这种带有恳求目的的虔诚并未能持久。两年后,他又一次被击中,这一次是在威尔德内斯战役(格兰特指挥了这场战役),他被"铅灰色冰雹"的百万发子弹中的一粒击中;这一次他写道,"只要有半英寸之差",自己便会死去。他的皮带搭扣救了他一命。在回顾命运时,他一改先前的说法,写道,"我非常幸运,我希望我能一直都如此幸运,从战争中全身而退。"[49]

这个普通士兵日常话语中的一个微小转变,只是关于南北内战宏伟的、引人入胜的叙事中的一个微不足道的细节,但是我们却能管中窥豹,从中看到了一个文化的某一历史时刻,"随意,含义模糊但却象征了新的文化发源"。[50]许多像这个印第安纳州士兵一样的战争幸存者,虽充满了自信,却不再相信上帝。运气代替天意成为万事的标准解释,这一过程不易觉察但也是逐步形成的。我们当然不可能在死人中做民意调查,但是我们可以通过日常话语在使用过程中的变体来追寻这些变化。例如"coincidence"一词,原来只是隐射同时性,但是逐渐用来指代一种怪异的同时发生的状态,其对称性带着一丝对观察者的嘲讽。再如"accident"一词,原来有几层相互关联的意义(一处地形的不规则形态,一件手工艺品的次要的特点),但现在的意思是指一件破坏性事件,一个难以解释的突变。

"art"一词的词根意思是"技能",它原本暗指对一门手艺所有细节的掌握。然而,比如,现在新的摄影"艺术"涉及许多无法控制的偶然性——自然光线和人工光线不断变化着的混合度,曝光的强度,移动物体和图像取景之间无法预测的并置——因此,成品代表了"一系列幸运(或者不幸运)的机械性偶发事件"。[51]同样,以"sport"一词为例,保罗·劳伦斯·邓巴(Paul Laurence Dunbar)挪用了格洛斯特(Gloucester)在《李尔王》(*King Lear*)中著名的感叹:"我们对于神,正如同苍蝇对于淘气的男孩;/他们以杀死我们来消遣取乐",他在1902年出版的题为《神的游戏》(*The Sport of the Gods*)的小说中,讲述了关于从农村到城市的黑人移民的故事(和同时代的许多文学一样,这部作品表达了对于黑人解放遗留问题的幻灭)。几年后,德国社会哲学家马克斯·韦伯(Max Weber)这样来描写美国:"对财富的追求已经脱离了其宗教和伦理意义",它变成了"一种游戏"。1896年,马克·吐温(Mark Twain)心爱的女儿患脑膜炎去世,他在给朋友威廉姆·迪安·豪厄尔斯(William Dean Howells)(他的女儿也刚刚死于一种医生无法确诊的疾病)的信中写道,"我认定这是预先设定的陷阱。在一场令人痛苦的游戏中,苏西和维尼被赐予我们,然后又被夺走。"[52]在这些词语语义的迅速变形中,我们看到天意这一概念逐渐退出舞台,渐行渐远,逐渐模糊,就像被截肢者的幻肢感。

精神病学家罗伯特·杰伊·利夫顿(Robert Jay Lifton)下面的这句话,是对广岛核爆炸而非内战中的某场战役的评论(在广岛核爆炸中,一些人能幸免于难,或许仅仅因为他们刚刚去煮了第二杯茶,或者在爆炸的那一刻为了准备洗澡刚好转身,这些茫然的幸存者在死者中徘徊,并不清楚发生了什么):"无论他怎么理解好运气或者坏运气,无论他认定的美德或者内心的邪恶是什么,幸存者对于幸存的偶然性的关注,体现了他们一种深切的感觉,即他们因为某种神秘的命运而得救,他必须不断惶恐不安地取悦和审视它——因为正是这同样的强大力量夺走了其他人的生命。"[53]在安提塔姆、弗雷德里克斯堡和威尔德内斯,士兵们已经看到了未来会发生的事情。

对于今天大多数的美国人来说，认为历史和自然被一种有意识的目的所推动的观点似乎有些不可理喻；但是在19世纪晚期这种观念尚未被完全抛弃——或者说，至少在当时人们还是能够感觉到它的影响力。达尔文关于自然"没有目的"的说法依然还是新闻。直至最近，在科学领域，"世界和其组成部分都是被预先设计的"这一假设才被推翻，与此同时，目的论的语言被认为是"一种退化的语言方式"[54]（借用一个现代科学哲学家的说法）而被废除。这种语言净化行为是除去在被上帝遗弃的世界里神的意志的最后痕迹的一种方式。甚至在科学术语中，一些残余的预言性因素也被彻底根除，语言被重新拉回描述的有限功能中。

诗人们（下面这首诗的作者是爱德华·阿灵顿·罗宾逊(Edward Arlington Robinson)）发现"星辰无处可寻"：

在被遮蔽的天国的任何角落
甚至……在空中也无法听见
任何生物的低语，除了一个遥远的声音
听起来就好像一个酒吧里发出的
迷失的、庄严的音乐。[55]

新世纪的散文作家也表达了同样的感觉，那就是他们正在曾自以为熟知的大地上进行着毫无指引的摸索。在这些题为《开放船》("The Open Boat")(1898)、《荒芜》(*Waste*)(1924)、《贫瘠的大地》(*Barren Ground*)(1925)、《无名的命运》(*Obscure Destinies*)(1932)的作品里，[56]年轻的作家们将海洋、平原和灌木丛林所传达的千奇百变的虚无变成了一个通用的象征符号。一个年事已高、彬彬有礼的东部人亨利·亚当斯(Henry Adams)最贴切地描写了这种情绪：

人类思想如何能……突然不可思议地出现，好像源自某种未知且无法想象的虚空；它已知的一半生活存在于精神混乱的睡梦中；而即便是醒着，思想也受制于它的自我失调、疾病、老化、外部的影响、自然的强制；这令人不得不怀疑它的感觉，因此，最后只有孤注一掷，相信工具和均值——在经过人生六十年或者七十年与日俱增的惊诧后……醒来时发现，思想本身正空洞地望向死亡的虚空。[57]

"虚空"一词在这一段话中反复出现，现在的我们可能对此早已习以为常——我们在伍迪·艾伦(Woody Allen)的电影中某个喋喋不休、神经兮兮的人物身上都能找到类似的东西——但在亚当斯那个年代，这个词并不光彩。

对今天的我们来说，这已是司空见惯。如果说我们还保留着关于天意的观点，那么它已被埋藏在类似"再见"（这是古老告别语"愿上帝与你同在"的缩语）这种用语中，我们在使用时并不知晓这些用语的由来。但对于一百多年前的美国人来说，天意的丧失还是一个新创伤。内战前，天意是对一个人命运的最终解释。迟至1857年，南卡罗来纳国会议员普雷斯顿·布鲁克斯(Preston Brooks)逝世，由于他在生前几个月前曾在参议院用拐杖攻击查尔斯·萨姆纳(Charles Sumner)，所以他的死亡仍被看作是"上天的惩罚"。[58]林肯的前任总统詹姆斯·布坎南(James Buchanan)在19世纪50年代还在大谈"天意的监督"，[59]而对天意的信仰是林肯的信条核心。但当人们将战争中牺牲的六十万士兵埋葬在战场的坑里，或因为尸体损毁无法辨认而埋在无名墓穴之后，美国人在这种语言前动摇了，用天意来解释这一切变得在"道德上让人无法接受"。[60]这是进入现代性的一个关键的转折点——在这一时刻，再将社会痛苦归结于捉摸不定的上帝不仅肤浅而且令人生厌。另外，正如亨利·亚当斯所指出的，"依据科学自身的定义"，科学"必须排除积极介入个人生活的天意这一观念"，[61]尽管我们越来越无法用理智来解释新的现代规模的死亡——而用天意来解释某人的幸存成为了对死者的侮辱。

游戏，机遇，幸运，运气——这些都是这个时代的代名词。在某些语境中，它们是可怕的词语，是事实上的淫秽词语。19世纪60、70年代，上百万读者从霍雷肖·阿尔及尔(Horatio Alger)的小说世界中了解到，一个穷孩子可以通过抓住"主要机遇"来提升自己，但读者们知道在真实世界中，机会只是一种调戏和戏弄，机遇可以挑逗一个孩子，也可能一纵即逝。读者们清楚地知道机会面前众人皆平等，而它的效用之一就是嘲笑父辈们对于积德和回报之间的因果关系的信仰。美国历史上第一次在城市人口中出现了众多单身女性，她们更容易加入俗称的"性爱游戏"：一个女人"在咖啡桌边……也许偶然她"遇到一个男性，"然后通过默许或者约定"，她接下来的生活将由"偶然的"怀孕或者未怀孕的幸运所决定。[62]

对于相对稳定和逐步增多的中产阶级而言，保险公司成为现在主要的金融机构。这是因为保险公司的收益率虽然取决于从精算图表中得出的预测，但其销售吸引力却是基于人们对于运气的神秘性和不可预测性的恐惧。债务法发展迅猛。对于徘徊在码头、仓库和工厂，希望工作机会从天而降的失业人群来说，有活干和无所事事完全由运气决定。运气也主导了新闻记者的生活，因为他们的工作完全取决于这一事实，即他们"恰巧"出现在正确的时间和正确的地点——在火灾或者斗殴的现场，或者在酒店大堂里偷听到一场政治交易。

在知识分子中间，达尔文主义早已"开启……人们的心智，让人们意识到偶然的现象能带来'适合'的结果，假如时间能让所有的机缘巧合都聚拢起来"，[63]但这个过程并不能和自然具有某种可见目的的观点混淆。当西奥多·德莱塞(Theodore Dreiser)的《嘉丽妹妹》(Sister Carrie)出版的时候，他的读者(包括在1900年勉强出版了这本书的出版商)震惊于书中大胆的性描写和对个人的命运起伏与善有善报、恶有恶报相关联这一观点的无情抨击。德莱塞对巧合的着迷足以和他同时代的、比他年长的托马斯·哈代(Thomas Hardy)相比，德莱塞笔下的世界由性和偶然事件推动；不负责任的文员抓住最后一次寻欢作乐的机会，拿走了雇主的一部分钱(当时保险箱的门意外地无法关闭)和一个漂亮的女孩私奔。事实上，他本不该完全背负这个罪名。因为被他的老板追踪，他当过酒店的随从，有轨电车罢工中顶替工作的工贼，乞丐，最后当他不忠诚的女友将她平平的表演才能变成一项大事业时，他又成了自杀者。他们两人的运气并无道德含义；事情就这样发生了。

毫无疑问，意义和事实之间的区分(爱默生在1838年说道，"一件事实就是上帝的一次显灵"——这里他似乎使用了某种古老语言)正在变化。哈佛教授昌西·赖特(Chauncey Wright)在1877年声称,"在赤裸的现象事实之下,别无他物。"爱默生相信"我们倚靠在无穷的智力上";赖特相信世界只是一个偶然。[64]从美国新生代作家大量涌现的作品中,这种区分位于所有作品的中心地位,而这些作品记载了他们所认为的现代生活的核心问题:在无常中寻找意义。尽管这些坚毅的现实主义作家——从弗兰克·诺里斯(Frank Norris)到约翰·斯坦贝克(John Steinbeck)——依然相信旧世界的固有意义,他们的作品还是扎根于*说教故事*、*警世剧*和*寓言*的叙事传统。他们称自己为*自然主义作家*,以此来表明他们并不相信*超自然*,但他们也读了大量中世纪的罗曼史。他们的小说往往开始于诱惑,但是接着发展成关于微小的偶然事件带来悲惨后果的故事。在安布罗斯·比尔斯(Ambrose Bierce)的《知更鸟》("The Mocking-Bird")(1891)中,一天夜晚,一个联邦哨兵在听到树林里的窸窣声后,朝着树林乱射一通,却在第二天早上发现了自己兄弟的尸体。在伊迪斯·沃顿(Edith Wharton)的《伊坦·弗洛美》(*Ethan Frome*)(1911)中,原本为了杀死骑雪橇的人而有意为之的猛烈冲撞,却阴差阳错地让他们残废了。这样喜剧性的琐事曾经被称为"伤亡",但是现在它们却变形并遭到毁灭,而且在这一过程中没有给予任何明显的教训。

现代生活经历中充满了运气。随着社会交易日益趋于粗略化和非个人化(擦一次皮鞋,连锁店的一次售卖,一次运货),城市人经常听到那些关于街道上或者工厂里的"不幸事故"的消息,或者听到发生在廉租房和血汗工厂的火灾中,只有那些碰巧靠近大门的人才得以逃脱,运气似乎并不只是生活中始终存在的一个因素,而是无所不在且极其活跃。美国人开始扪心自问这样一个现代问题:用一个哲学家的话来说,"如果在下一次抽签后,我们无从得知接下来的生活(如果还有的话)会如何变化,为什么还要关心生活的计划呢?"[65]

在豪厄尔斯的小说《新财富的危害》(*A Hazard of New Fortunes*)(1890)(这个书名很贴切)中,我们读到他关于这座城市的一段著名的描述。这段文字记录了当一个人刚刚从波士顿搬到"无计划"的未来城市纽约的时候,他在这个充满机遇的新世界体验到的恐慌和兴奋[改革家亨利·德马雷斯特·劳埃德(Henry Demarest Lloyd)称其为"生活中无法避免的坏运气"[66]:

> 这里有某些符号,某些表象,某些大肆存在的普遍丑陋,其中运用的大胆的线条和颜色给他带来的视觉冲击,总能把他逗乐。铁轨傲慢地穿过一个老剧院的科林斯式的前端,仿佛划下一道清除线,它几乎掠过刻有凹槽纹的柱子,似在嘲笑受到亵渎的三角墙——这些都让他饶有兴致。简易博物馆里的肥胖妇女的巨大雕像和留有一撮撮头发的切尔克斯女孩;破旧的十字街头的街景;随处可见的露出屋脊的残留的老房子;在回顾或展望中带有夸张的瑞士村舍装饰风格的火车站;根据道路宽度设计的多种多样的路线,时而聚合时而分开,但总无视居住其上的人们的生活,不管房子被买或被卖,人们高兴或者悲伤,碰得叮当响或者缓慢行进,它环绕着,忽下,忽上——这些都是这幅疯狂全景图的特征,而这些特征总能触动他,让他觉得又好笑又可怜。偶然事件和由此引发的紧急情况似乎是这种奇特效果的推动力;

这些能量自由随意的运动就好比那股让森林从地面直耸入天的力量……这一刻在他看来,所有的这一切都毫无约束,缺乏信仰的指引;理性的关照一切的目的的缺失所带来的巨大无序,以及为了让由此而来的结果屈从于更大的利益而进行的激烈斗争,这些都似无声的诉求,穿透一个人的意识,将其唤醒;在此之前,他总是过于自闭,看不到个人的自私行为必定导致的极度混乱状态。[67]

美国人现在被迫承认性格品质和社会地位之间显然的不一致——无情的强盗资本家位居社会上层,可怜的流浪者处于社会底层。运气似乎并不尊重美德;只有那些顽固的虔诚教徒会故意忽视关于运气的种种说法,并且继续在指责一部分人的不幸的同时赞美其他人的幸运。"胜利者"和"失败者"这两个术语——似乎生活本身就是场游戏——成为了对一个人人生的定位。

对运气日益广泛的承认,向林肯所谓的美国"政治宗教"提出了许多新问题,这种"政治宗教"认为每一个人——黑人和白人——都有权利从劳动中获利并将其变为资本。然而,只有在一个谨慎和勤奋能得到回报的世界里,在一个建立在理智和正义之上的世界里,这样一种宗教才能蓬勃发展。而现在,赞扬商人的德行和谴责赌徒的罪恶成为了某种心理训练(如果不算扭曲的话)。曾经遮遮掩掩的问题现在公之于众:赌博和投机之间有什么不同?"将钱投注在幸运轮盘上"和"认购一份保险"或者"购买一家公司的股份",这两者之间的道德区别是什么?[68]当然,这些问题都有一个传统答案:幸运轮盘的转动具有随机性,所以靠运气获胜是罪恶的;商业上的"财富"是挣来的,因此是合理的。

但这样轻率的答案需要一群温顺的听众,而这样的听众人群正在显著地缩小,这给曾经自信满满的财富的受益者敲响了警钟。保守派担心美国人会将他们经历中的好事情和坏事情看作是没有道德意义的,而他们的担心并非空穴来风。在寻找指责对象时,一些人甚至把矛头指向了语言本身:"我们没有流行的语言,"19世纪90年代一位道德家写道(他特别反对"发生"一词),用来"表达事件出现的同时排除这种出现的偶然性"。[69]尽管教科书上的数据表明,美国人的人均收入大幅度增长,每周工作时间减少,死亡率和出生率下降,但这些数据并未给那些实际生活在赌场资本主义新时代的人们带来安慰。到了1900年,对工人工作环境的管理才开始被纳入政府的一项合法功能,而工会运动还是在争取获得承认,部分原因是工会的集体主义道德规范和美国的个人主义传统强烈抵触。如果说通过勤奋工作来实现自我提升的教条,曾因为它的道德代价而在美国受到抵制,现在它却因为完全不同的原因而陷入众人的怀疑中。对于并不受机遇眷顾的千百万人而言,"机会"理论根本不奏效,而商界、教育界和宗教界领导人关于勤奋的劝诫,听起来越来越空洞,甚至令人愤怒。

美国历史上的第一次(至少我们可以说自从独立战争以来)全面规模的社会混乱似乎真的即将发生。在南北内战前,贺瑞斯·格里利(Horace Greeley)曾说过"这就是现在的局势,一个人若拥有富尔顿的才能,参孙的力量,约伯的正直,也许会因为极度贫困横尸街头……因为没有人知道他的能力或者会选择雇佣他。"[70]到了20世纪末,格里利所说的具备这种无效美德的人成为标准。整个国家无法保证维护社会合约所要求的最低条件,即在运气划定的日趋缩小的范围内，人的行为和地位之间存在某种意义上的因果关系。这在经济大萧条的初期将会再次发生。对于一些美国人而言，世界依然是上帝的一种伟大的隐晦表达，但是对于大多数美国人来说，一个监督人类的神现已成为一个古怪的传说，而"赌博情结——用'幸运'衡量人生"，正在各地上演。[71]一位哈佛经济学家在1908年的一本神学期刊上这样写道：

> 又冷又饿是一种邪恶，被倒塌的树压倒是一种邪恶，被野兽一口吞掉或者被微生物腐化也是一种邪恶。但是对于这种类型的邪恶，除非它们在某种程度上是由他人造成，我们从来不会赋予其任何道德意义。[72]

在很长的一段时期内，在美国的每个人都是为自己而活，如今在美国，每个人都希望自己——而不是他同样心切的邻居——能够获得好运气。在这样一个国家，祈求得到上帝的恩赐而不是好运气是令人有些尴尬的事情，就好像在新教徒中间念天主教的经文。罪恶的概念已经弱化到了不重要的地位。19世纪80年代的一个评论家写道，"我们生活的这个时代已经迅速地丧失了罪恶观念。"[73]这怎么可能不发生呢？毕竟，罪恶意味着违背上帝。但是上帝已经被运气代替，而运气并不需要作出道德评价。此时的美国文化已经非常接近我们现在的文化，也就是说没有人会反驳"风暴和地震无眼"这一观点。[74]邪恶已经演化成为恶运，而"好运"成了美国的恩赐，这相当于演变出了一种新的异教。

第五章 指责的年代

罪恶的观念第一次被西方人接受，是通过一个有关逃跑和追捕的故事，从此以后，罪恶总是在人们被抓获的时候得以感知：

> 耶和华上帝呼唤亚当，对他说，你在哪里？
> 他说，我在园中听见你的声音，我就害怕，因为我赤身裸体，我便藏了起来。
> 耶和华说，谁告诉你你是赤身裸体呢？莫非你吃了我告诉你不可吃的那树上的果子么？
> 那人说，你所赐给我、与我同居的女人，她把那树上的果子给我，我就吃了。
> 耶和华上帝对女人说，你做的是什么事呢？女人说，那蛇引诱我，我就吃了。[1]

和所有的兄弟或夫妻一样，这些人类最初的罪人出自本能地相互指责；一旦被抓获，他们立刻屈从于指责对方的本能反应。当弥尔顿在17世纪重写亚当和夏娃的故事的时候，他把它推向同样的一个不了了之的结局，让一对男女陷入相互指责的恶性循环当中：

> 于是他们在对彼此的指控中度过
> 无果的时光，没有谁去谴责自己，
> 他们之间徒劳的争斗无休无止。

在这个故事的圣经版本和弥尔顿版本中，我们的始祖从上帝身边逃走时的窘态，就如同蟑螂在电灯开关被按下的一刹那逃离厨房时的样子。他们争先恐后地推卸责任——"她干的"，"他干的"，"那蛇干的"——就像干了违禁的事情被抓获时惊慌的孩子一样。(在犹太文学传统里，创世纪篇中这些争吵不休的孩子们就是波特诺伊[1]的前身，他在浴室里犯罪的时候他母亲就在外面捶门。)但要使这个故事产生任何震撼力，无论是作为福音书还是闹剧，其核心人物必须是一个法力无边的罪行发现者。

故事的格局一直延续到19世纪晚期，至此，发现者不见了踪迹。于是，伴随着尼采所称的"对基督上帝信仰的不可逆转的衰减"，出现了"人类罪恶意识的极大程度的减弱"。[2]尼采对人类道德史的解释早于弗洛伊德，后者相信，"由于害怕外部权威(上帝或父母或立法者)的侵犯而导

---

[1] 波特诺伊(Portnoy)，美国作家菲利普·罗斯(Philip Roth)的小说《波特诺伊的怨言》(*Portnoy's Complaint*)(1969)中的主角，是个性欲旺盛的犹太青年。

致的本能丧失"是道德感发展的原始阶段，并且只有在"建立了一个*内部*权威"之后才会产生我们所说的罪恶意识。但是弗洛伊德自己在1930年承认，"当今社会不得不经常性地对付那些习惯性做坏事的人；只要这些人确定掌权者对于他们的所作所为并不知情或者不会为此责备他们，他们就会乐此不疲。"他认为这些人"只是害怕被发现"。[3]弗洛伊德一贯对宗教价值持怀疑态度，且坚信人的心智可以从其内部进行自我规范，但即便是他也意识到，随着上帝的消失，罪恶观已变得难以为继。

在一个上帝不复存在的世界里，失乐园的故事成为了一个寓言——美国文学中，霍桑的《大理石牧神》(*The Marble Faun*)(1860)是对此故事所作的最后一次完整重述——"罪恶"一词脱离了其初始意义，如违反、侵犯、冒犯。到了19世纪末，"罪恶"一词已无法与其初始意义相联系，因为侵犯行为的对象——上帝——已然消失。尽管我们还能在教堂里听见这个词，但它已经成为一个聊胜于无的替代品，类似于爱默生所说的"在金库里没有金银条的情况下所使用的纸钞"。[4]

[一]

斯蒂芬·克莱恩(Stephen Crane)的小说《红色英勇勋章》(*The Red Badge of Courage*)中有一个场景，它非常准确地呈现出古老的宗教词汇被抽去其原有意义后的状态。内战期间，一个刚刚在激战中临阵脱逃的士兵惊慌失措地穿越一片丛林，来到某处，看到"那里高大弯曲的树枝搭起了一个教堂"，其间散布着"宗教的昏暗光线"。这个地方好似一间避难所，给人以救援和宽慰；这是爱默生会带我们去的地方，好让我们在"宇宙的激流"中重新振作起来，去体验作为"上帝的不可或缺的一部分"的感觉。按照文学作品的一般规律，一个有罪的逃犯将在这样的地方认识到他的不忠所带来的后果。我们期待他得到审判。在西方文学史的大部分时间里，这种期待总能以这样或那样的方式得到满足。

但是克莱恩的士兵没有获得这样的发现。他倒是发现自己被"盯着看"，而盯着他的竟是

> 一个死人，他背靠着一根圆柱般的大树。尸体穿着一身军服，颜色已从原来的蓝色褪成一种令人忧郁的绿色。眼睛……已现出死鱼眼的呆滞状。嘴巴张着，嘴唇的红色已变成可怕的黄色。发灰的脸上爬着小蚂蚁。一只蚂蚁正费力地推着一坨什么东西爬过上嘴唇。[5]

这个死人的脸上完全没有一个新近离去的不朽灵魂所留存的神圣光芒。它是蚂蚁们要艰难翻越的一座高山。

克莱恩的腐尸象征了人们对于现代生活的极大恐惧：人们害怕世界不再有意义的存在，而只是一个无声的、无用的死亡之所。在克莱恩写作的时代，许多人已不再把死亡视为通往一段"神圣遭遇"的旅程——因为已经没有理由相信在旅程的另一端会有什么等待着我们。人们曾经相信，死亡是上帝根据我们的原罪而施加的相应惩罚，可如今它已不再带给人们价

值感、荣誉感或肃然起敬的感觉。它成为了一段无意义的生命的无意义的终点。

维多利亚时代的家居布置可以让人感受到人们对于死亡的普遍恐惧。那些纪念性的小摆设，经过装饰的家具，不透光的垂帘，大堆的家庭照，蚀刻法复制出的宗教画——所有这些都传达出一种对于空无的恐惧。在这种堆积风格里，壁炉上方最醒目的位置让给了镀金相框中的死者，仿佛只要把图腾影像置于死神必经之路，就可以把死亡抵挡在外。这些影相就像一个魔咒，与印有立体字的真皮封面的圣经和礼仪书一起发挥着作用，而这些书的部分章节中写到的葬礼上的举止和有关服丧的规则已然成为人们的行为标准。这些影像表现出对于开放空间的恐惧，它们给拥有者以安慰，知道一旦那个可怕的时刻来临，有人也会把*他们的*照片放在柜子上。

于是就产生了收藏的必要性。中产阶级以及有闲暇的富裕阶层都被这种冲动所控制（这是属于第一批美国收藏家的伟大时代——弗瑞克(Frick)，摩根(Morgan)，巴恩斯(Barnes)）；如同瓦尔特·本杰明(Walter Benjamin)在一篇论收藏者的冲动的著名文章中所讲，他们的这种急于收集物品并加以管理的心理具有"用以抵挡记忆浪潮的堤坝"的功效。那是一种把握过去的冲动，把过去放置在"底座上，相框[中]，基座[上]，或锁在私人物品[当中]"，以免它被吸入死亡的真空。在以往大多数艺术和文学作品中，死亡有着英雄的气质；历史题材的绘画作品中常常会出现一个被众多崇拜者围绕着的英雄人物，他已陷入临死前的昏迷，脸上照例呈现出"幸福的狂喜表情"。在被克莱恩称为"粉色情人节"的感伤小说中，死亡一贯以病人床前的一个温柔的陪护者的形象出现，随着它的到来，病人在爱他的亲人们中间完成最后一次微弱的呼吸。[6]

但是这些传统正消失殆尽。死亡转移到肮脏龌龊的地方，在没有任何观众的情况下实施杀戮。《嘉莉妹妹》里的赫斯特伍德(Hurstwood)孤独地死在一个"木板做的、满是灰尘的"廉价旅馆房间里；他在打开煤气阀门前用外套堵上门，把房间变成了一间毒气室。伊迪斯·沃顿的《快乐之家》(The House of Mirth) (1905)中的莉丽·巴特(Lily Bart)在家庭旅馆里吸食毒品，品味着毒品带来的"在忘却中沐浴"的感觉。[7]此处的死亡是可耻和低俗的；它在紧闭的房门后，与其它不体面的身体机能一起干着它的勾当。

把死亡的所作所为加以遮掩是个新现象。在美国，宗教在内战之前仍然相当活跃，墓地对于死者而言就是一个郊区的沙龙，一间"寝室"[8]（"睡觉的地方"），在那里身体和灵魂可以舒服地睡去，直到他们在一个被称为天堂的祥和的新家里复活。如今，墓地成了一个贮藏所，尸体被转移出人们视线之后就交给了墓地来保管。伊丽莎白·斯图尔特·菲尔普斯(Elizabeth Stuart Phelps)的《敞开的门》(The Gates Ajar) (1868) (号称"美国有关天堂里的家庭生活的首席权威")曾把另一个世界描绘成一个大宅子，宅子里有一间储备充足的食品储藏室，那里的饼干罐里的薄脆小姜饼总是未等吃完又给装满。[9]死亡曾经被想象成一次去疗养院的长途旅行，如今却成了一个无底深渊。这里不需要食物。不再有牧师站在新坟边，念出他熟悉的句子："坟墓对于我们，难道不只是将时间与永恒、人间与天堂分隔开的一道浅浅的屏障吗？"[10]——也不再有虔诚的人们在一旁频频点头。

既然坟墓只是一个满是泥土和蛆虫的土坑，人们自然要设法驱除内心的恐惧。以往人们用来修饰死亡的那些古老的比喻("摆脱肉体的缠绕","跨越巨大的隔断")比较迂回婉转。下面是一位士兵在内战最后一年写给他丧妻的兄弟的一封短信。让人惊讶的是,这封信并没有旧时的虔诚,而是表达了一种完全不同的情绪:

> 我为你遭受的永远无法弥补的损失而深感惋惜。但我希望由此带来的考验不仅对你而且对我们所有人都有益处。[11]

这是我们会在今天写的那类安抚信。它最大的特点就是机智得体,越少"离开"或"离去"之类的回避性隐喻越好。它有着现代的简洁和坦率,似乎安抚者知道,任何夸张或虔诚的表达都会显得虚情假意,于是转而采用一种略表关切的姿态。

人们从战场上得知,人只不过是一袋袋可以丢弃的尸骨,这一点在今天已得到了科学的证实,也正如菲尔普斯在19世纪80年代所言,"我们不是人,而是原生质……不是精灵,而是化学合成物。"[12]在这个新知识的诅咒下,生者无法再满怀敬意地称死者将享受天堂般的安息;人们唯一能做的只是把死亡视为幸存者必备的一部分教育,并为此加以空洞的赞许。正如一位史学家所说,"葬礼的语言正在排挤圣洁化的语言。"[13]

但是在美国,人们在一定程度上"几乎普遍[留存]对于神灵的信仰",因而不会轻易地丢弃旧时的那些美好比喻。美国人依然"迷信于鬼魂,"[14]对于他们而言,康德那宏大的抽象思维[这里引用哲学家乔赛亚·罗伊斯(Josiah Royce)在1899年所作的表述],即"我的道德存在……无限……延伸,穿过未来时间次序的所有阶段",很是苍白无趣,如同一位牧师的老生常谈。一个人的道德抉择或许会坚定他/她对自由的信念,并被后人牢记,但坚信这一点并不能消除人们对个体毁灭的恐惧。威廉·詹姆斯是罗伊斯在哈佛的同事,他很钦佩他的朋友为阐释他那令人欣慰的观点所做的努力,即每个个体通过一个"尘世的灵魂"来参与到某种永恒之中;但是他并不认为这个想法能够在"生命的喧嚣戛然而止……就像减音器让琴键停止响动"的那个可怕的时刻帮助我们更好地去面对它。[15]

新的应对死亡的方式在内战时期已初现端倪。第一夫人在她的第一个孩子死去之后,按照当时的习俗,寻求中介人的仪式服务;而林肯总统自己则在他儿子的葬礼上朗读莎士比亚戏剧《约翰国王》(King John)的诗句——"我会再次见到我的孩子。"[16]认为死者的灵魂可以通过一个"中介"与生者进行沟通的教义被称为招魂术,是19世纪早些时候兴起的催眠术"科学"的继承者。催眠术因一位奥地利医生安通·麦斯默(Anton Mesmer)[1]而得名,他相信星星能发射出一种具有活力的液体,可以在引导下达到具有治疗效果的浓度。催眠师会用带子将病人固定在一个盛满水和铁屑的浴盆中——铁屑能形成一种磁体,把天空中的生命物质吸附下来,并传导至病人有残障的身体中。从实施这些步骤到希望催眠师能让死者复活,这其间只有一步之遥。和它的先驱催眠术一样,招魂术所表达的也是跨越阴阳之隔的信念。

作为治疗人们生存恐惧的一种方法,招魂术即便在那些以思想紧跟时代和富有理性而自

---

[1] 催眠术一词的英文是mesmerism,得名于其发明者Anton Mesmer。

傲的人看来也有一定的合理性。它自称科学，在19世纪末因为许多人对电的痴迷而达到高潮。人类有史以来第一次可以将影像和声音记录下来，并用胶片和留声机将其重现。新的隐形能量（X射线；同位素）被相继报道出来，每一年都会有某个新发明拓展原有可能性的界线。由于当时已经知道，在一定的可测频率上，声音不再能被人耳捕获，光线也不再能被人眼看到，因此就连一些科学家都认为有可能存在一个"广大的区域"（一个作家曾经颇有信心地把它设定在"每秒38,000到396万亿个电磁波"的频率区间），那是真正属于"灵魂的空间，那里没有黑暗、沉默和死亡"。[17] 人类似乎即将获得一个科学的依据来相信，神学想象中的无形世界或许真的存在——只要能找到正确的探测工具。

招魂师们相信他们已经找到了。他们的"核心信念……[是] 存在于坟墓之外的一个生命空间"；他们通过街角吆喝的小贩和通俗杂志来宣传他们的技能，以吸引一个与"梦想[和] 幻想"相隔绝的民族——这个民族正集体经历着类似于发生在个体身上的轻度睡眠[1]的丧失。一些招魂师获得了巨大的威望；他们中的大多数是女性，在人们眼里，他们的"感觉器官已经发达或灵敏到产生颤动的程度，使得他或她能够在适当的条件下与所谓的死者进行双向交流。"[18]

所谓"真实即无形"的说法可能在我们听来不无疯狂且带有欺诈性，但在20世纪之交的美国，招魂师们却不仅仅是阴谋家或叫卖无效秘方的小贩。他们是梦的引导者。他们在峡谷中喊叫时可以让人相信，他们听到的回应不只是回声。他们的信仰有着巨大的吸引力：如果有消息说当地"死者"的灵魂将试图跨越"有形和无形的生命空间"[19] 之间的界线，几下奇怪的敲击声便可以让全镇的人在夜晚倾巢而出。

随着科学的声望与日俱增，人们渴望与死者进行交流的心理非但没有遭遇尴尬，反而受到了激励，而这绝不是独特的美国现象。在英国，招魂术的信徒包括阿瑟·科南·多伊尔 (Arthur Conan Doyle) 和艾尔弗雷德·丁尼生爵士 (Alfred Lord Tennyson) 这些显赫人物。到了19世纪90年代，鬼故事在大西洋两岸全面复兴。美国方面最著名的例子是詹姆斯的《碧庐冤孽》[也称《旋转的螺丝》(*The Turn of the Screw*)]（1898），但豪厄尔斯在诸如《可疑的幽灵》(*Questionable Shapes*) (1903) 和《黑夜与白昼之间》(*Between the Dark and the Daylight*) (1907) 这些作品中，以及稍后的伊迪丝·沃顿在《人与鬼》(*Men and Ghosts*) (1914) 中，也都做出了他们自己的贡献。甚至连威廉·詹姆斯这样的权威人物，尽管承认"招魂术……成为了一个信仰时代的指定工具，[……] 那就……奇怪了"，但他也不得不总结道，"我不知道还有别的什么介质能够起到相同作用。"[20]

许多人信奉招魂术是因为与其相对的另一个选择——相信世界是一个没人能从中返回的巨大坟墓——让人无法接受。它最根本的吸引力在于它给人以精神安慰，只要他们仍愿意相信"灵魂的不朽；[相信]我们今生的所作所为决定了我们未来的状况；[相信]上帝通过善与恶之灵来管理世界"。以豪厄尔斯为例，他在回忆自己的童年时说到，他从来不敢走过一个有

---

[1] 轻度睡眠 (REM sleep)，也称眼球快速运动的睡眠，大脑神经在此阶段的活动与清醒时的活动极其相似；凡是能被清晰回忆起的梦都发生在这个睡眠阶段。

新墓碑的墓园,也不敢在晚上和朋友一起听鬼故事,而且他每次看到死神的画像时都会不寒而栗。[21]报纸上经常报道一些绅士们在看到死去的家庭成员——儿子、妻子或父母——重又鲜活地出现在面前时的各种失态之举。据一份纽约的报纸报道,1881年一位布鲁克林的商人激动地发现死去的儿子在大中午坐在他家的客厅里——并回忆起在儿子病重的最后阶段,他几次"惊呼'美呀'",并说他在梦中看到了[永恒的生命就像]一片宽阔的海洋,蕴藏着许多光彩夺目到无法形容的美丽物品",[22]而现在儿子关于永生的这个梦幻无疑得到了证实。几个月之后,同样是这份报纸刊登了一封读者来信,表达了他/她因怀疑论者和基督徒的疑虑而感到的困扰:

> 为什么……要对所谓的显灵现象加以嘲讽?为什么要让相信再次见到了自己亲爱的孩子的双亲们失去让他们倍感欣慰的念想!人死之后,灵魂一定是去到了某个地方,难道不是这样吗![23]

假如这种悲愤的发泄仅仅是个人在私下里的哀号,只在极个别的情况下付诸公开的表达方式,那么它对于我们的文化史的重要性会难以衡量,或者根本没有必要去衡量。而事实上它远不止于此。它成为了一个公众病症,一种对于末日的普遍预期,害怕末日不单会降临到自身,还会殃及全人类:

> 人类……就好似一群生活在一片冰冻的湖泊上的人,被悬崖峭壁包围着,明知冰在融化却无路可逃,而末日将随着最后一片冰层的消失而来临,等待人类的将是被淹死的不光彩的命运。[24]

诚然,这类世纪末常有的末日幻象由来已久。但在圣经中,主要在启示录中,它总附带着对于死者的许诺,即他们会在审判日的那一天投入上帝的怀抱。

然而现在,上帝已成了一个没有躯体的抽象物:早在19世纪70年代,一个对上帝充满敬意的"信徒"就曾说道:"我用两个字母 o 来拼写我的'上帝(God)'",然后为了加强语气,又补充说他拼写的"魔鬼(devil)"一词"不用字母 d"。[25]尽管一些人急于声称他们与"死者"有沟通,但在大多数受过教育的美国人看来,幽灵的世界更像是愿望驱使下形成的一个虚拟物体,缺乏真实性。与此同时,可知的物质世界揭示了越来越强有力的证据,证明幽灵的世界正经历着持续的分崩离析。

这种焦虑积累成现代生活最普遍的病症:对毁灭的恐惧。威廉·詹姆斯再次直击问题的核心:

> 纯粹自然主义的生活观,无论它怀着怎样的激情开始,必将在伤感中结束……当下时光的绚烂总是来源于背景中的各种可能性。让我们平凡的经历包裹在一个永恒的道德次序当中;让我们的苦难具有不朽的意义;让天堂向大地展开微笑,让神

灵前来拜访；让人类呼吸的空气充满信仰和希望；——他的日子在激情中度过；它们因美好的前景而荡漾，因更遥远的价值而心潮澎湃。可事与愿违，它们的四周只有彻骨的寒冷和阴暗，以及所有永恒意义的缺失；对于我们这个时代的纯粹自然主义和通俗科学意义上的进化论而言，唯有这些是最终可以看见的。于是心动戛然而止，转而变成一种焦虑的颤抖。[26]

这是"彻骨的寒冷"的世界发出的宣告，从此我们真真切切地迈进了20世纪。

[二]

到了1900年，美国文化处于惊恐之中。惊恐是一种情感状态，在此状态中，曾经的背景噪音变得让人极度心烦。我们闭上眼睛，想要关闭喧闹，可当这些办法不能奏效时，惊恐失去了节制，变得愈加严重。每当这种情绪在整个文化中扩散开来的时候，骗子们就带着他们的药水和秘方冒了出来。他们向人们保证，只要人们买了他们的东西就能得到解脱。而最畅销的药品所针对的总是*来自于外部*的问题根源。这便是当时美国正在发生的现象，仿佛整个文化在吟诵着对自身永恒的信念时，中途停下来深吸了一口气，注意到一个身影正朝它走来并将在行进途中将它踩碎在脚底：

我一想到那个正悄无声息地向我们葡匐而来的东西就害怕得发抖：昂首蹲伏着，沉默奸诈，如豹子般；移动时几乎不弄响干枯的树叶，然而却有着充血的怒视的目光和钢铁般紧绷的四肢，随时准备发起致命的一跃。它什么时候会来？今晚？明天？一周以后？谁能知道？[27]

产生恐惧的部分原因在于入侵者的模糊身份。没人知道它是什么，它何时会来；它的神秘和难以捉摸让等待中的受害者们感觉自己被追踪，被逼入绝境。于是，在美国有史以来最大的规模内（尽管在18世纪90年代和19世纪50年代都曾爆发过恐外症，并且总是经常性地复发），人们试图通过认清危险来减弱他们的恐惧感，办法就是给危险一张脸和一个名字。美国就此进入一个寻找替罪羊的伟大时代。

这个现象用心理分析学的词汇来表达就是，美国人把"自我的死亡恐惧"转化成那个时代特有的攻击性行为，其中具有标志性意义的事件包括：限制黑人和移民权利的司法裁决和新法律；以干草市场案为代表的司法裁决对于法律的曲解，在此案中，几名来自德国的无政府主义者移民因一起与他们并无可靠联系的爆炸案而被处死；以帕尔默大搜捕为代表的警察行动，在这些行动中政府侵犯公民自由，为的是对抗被司法部长亚历山大·米歇尔·帕尔默（A. Mitchell Palmer）形容为"头脑异形、品格下流的异族"。一位历史学家这样总结内战的遗留问题："在那场大杀戮确立了奴隶制的非法性之后，[白种美国人]对于引起这场灾难性战争的异族表现出普遍的排斥。"美国人全面地投入到为"某些遭人唾弃的恶行"寻找一个"代表"或"容器"的行动当中,即找寻能够"以仪式化的方式背负这些恶行的动物祭品"。[28]

最方便成为动物祭品的便是黑人。私刑在南方愈演愈烈,治安维护委员会打击的那些人,用托马斯·狄克逊(Thomas Dixon)发表于1905年的小说《族人》(*The Clansman*)(大卫·沃克·格里菲斯(D. W. Griffith)的著名电影《国家的诞生》(*Birth of a Nation*)由此改编)里的话讲,迫使"柔弱的、有教养的[白种]妇女[去吃]豇豆、玉米面包和糖浆——而且质量差到她们都不会拿去喂给奴隶……[与此同时]野蛮的黑人成群地在外游荡,偷窃,谋杀,并威胁要做更可怕的事情。"一度是"供买卖的私有财产"的黑人现在被广泛地视为"可怕的、需防范的野兽"。马克·吐温在他1901年的一篇题为"私刑合众国"("The United States of Lyncherdom")的文章中对这种新的仇视情绪发起了猛烈的抨击。但仇恨不仅延续了下来,还向北方扩散。1917年美国历史上最恶劣的种族骚乱在伊利诺伊州的一个小镇爆发了,起因是小镇的那家工业公司为了瓦解工会要求提高工人待遇的行动,引诱了数千名黑人工人来到该镇。几年以后,当时的黑人知识分子领袖,威廉·爱德华·伯格哈特·杜波依斯(W. E. B. Du Bois),在为一名被指控强奸一位白人妇女的乔治亚州黑人进行辩护准备的过程中,发现那名黑人已经被处以私刑,其指关节被摆在街上的一家杂货店里展示。[29]

这种弥补性的仇恨已超出了种族报复的范畴。邪恶已成为各种异类的同义词。对于所有被认定为"非美国人"的人,不仅是黑人,那都是个最糟糕的时期。在西部周期性的经济紧缩中,银行要求还清贷款,并一再地没收抵押财产;在这种情况下,出现了针对东部城市居民的一些表达憎恨情绪的词汇,因为东部人既依赖西部的食物来源同时又是西部人的信贷保障。平民党员用"造物的败类"来描述那些吃掉国家的储备却不予以任何回赠的城市居民。这些人居住的繁忙之地(按照平民党作家威廉·哈维(William Harvey)的说法,纽约是一个"非美国城市")是"政体上长出的丑陋的恶性肿瘤"。城市被视为罪恶的盆地,塞满了为追求制造业利益而来到美国的"哥特人和汪达尔人",这个新种族"根本不在乎"他们对于廉价劳动力的贪婪将"对我们的未来造成多大的损害"。[30]

为什么如此凶残?为什么在这个时期?种族主义的阴影通常会在社会紧张时期加重,美国人的生活自然免不了总被偏执和种族仇恨的情绪所笼罩。我们的文学中最令人震惊的篇章早在这个经济紧缩的时代到来之前就已完成。一位18世纪的绅士在启蒙运动的高潮期写下了这样的日记,称在家庭纠纷中谴责妻子的最好办法就是鞭打她最宠爱的奴隶:"我妻子害得普鲁被暴打了一顿,尽管我并不愿意这样做,因此我让阿拉卡也挨了顿鞭子,她比普鲁更该打。"在爱伦·坡写于1830年代的一个有关沉船和人吃人现象的故事中——那个年代人们极度害怕奴隶叛乱,最可怕的一个句子就是当叙述者意识到他和他的同伴是"岛上唯一活着的*白人*"。梅尔维尔在1840年代说,"如果必须给我们邪恶的欲望找到出口,那么将它们发泄到陌生人和异族人身上远比发泄在我们生活的社区里要好得多",他在说此话时十分清楚,黑人的作用之一就是永远充当这个可供指责的陌生人;正是由于他们的存在,白人才不必承认自己的野蛮性。[31]

这些文学时刻在过去和现在都为我们开启了窗口,让我们从中窥视到那些在我们自认为民主的文化中被视为陌生人的人们的生活——他们等待着暴力的结局,就像犹太人挤在犹太小镇里等待着下一次大屠杀。现在这个时刻来临了。过去在美国做一个明显与众不同的人,尤其是黑人,一直是件很糟糕的事。而自从奴隶解放和国家重建以来,局势变得更加严重。较新的种族主义教义以一种意识形态或一套有关种族等级的发达理论的面目出现,拥有着一个流行新时尚的全部魅力。即便是那些曾经是奴隶主的共和国的开创者,他们对于黑人是否在智力上低于白人这个问题也一直未置可否;正是他们在这个问题上模棱两可的态度才使得奴隶制成了一种道德尴尬。[32]如今,教义变成了不容置疑的教条。

种族仇恨的狂潮不仅横行于街道还涌进了沙龙。它影响着各个不同的阶层。对于文盲阶层而言,它是血腥的暴怒;对于读书人,它为帮助人们整理有关自身的知识提供了一个分门别类的普遍原则。作为一名黑人,或亚洲人,或任何一个新来者,生活在19世纪最后25年的美国社会意味着首当其冲地成为一个可供剥削和牺牲的资源。而如果你是一个白人,特别是一个"吃牛排和土豆的美国工人",那么用一位中西部参议员在1890年代所说的话来讲,就意味着"与那些每天吃一碗米饭和一只老鼠的人展开激烈的竞争"。[33]在东部港口城市的码头工人中,"斯拉夫人(Slav)"一词(对众多欧洲移民的通称)成为了对那些愿意为了微薄薪水长时间工作的工人的轻蔑称谓。在制铁工业,黑人们没有机会从事那些报酬相对较好的工作,比如"搅炼"和"滚压",只能干铲煤、码堆等集体劳动。南方的铁路工人几乎无一例外是黑人;而西部的低廉工人通常是日本人或斯堪的纳维亚人,他们一般都受老板的监视,老板们佩戴武器,会在晚上"把[工人们的]个人财物锁起来[……],并巡视工地,以确保他们能还清所欠的交通费和仓储费"。[34]

就在白人工人辱骂那些给他们带来就业威胁的懒散的黑人和外国无赖的同时,学术圈里的白人提出了一个所谓"种族力量"的概念[由一位名叫乔治·爱德华·伍德伯里(George Edward Woodberry)的哥伦比亚大学教授在1903年首次书面使用],以此解释为什么有些民族可以产生具有持久价值的艺术作品而另一些民族却不能。这其实是"达尔文主义"的学术版本[当时的《钟形曲线》(*The Bell Curve*)],它早已成为美国的借口,以便将其势力扩张到古巴、夏威夷和菲律宾群岛这些被威廉·霍华德·塔夫脱(William Howard Taft)总统称为我们的"棕色皮肤的小兄弟"的居住地。拉迪亚德·吉卜林(Rudyard Kipling)用来维护英国对印度的殖民统治的格言,"亚洲人永远不会去上主日学校,也学不会投票,除非用剑去夺取选票",当时已得到美国人的广泛响应。《国际伦理期刊》(*International Journal of Ethics*)的一位撰稿人在1900年写道:"用剑来迫使菲律宾人屈服和用工业优势使法国人屈服一样具有内在的合理性。"[35]

这种全民性的傲慢大爆发令我们今天的一些历史学家感到愤怒,在他们看来,这个现象最好理解成是由那些得益于对外侵略的商人们主导的有组织的行动,或者是由那些害怕多种族工会运动的资本家们制造的阴谋。这些解释有相当的影响力。但是最终把种族作为一个无出其右的分类方式,这个现象很难用建立在物质利益之上的信仰的上层建筑来充分解释。事实远比此深刻得多。它是身处一个精神上不可理喻的世界的人们对某个可以把握的东西,对某个清晰的价值体系的急不可耐的追求。

美国人从罗列敌人并给他们命名当中获得安慰,原因之一是他们认识到仇恨可以作为对抗"恐怖之王"[36]即死亡的方式。他们在失去自己在宇宙间位置的同时也把他们的国家让给了外国人；如托马斯·贝利·奥尔德里奇(Thomas Bailey Aldrich)在1895年所写，这些外国人是：

> 来自伏尔加河和鞑靼草原的人，
> 来自黄河的没有相貌特征的人，
> 马来人，西塞亚人，条顿人，凯尔特人和斯拉夫人，
> 他们逃离了旧世界的贫穷和鄙视；
> 他们带来了不为我们所知的神灵和仪式，
> 那些有着老虎般欲望的人，来此伸展他们的利爪。[37]

与死亡有所不同的是，这些敌人可以抵抗，甚至击败。他们拉响了美国"民族"行将灭亡的警报，为此他们必须付出代价。在过去，"民族"与"国家"互为同义词（"命定扩张论"的发言人之一就曾在1850年说道："上帝已注定……我们的民族做出伟大的成就，其他国家必定很快会被我们甩在身后"[38]）。但现在，"民族"意味着血缘关系，而不是一个受欢迎的集体中的成员身份。民族强调的是肤色和血统，而不是公民资格；而白人民族必须得到誓死捍卫。

一位名叫爱德华·罗斯(Edward Ross)的社会学家在1891年发明了"种族自杀"这个词，以此形容盎格鲁—撒克逊人因生育率下降而面临的困境，即被越来越多新生的其他民族人口所包围（这一现象产生的原因在于他们实行晚婚，提倡有节制的性爱，以及采用现代避孕措施）；而与此同时，汗流浃背的黑人和外国人似乎进行着无休止的性交。对于一些人而言，危险的肤色以黄色为主。按照民主党1884年的政纲，亚洲人那臭名昭著的强生育力使得他们"因习惯、所受训练、[或]宗教的原因……不配拥有我们法律授予的公民权"。（四十年后，一个名叫傅满楚[1]的恶棍于1917年首次作为一个流行的人物模式出现，他成为中国男人的传统形象。）另一些人则震惊于犹太人强烈的性欲，亨利·詹姆斯就曾在1903年写道："没有一个地方像以色列那样到处都是人。"一年以后，西奥多·罗斯福在一篇题为"真正的美国主义"("True Americanism")的文章中总结了恐外症的多种形式，他在文中借用了罗斯有关自杀的预言，宣称每个有着"纯正美国血统"的人都有义务生至少四个孩子，以防止种族灭亡的发生；而所有未能尽到这个义务的人都被罗斯福断定为"罪犯"。[39]为了这样一个生育竞赛还设立了一些条件——据猜测，奖金的数额巨大。

[三]

这次种族恐惧情绪的爆发给我们展开有关邪恶问题的思考提供了一条新途径。作为旧时

---

[1] 傅满楚(Fu Manchu)，英国小说家萨克斯·罗默(Sax Rohmer)小说中的虚拟人物；罗默在20世纪上半叶创作了一系列以他为主角的小说，刻画了一个阴险狡诈、残酷无情的中国人形象。

的道德概念，魔鬼曾经包含了罪恶、骄傲和堕落这些如今已"被大多数人忽视"的观念［如1891年梅尔维尔去世前在《比利·巴德》(Billy Budd)中所写］，它与其它诸如天意、宿命、上帝这些过时的观念一起被抛弃，成了名副其实的废弃物。而它之所以被抛弃是因为它不再与现实经验相关联。但现在，当旧世界把它的人类残渣喷吐进美国的城市中，邪恶从何而来的问题——尽管不再可能得到一个神学意义上的答案——获得了新的生命，成为了一个公共问题。

一个能即刻让人满意的回答是，邪恶有着一张外国人的脸，因为外国魔鬼无处不在。外国人懒惰、贪婪、无能、狡猾；他们在毒害着这个国家。一位主张城市改革的人对罪行进行了拟人化的描述，就好像在写一个中世纪寓言：在纽约一些地区的房屋里，"谋杀让每个房间污渍斑斑……罪恶一年又一年地隐藏自己或到处撒野。"[40] "撒旦的马戏团"成了越来越多意大利人居住的第六大道南部的别名[41]；罪犯的概念也与"留着胡须、夸夸其谈、爱咆哮、心智扭曲、不遵守法纪"[42]的移民形象画上了等号——他们的男性通常被看成是好色的，女性则时刻处于发情期。

这种市民文化是我们自身文化的预演，它充满着一种不祥之感，担心曾经的美好世界被外国入侵者洗劫一空。一位三K党的支持者在1928年说道："美国人这是怎么了？他正从地球上消失吗？今天的美国已不是二十五年前的美国，在她自己的公民眼里，美国被杂交了，被异化了，被恶魔化了。"[43]和现在一样，那时的美国人似乎没有真正的道德语言来描述发生在他们身上的事情。和现在一样，他们求助于表示责备的惯用语。那个时代和我们当今时代之间的联系是直接的和多层面的：基于死亡可以随汗液排出身体的原理，那时出现过第一次全民性的健身热潮，其实是一种致力打造特迪·罗斯福(Teddy Roosevelt)那公牛般健壮身躯的精神健美操。一个新的主题由此产生，它在美国人的生活中延续着，经过了维克·坦尼(Vic Tanny)和肯尼迪时代对于"活力"的狂热，到杰克·莱兰(Jack Lalanne)以及代表我们这个时代的"鹦鹉螺"健身文化。诸如《健身；或塑造中的男人》(Bodybuilding; or Man in the Making) (1905)以及《人体的建造与再建造》(The Construction and Reconstruction of the Human Body) (1907)之类的指南书籍代表着一大批同类出版物，它们旨在告诉人们如何通过强壮体魄来恢复精神健康。1899年，美国历史上第一个广为人知的健美运动者，一个名叫伯纳·麦克法登(Bernarr Macfadden)的疯子企业家，创办了一份名为《身体文化》(Physical Culture)的杂志，在二十年内达到了超过150,000本的销量，其广受称颂的格言触动了整个民族的神经："虚弱是一种罪行。不要成为一名罪犯。"[44]

尽管这句话在逻辑上站不住脚，但它表达的责任是明确的。为了保护强者，就必须与有罪的弱者保持一定的距离。于是"文明"生活的领导性机构开始设立各种隔离制度。1896年最高法院在普莱西诉弗格森一案的裁决中提出，种族隔离不仅合乎宪法，而且十分必要，它可以使得上等人种的权利免受低等人种的侵犯。在这类裁决的鼓励下，南方的白种人确信"黑人选民将在20世纪的最初几年里基本上彻底失去他们的选举权"[45]；而在北方，常春藤联盟的学生们在酒吧里唱的一首歌让一所大学的当权者为之恐慌，以至于他们在1920年代设立了犹太学生的限额。那首歌是这样唱的：

>   哦，哈佛掌握在百万富翁的手里，
>   耶鲁掌握在烈酒的手里，
>   康奈尔掌握在农场主儿子的手里，
>   哥伦比亚掌握在犹太人的手里。[46]

同样也是在这些年，在大学时代的"真正的美国人"中，橄榄球成为了男人的成年礼，一种展示纯种人体力优势的每周一次的国际赛事。[47]在普莱西诉弗格森案件的同一年，哈佛大学和卡莱尔印第安人学校之间的一场橄榄球比赛被视为一场微型种族战争出现在报纸的头条新闻里。哈佛队在最后四分之一场成功地发起了突袭。之后有报道称，输掉比赛的印第安人不满地抱怨道，"他们已经从我们这里偷走了一片大陆，一片极其宽阔的、属于我们的大陆，最近他们又偷走了属于我们的几次触地六分球。"[48]

对手的软弱和哭诉引来白人一阵嘲笑，而他自己无论是在战争中还是体育比赛中都要摆出一副神气活现的模样。但其实他只是在故作镇定而已。在这个莽骑兵和童子军的年代，白人的那套种族优越性理论根本不成熟，半真半假，而对此人们心知肚明。种族的观念里充斥着种种矛盾。与健壮的美国人相比，移民、黑人和印第安人被认为是瘦弱的和可鄙的——然而他们又是阳刚的，生育能力强的。他们是巨大的威胁——然而他们又是欠发达的。他们是性能力的超人——然而他们又弯腰驼背，满脸傻笑。他们说话嘟嘟囔囔——但却可以构成威胁。他们懒惰，儒弱——然而他们蜂拥而至并像鼠类一样在此繁殖的这个国家，却正因为有着"来自欧洲各地的精力旺盛、不知疲倦、勇敢无畏的移民，经过了他们十或十二代人"的建设，才成为地球上最伟大的国家。昨天的移民是先锋——而今天的移民是低等生物，寄生虫，吸血鬼，病菌。

这些矛盾自然可以获得"科学"的解释。如果黑人和印第安人在感官感知能力的新测试中胜过白人，那是因为白人"更加深思熟虑"。如果黑人孩子在记忆力测试中比白人孩子得分更高，那是因为他们头脑简单，大脑里妨碍他们回忆过去的东西更少。[49]一位专家在研究如何对罪犯加以改造这一棘手问题时，为说明大多数罪犯都不可救药提供了如下解释：

> 以这个在城市贫民窟里长大的男孩为例……他有着无知、恶毒的父母……告诉他法律是如何制定的、目的何在，然后念给他听……他的表现就会像一个被教导用母语阅读新约再翻译成英语的印第安人一样，你给他讲浪子回头的故事，然后给他解释其中的寓意。他的翻译是："老头——攒好多钱——两个儿子。一个儿子等不及。拿了好多钱——跑了。喝个大醉——钱都没了——回家。老头高兴——弹奏音乐——吃了好多。"

作者由此总结道，事例中的印第安人"对于这个寓言所要传达的教诲没有一丁点的认识"。[50]

换言之，劣等民族是先天性白痴——不论智力上还是道德上。于是突然间这个国家遍地都是研究如何对付他们的专家。眼下就有这么一位专家——这次是位牙科教授，他滔滔不绝

地讲述着原始生物体与这些古怪的新移民之间的相似性:

> 寄生的"客体"依赖其"宿主"提供住宿,或食宿,因而在结构上会逐渐退化,而且通常只要这种关系持续得足够长,其退化现象就会十分明显。寄生现象和奴从现象往往存在于结构低等的生物体中,这与人类中的思想依赖现象极其相似。[51]

这位作者或许一边想着他每天从病人牙齿上刮下的牙垢,一边把某些人类想象成藏匿于政治身体的潮湿缝隙中的真菌。在那个年代,这种推理很常见,且不足为奇。它导致一个简单的结论:这些寄生物必须被去掉,如果有必要的话,要彻底地根除,直到受感染的身体恢复纯净和健康。不久以后,另一种语言中的一个词被人们用来形容进行过必要清洁之后的状态。它是个德语词,rein,意思是"清除",可组合成其他词,如 Judenrein("清除犹太人")。

[四]

于是,人们对于死亡(包括个体死亡、种族灭绝以及宇宙灭亡)的流行性恐惧催生出一个新的有关邪恶的生物学理论。它把道德邪恶与身体和头脑的羸弱相联系,且以隐晦的方式将其与外国人相联系。它告诉人们,邪恶会反映在面相上,如"招风耳……高颧骨……大大的下颚……深陷的眼睛……诡诈的、动物般的注视"。[52]它在古老的颅相"科学"(根据头盖骨的隆起和轮廓来判断一个人的性格)的基础上,根据一个人头颅的形状、眉毛的大小以及面部表情划分出一个新的劣等人阶层。它还产生了一批新的词汇,如"弱智"(发明于20世纪早期,指代那些在智力测试中与儿童水平相当的成年人)和"优生学"(19世纪80年代由英国人根据希腊词"出身名门"创造出来,其表达的观点是,人类可以通过人为的有选择性的繁育来提高后代的素质)。

这种新的优生"科学"的最重要的前提是,一个人性格和智力的缺陷是可遗传的。由于对基因传导的生物化学原理一无所知,当时的"遗传学家"其实不过是一帮统计学者,他们急于证明劣势模式可以在一些家庭和种族内部代代相传。由此前提出发,只需跨出一小步就可以得出进一步的结论,即:为了避免健康的人被病人感染,我们可以阻止病人生育,或者,就像另一个国家的一些富有创意的人最终决定的那样,把他们彻底消灭掉。1887年辛辛那提一家疗养院的主管第一次在美国公开提议给一些罪犯做绝育手术。不久之后,优生法案被引入一些州的立法机构;1907年,一项准许给"已确认的罪犯、智障人、低能者和强奸犯"实行绝育的法案在印第安纳州获得通过;到1915年,已有13个州拥有类似的法令;截至1930年这个数字上升到30个。[53]

1927年,在新的旨在限制亚洲和犹太移民人数的排外法令和配额制的影响下,移民人数从高峰逐渐回落,很快,有关邪恶的生物学理论便获得了来自最权威人士的支持。小奥利弗·温德尔·霍姆斯(Oliver Wendell Holmes, Jr.)法官在为最高法院起草多数人意见时,认为弗吉尼亚州的一项允许为州福利机构收留的"弱智者"实行强制性绝育的法令是符合宪法的。霍姆斯写道："经验表明，遗传在精神错乱和智障等疾病的传播中起着重要作用"；所以，"与其等着将来去处决那些犯下罪行的退化的后代，或者让他们因为智障而挨饿，不如让社会去阻止那些明显不健康的人群继续繁衍后代，这样对所有人都更好。"[54]

且不论人们如何能知道，绝育真如霍姆斯随意断言地那样"不会被当事人感觉到是[一种牺牲]"，优生运动所显现出的理智沦丧足以让人们在回顾这段历史时发觉它的荒唐可笑。整个可怖事件与我们所知道的、即将在欧洲爆发的系统化的种族大灭绝似乎只有一步之遥。然而在距离我们并不十分遥远的霍姆斯的时代，所谓"软弱的头脑与软弱的道德之间的联系"[55]具有可遗传性的观点，不仅对美国人而且对于整个发达的西方世界的人而言，都是可信且值得尊重的，甚至是不言自明的。

不仅如此，许多优生论者还把他们自己视为改革派人士。这一事业的追随者包括哈佛大学校长查尔斯·威廉·埃利奥特(Charles W. Eliot)等著名的自由主义人士，英国社会党人比阿特丽斯(Beatrice)和希尼·韦伯(Sidney Webb)，以及后来的哈罗德·拉斯基(Harold Laski)。自由主义思想和优生学的结合得益于拉马克(Lamarck)的"后天养成性格"理论的失败。这一理论把物种进化解释成个体为适应环境而努力的结果。只要信奉拉马克的理论(这一理论最著名的例证是长颈鹿的脖子——按照拉马克的说法，长颈鹿的脖子之所以变得又长又灵活，是因为它需要不断地去获取更高处的植物)，就有可能把社会进步解释成进化行为。如果一代贫民窟的孩子获得了良好的习惯，就会把这些习惯传给下一代。

然而到了20世纪早期，"后天养成性格"理论受到了质疑。造成它名誉受损的是一个给连续许多代的老鼠进行的截尾实验；当科学家们在老鼠后代的尾巴上观察不到任何变化时，他们不得不给出结论："只要遗传物质没有受到影响，任何身体或行为上的改变，无论它们持续多长时间，都不会被后代继承。"[56]由此产生的一个必然的推论是，物种进化并非靠后天掌握的技巧或施加于个体的外界影响，而是通过基因结构的任意改变，同时伴随有达尔文描述的"自然选择"过程。

达尔文的"自然选择"论是19世纪的关键性理论，当它继续回荡在20世纪时，它似乎证实了经验所一再揭示的事实，那就是：宇宙是不受控制的。在自然界中，一些个体比另一些个体繁殖得更成功，因为它们有更多的幸存者活到了成熟期，而且它们拥有能吸引潜在配偶的特征(这就是相关的"性选择"原则)。生命就是意外事件与生息繁衍相伴的过程，在此过程中，优势特征会从父辈传到后辈。而学习则与此毫无关联，正如伯克利大学的一位生物学家在1891年所写：

> 如果自然选择确实是自然在生物进化中所使用的唯一手段，因而也可以被[宇宙的]理性用于人类的进化中，那么，唉，就可惜了我们所有的……智力和道德方面的教育计划。[57]

对于那些想要达到"人类永久性改善"目标的改革者而言，他们唯一的希望在于找到某种方式来"给选择过程施加……影响"。[58]要做到这一点就必须像农民改良家畜或者植物学家种植耐寒作物一样去对待人类,即有选择地让他们繁育。把这个"人为选择"的原则引入人类社会的办法之一就是禁止某些人类生育。

达尔文思想为这场旨在净化人类的运动提供了理论支撑,为一个被上帝抛弃的世界中的所有生物所具有的进化本质给出了一个极其强有力的解释;它以宗教般的力量迫使人们顶礼膜拜。如果说它在美国受到特别热烈的欢迎,部分原因是优生学和它的各种对应学说早在美国文化的初始阶段就已存在,只待从休眠中唤醒。

比如说,性格的生物学传导观可以被视为原罪说的升级版。尽管奥古斯丁本人坚持罪恶不具有特性的观点,他却又认为罪恶可以通过人的精液代代相传。而当1890年代的平民论者抱怨美国的城市里充斥着堕落的人们,他们其实正在无意中重复着托马斯·杰弗逊的观点,后者曾用类似生物学的词汇,公开指责城市居民们过度依赖"顾客的牺牲和任性",并担心这种依赖会"滋生迁就和腐败,而让德行的胚芽窒息而死"。长久以来活跃在美国文化中的一个观点就是,罪恶是可以根除的疾病,它就像一位清教牧师形容的那样是个"长了脓肿的身体",是一种"腐败物质",必须在形成"坏疽"之前把它从健康的组织中切除干净。[59]

乡村的纯洁与城市的腐败之间的对立,以及罪恶是可传导的"污秽"等等诸如此类的思想对美国人而言并不陌生。它们由来已久,并发展成一种把罪恶当作一个主动的、心怀恶意的独立存在物来理解的顽固态度;它以积极和强有力的方式进入到美国人的想象中,其影响力至今还在。但在此期间的某些时刻,这些有关罪恶的比喻似乎变得异常恶毒。19世纪末就是这样的一个时刻。对于那些相信罪恶是一种外来的和有病的物质的人而言,让他们处于优势地位的这个新鲜事物,用历史学家卡罗尔·史密斯–罗森堡(Carrol Smith-Rosenberg)的话讲,就是"对于描述非正常事物,以及定义合法事物"的"痴迷"。[60]

[五]

当然也有持不同意见者,比如鲁道夫·伯恩(Randolph Bourne)在1916年写道:"我们不要谈论低等民族,而要谈论低等文化",在他看来,所谓低等文化包括所有那些遵循"严格的、要求绝对忠诚的欧洲模式的民族主义"的文化;又比如约翰·杜威(John Dewey)并未将"野蛮"一词用于外来民族,而用它来形容所有那些"以严格遵守旧习俗为唯一经验"的民族。对于杜威而言,邪恶的产生在于不能让想象力超越自身,在于人类无法敞开胸怀,无法在谴责自以为是的行为的同时,去迎接相互关爱所带来的持久温暖。从某种意义上讲,杜威的思想是对爱默生所说的"限制是唯一的罪行"而作的长篇评论。[61]这种把邪恶视为不完整性的想法在进步运动中得到了表达——正如杜威所说,这场运动相信人类具有永无止境的动力,去通过教育和社会改革等方式"来唤醒能量,来激发所有能够实现目的的手段"。按此观点,一旦把人类的想象力视为已有模式内的不安定的多变因素,就不可能再用一个固定的标准去衡量和谴责对于真理的任何偏离。

尽管杜威的声望很高,但他毕竟是个持不同政见者。美国社会已经朝着一致性和排斥精神迈出了决定性的一步，正走在"留给离经叛道者的边沿"越来越窄的道路上。在此文化中的男人和女人所追求的理想，用一位历史学家写于1890年代的表述，就是"感情绝不外露的一本正经"和"无懈可击的不动声色"。要成为这个步调高度一致的部落里的一员，你必须是个出生在美国的白人，穿着传统的中产阶级服装，学会在公共场合遵循的第一个礼仪规则就是："切勿标新立异。"美国人证明，社会学法则把异常行为界定为"所有健康社会不可或缺的一部分"是正确的，前提是它"聚集起正直的良知，并将其浓缩"成一种可以被称为"公众品性"的规范性力量。[62]

作为对这个被称为"公众"的可怕的新力量的回应，美国的严肃作家们开始考量它给生活在其势力范围内的异端分子带来的损失。豪厄尔斯描写了生活在清教思想衰落期的波士顿的一位离婚女人的孤独，沃顿刻画了一位因通奸而遭到纽约社交界冷落的妇女，舍伍德·安德森（Sherwood Anderson）则写到了同性恋者在一个中西部小镇里的悲惨境遇；所有这些重要的美国作家都把目光转向那些生活在一个将偏离了无情的常规视为邪恶的社会中的异端分子。当然，有些常规可以超越文化和时代的局限；但如果一个文化要保持其活力，就必须有人勇于展示自我的傲慢。异端分子与循规蹈矩者之间相互依存，前者需要后者的存在来获得一种令人振奋的独立感，而后者也需要前者的存在来体会作为*正常人*的美妙的轻松感。于是，衡量一个文化的弹性度的标准就在于它多大程度上保护了傲慢自我的权利，使其免受愤怒的传统维护者的侵害。

每个文化就像一个风箱或一个肺，有它自己扩张和收缩的节奏。当它吸气时，它为各种各样身份的人创造空间；当它呼气时，一些曾被它包容的人也被排除出去。20世纪之交的美国文化正处于一个极端收缩的阶段。这个评价乍听上去似乎有些奇怪，毕竟没有几个社会像19世纪末和20世纪初的美国那样在经济上如此突飞猛进。但在美国的国家生产总值飞速上升的同时，其文化容忍度却直线下降，举国上下都热衷于追求常规性。有关常规性的套话预先出现在了私人信件里——比如西奥多·罗斯福在1896年担任纽约市警察局局长的时候，曾赞扬斯蒂芬·克莱恩（Stephen Crane）写出了一个精彩的枪战故事，但又敦促他去写"另一个有关拓荒者和墨西哥流氓的故事，拓荒者最终取得了胜利；那样更符合常规！"[63]有关常规性的词汇也散布于公共事件当中：1920年，当选的美国总统正是将还国家以"常规化"作为其竞选纲领。从西美战争开始（那时人们给异端分子贴上胆小鬼的标签），经过第一次世界大战（当时一位作家宣称德国人是一种"新型大猩猩，其心智和……道德原则比其体格更加扭曲，是大个子、小脑袋和蛇蝎心肠的组合体"），[64]直至麦卡锡时代，越来越多的美国人把叛国罪视为一种违背自然的罪行。

换言之，做一个与美国对立的人不仅意味着不忠，还表示不*正常*。在各种不正常的形式中，最令人恐慌的是那些影响到女人的形式，因为"民族"的未来直接取决于她们。人们按照复杂的"常规化"等级对族群特征加以排列，从位于顶端的高雅的盎格鲁—撒克逊人到底层的近似类人猿的黑人；与此相同，人们也对不同性别所应有的特征进行了精细的划分。*正常*男人和*正常*女人的特点必须加以明确和详细的描述，以此作为衡量变异的标准。

即便是进步的女权倡导者也要借助所谓违背天性的说法，看到这一点，我们就能明白上述要求如何得以提出。女权运动的先驱夏洛特·珀金斯·吉尔曼(Charlotte Perkins Gilman)为致力于儿童福利的托儿所等机构争取国家支持的时候，曾在1913年发表如下言论："如果一位母亲明明可以给孩子提供他所需要的一切，却把这种不凡的力量留作自用，那么她就是社会的叛徒。"同样的，一些新建的女子学校（瓦萨学院成立于1865年，十年之后有了斯密斯学院，再之后十年有了布林莫尔学院）并没有遵循较早的男子学院的做法，而是按照"医院院长……管理精神病院"的做法来管理学校。[65]这些学校的核心课程是以健美操、饮食监控和户外锻炼组成的严格的养生体系，目的是训练女学生们依照她们的天性去正常地生活，迫使她们遵守"自然的"本能和节奏。月经被看作是一种类似生物安息日的时段，是对忙碌生活的周期打断，且须以一定的敬畏之心去遵从。而反之，如果一个人在这个自然的流血时段里去努力工作，就是对身体的亵渎。而所有这些现象所表达的一个观点就是：女人基本上都患有"神经衰弱"，是瓷器般脆弱的动物，因而必须把她们包裹起来，静养身心，以免她们受压过大而破碎。

可想而知，对这些柔弱动物实施健康管理需要一个"科学"依据。以那个时候的行话来讲，女人属于"合成代谢"动物，这个术语在生物学中被用来指代那些能量生产过剩的有机生物。按照这个理论，女性被适当地理解为游根植物的一类——因为她们与男性之间不仅存在着身体状况上的差异（她们与男性相比能够储存更多的脂肪，滞尿能力更强，也能在睡眠更少的情况下发挥正常的身体机能），还有着性格上的不同（她们更爱沉思，而不好行动；更爱节省，而不好花费）。[66]这种生物学解释鼓励人们去相信，女人适合安静平和、节奏缓慢的生活环境，而不是男人们那争论不休的喧闹世界；而如果她们是为了生育和家政服务以外的目的和男人们混杂在一起，她们就是有违自然。

最终，所有这些警告和法令都是为了在自然本身寻找到真理的某个可靠来源，一个值得信任和依靠的东西。女人的身体被认为正是这一原理的充分体现；用亨利·亚当斯的话讲，她是一个值得崇拜的"女神"，"因为她的力量；[因为]她就是生殖力——所有能量中最伟大也最神秘的力量。"但实际情况却是，虽然自然标准被当作公理，它们却让人们越来越难以适从。比如女人被形容成天生地脆弱、被动和懒散，而与此同时节育运动的先驱们指出，女性的性欲不单具有生育的功能，它是如饥似渴，难以满足的；他们还指出，尽管节制和中止行动都可以有效地防止怀孕，这些办法却难以奏效，恰恰是因为它们会让兴奋中的女人感到失望。到了1920年代初，一些男性作家开始很坦率地把女人愉悦的叫声形容成"难听的、单调重复的女性声音"。[67]她的激情之声让人感到不安，因为这是难以平复的欲望之声。它的音量无法被压制，调低，无法被调节成充满感激的呜咽声，好让女人对主宰她的男人的能力表示赞美。

这种对于性欲旺盛的女人的恐惧由来已久。在常见的种族主义幻想中，美国美女们焦急地等待着天赋超强的黑人和犹太魔鬼，其中就有这种恐惧在起作用。但如今这种恐惧有了更微妙的形式——体现在比如盛极一时的吸血鬼小说中。从安布罗斯·比尔斯(Ambrose Bierce)和玛丽·威金斯·弗里曼(Mary Wilkins Freeman)等风格迥异的作家所写的故事开始，一直延续到现阶段安·赖斯(Anne Rice)的哥特小说。19世纪末最成功的吸血鬼故事无疑是英国人布拉姆·斯托克(Bram Stoker)写的《惊情四百年》(*Dracula*)，这本书于1897年在英国出版，但在美国也十分畅销，引来了大批效仿者。为此类作品定下基调的斯托克的故事讲的是一个年轻的处女被昼伏夜出的伯爵变成一个性感的食肉动物，于是她曾经的"纯洁无瑕"变成了"荒淫无度"。[68]

这些性欲异常的女性形象让人深感不安，而这些仅仅是变异这个大概念的许多解读版本中的一部分。[克拉夫·埃宾(Krafft-Ebing)的《性变态》(*Psychopathia Sexualis*)一书在1892年被译成英文。]人们在公开讨论一个罪犯或性变态形成的原因时，越来越多地把矛头指向一位当代作家所称的"发育不健全的头脑"，可见越来越多的人把人性弱点的根本原因模糊地理解成器官性的。(直到1900年，一些疯癫病的治疗手段仍然是让患者口服一种由牛脑或羊脑混合着盐、威士忌、麦芽和其它"防腐剂"合成的"脑乳剂"。[69])越来越多的罪犯学家看待惯犯就像一位外科大夫看待一个肿瘤：无法割除，也就无计可施。

直到1938年(在另一个国家，是水晶之夜[1]发生的那一年)，一位哈佛大学的人类学家在他的一本学术专著里，仍然按照头发颜色、头颅形状、嘴唇大小等区分变态者，并宣称每个民族都会"从它生殖细胞的细胞质的渣滓里"产生出它的"罪犯兵团"。在这样一本学术著作中，每件事物都被拿来与常规相比较；它频繁地使用形容词的比较级，比如：罪犯有着"较厚实的胸，较长的脸，较窄的前额，还有无论是绝对长度还是相对于宽度都更长的耳朵，以及相对于前额宽度更窄的下颚。"这些比较句的背后都有着一个理想的类型，一个*正常的男人*——一个正常女人的天然伴侣——他有着宽窄适度的胸腔，厚薄适中的头发，匀称的鼻子(这位哈佛的专家说，罪犯通常都有着"更扁平或更窄的鼻翼")。甚至于坏蛋身体上的痣也比正常人皮肤上的要多。[70]

这类事情现在听上去也许很古怪，但这位专家的观念在那些年里却是再正统不过的了(1905年的一份销售员行业杂志发表了一篇后来被广泛转载的文章，标题是"如何洞察一个客户"，它指出，"头颅的形状及其隆起自有意味，[……]面部的轮廓总是反映这个人的性格"[71])，而且这种情况持续了很长时间。在那位哈佛人类学家发表有关种族的"常识"概要的两年后，在美国人因面临另一场可能爆发的战争而重整军备的小心翼翼的第一阶段里，一个西弗吉尼亚人听说一位黑人军官被提升成准将，愤怒地向罗斯福总统抗议道："您把红、黄或黑色人种中的一员提升到[如此]高的级别，这个决定让我们这些正常的美国人难以理解。"[72]所谓正常人的想法有着经久不衰的力量。它标志着一个文化正在逐步走向性状遗传论的价值判断；依照此判断，罪犯和某些种族不仅有着道德的弱点，还存在着基因上的缺陷，且都反映在他们身体的表面。因此当务之急不再是为他们祷告，或给予他们教导，甚至不是去惩罚他们——而是要割掉他们的睾丸或卵巢，使他们不再能产生后代。

[六]

在我们回顾这些涉嫌种族歧视、女性仇视和伪科学的种种夸张的观点时，我们很容易带着一种后来者的嘲讽和傲慢的姿态。我们想要超越过去。过去人们表现出的肌肉崇拜和对娘

---

[1] 水晶之夜(Kristallnacht)，又译碎玻璃之夜、十一月大迫害等，指1938年11月9日至10日发生在纳粹德国和奥地利的一系列针对犹太人的袭击事件，因犹太居住区的许多建筑物的玻璃在袭击中散落一地而得名。

娘腔的蔑视，他们的从众心理和对种族污染的恐惧，他们对于我们今天所说的"性别困惑"的担忧——所有这些都是我们自以为已经彻底抛弃的态度。然而如果我们记得公众叫嚣声所掩盖的是怎样一种恐惧，我们就会开始怀疑曾经的疯狂也许并不是一个异常现象，而是周期性震颤中的一次，将来还会有更多次的震颤发生。就在乔治亚州的纽特·金里奇（Newt Gingrich）于1994年成为众议院发言人后不到一个月的时间，他就在一次全国性的电视讲话中称民主党人为"正常人的敌人"。[73]

美国人要把世界划分成干净的和被污染的两部分，这种心理需求根深蒂固，而梅尔维尔写于1850年的一部作品可以让我们对这种需求有所预期和了解。在这部预言式作品中，男主人公因为被白鲸伤害致残而对其展开了疯狂的报复。在以下这段堪称美国文学中最卓越不凡的段落里，梅尔维尔解释了亚哈船长对白鲸的仇恨——一种欲壑难填的心理，一种不顾一切寻找归咎对象的疯狂：

> 所有那些最让人发狂和最折磨人的东西；所有那些让内心为之翻腾的东西；所有不乏恶意的真相；所有损毁力量和意志的东西；所有生活中和思想中难以觉察的魔鬼崇拜；所有的邪恶，在疯狂的亚哈看来，都清晰可见地体现在莫比-迪克身上，使它成为一个实实在在的攻击目标。他把他的民族自亚当以来就怀有的愤怒和仇恨全都一股脑地堆积在鲸鱼那白色的隆背上；而他的胸膛仿佛是一台迫击炮，炮弹从他火热的心脏里对准它发射了出去。[74]

任何一位努力研读过这部史上最伟大的美国小说的读者都知道，它的一个难解之谜在于这位靠假腿行走的船长拥有的摄人心魄的力量。亚哈为我们研究仇恨提供了一个很好的案例。当他情绪激动时，我们不知道他是如何让那些毫不知情的船员们屈从于他的使命。他的仇恨如何在人群中散播？他如何让那些人抛开上船时的初衷——装满一桶桶鲸油，获得属于自己的分成——转而加入到对他们而言无利可图的、追捕特定的一只鲸鱼的疯狂行动当中？他如何把他的复仇欲望灌输到他们的头脑中？

他的办法就是迫使他们去体会他的痛苦。他触痛了他们内心的伤口。他让他们去体会"亚哈和痛苦并排躺在同一张吊床上"的感觉，以及"他那被撕裂的身体和灵魂浸泡在彼此流出的鲜血中"的感觉[75]；他以这种方式让他们感到他与他们有着相同的命运——都是受害者，是被遗弃的伤者，是几乎无可救药的病人。梅尔维尔的天才正在于他对于这种感受的赞颂；他以流畅的文字将这种感受展示出来，提前书写出了属于20世纪的故事，而正如我们所深知，这个世纪成为了蛊惑人心的政客的世纪。

美国的政客发展出了一种越过"肤色界线"（杜波依斯在1903年所言）激起仇恨的专长。此后的政客有着各种化身，有时他会穿上三K党的长袍（他们在南方和西南方几个州的政治势力维持了数十年），有时会顶着诸如参议员西奥多·比尔博（Theodore Bilbo）（"我们白人血统的完整性正危在旦夕"）、休伊·朗（Huey Long）和约瑟夫·麦卡锡（Joseph McCarthy）的名字。但无论政客有着怎样的风格，来自何处，语气如何，他的力量最终都无一例外地取决于他的说服力——他要让那些唯恐所受苦难毫无意义的人不再害怕，他要让他们相信，他们的苦难来源于某种意识，是它让世界与他们为敌，并为此幸灾乐祸。在他们的感受中，生活就是一连串偶然的失败，而政客让他们相信，可以用正义之战来猎杀他们的敌人。参议员比尔博写道，"已故的弗朗兹·博厄斯(Franz Boas)教授……一个犹太人的梦想"就是给我们带来"一个棕色的民族——一个混血民族——杂种——罪恶自身的产物"。[76]

此时恰逢新一轮的经济痉挛，它再次唤起了美国人头脑里残余的魔鬼。我们看到一个典型的美国政客——原始法西斯分子查尔斯·考夫林(Charles Coughlin)牧师，在1930年代的每周一次的电台演讲中与受害者们站在了同一条战线上：

> 多么令人敬畏呀，我们的受难者！他们的灵魂有着怎样的尊严！那些被压迫的人们，那些受害者……他们的身体感受到鞭子留下的伤痕……忧虑的荆棘缠绕着他们的眉头，贫穷的铁钉刺穿了他们的双手，诽谤的利矛剖开了他们的心脏——他们是活着的十字架，与身边喧嚣的世界格格不入！……
>
> 我亲爱的病榻上的人们，我亲爱的受难者们……当你们在痛心疾首的客西马尼花园里，在贫困潦倒的彼拉多大厅里，或在疼痛难耐的骷髅地里受尽折磨的时候……请不要忘记我们。[1][77]

这些话语以基督的怜悯心做伪装，而实际上它们是绝望的呼声。政客列出的魔鬼目录里有资本家、企业主、禁酒令的支持者、高利贷者、逃税的金融家、黑人、犹太人，以及其他数不胜数的魔鬼；这个目录或许会有细节上的变化，但它总被亚哈那"高昂的声音"吟诵着，直到那声音减弱成一声"动物的哭泣"。[78]但这份目录里从不包括那个真正的魔鬼：骄傲。

政客最阴险的地方，用理查德·霍夫施塔特在他那篇精彩的文章《美国政治的偏执狂风格》("The Paranoid Style in American Politics")里所说的，就是他一路走来也可能会表达"某些站得住脚的观点"。比如考夫林对于一些禁酒令支持者的指责便不无道理，他认为那些人其实是只想看着工人们埋头干活而不愿他们去酒吧里挥霍；而他声称的公司国际化可以成为一种逃税方式也确有其事。（即便是希特勒在指责凡尔赛有失公允时，也自有他的道理。）政客的道德目录从来都不是彻彻底底的骗人玩意。但他迟早会把真理抛在身后，为抗击一个"完全邪恶"的敌人而发起一场圣战。[79]万幸的是，在美国，这个绝望的呼声在它尚未用一种惩罚性的恐惧情绪压倒全社会之前便逐渐减弱。但在它日渐沉默之际，其他国家的类似声音却向世界释放出了令人难以想象的、人类有史以来最多的仇恨和鲜血。

"我……想要去仇恨，"约瑟夫·戈贝尔(Joseph Goebbels)写在自白书上的诚实让人不寒而栗。"哦，我可以去仇恨，我不想忘记那种感觉。哦，能够去恨真是太棒了。"[80]这个声音让我们再次认识到奥古斯丁和梅尔维尔告诉过我们的一个事实：那个把邪恶解释成一个恶毒的外在之物——一个异己之物——的圣战士，其实是迄今最最野蛮的野蛮人。我们在20世纪所进行的斗争就是要阻止这个熟练的仇恨者去控制全世界。

1　此句中提到的三处地名：客西马尼花园(Gethsemane)、彼拉多大厅(the Pilate's Hall)和骷髅地(the Calvary)都是与耶稣受难相关的地点。

第六章 反讽的文化

在种族纯粹主义者的黄金时期过后,我们语言中没有哪个词比曾经备受他们珍视的"正常"一词经历过更大的失落。曾经,正常是美德的同义词,如今它却变得肮脏,它让人回想起那些白皮肤的人,一边照着镜子一边宣称他们的形象是正常化的完美体现。此后不久,一场史无前例的罪行因相同的思维方式在欧洲被合理化,而从此以后,"正常"一词就再也没有机会重拾它失去的尊严。

对"正常"一词的公开批判发生在1942年。这一年美国最高法院改变了之前对于优生绝育的态度,废除了俄克拉荷马州原有的一项允许为犯有"涉及道德沦丧的重罪"多达三次或以上的罪犯施行绝育手术的法案。大法官威廉姆·奥维尔·道格拉斯(William O. Douglas)在他的意见书中写道:施行绝育的权力如果落在"邪恶的或不负责任的人的手里",有可能"导致那些有损优势群体利益的其他族群或其他类型的人逐渐衰竭和消亡"。[1]自从这个表示反感的意见姗姗来临之后,"正常"一词便每每让人隐约地联想到优生学家的伪善言辞或法西斯分子的摇旗呐喊。人们不禁会带着应有的愤怒质问:是谁指定了这些法官?谁给予了他们权力来决定什么是自然的和非自然的?他们怎么敢擅作主张来判定分界线的位置?

[一]

这些在我们这个时代已变得稀松平常的问题,在美国第一次被广泛地提出是在第一次世界大战之后。人们一开始给这场战争赋予了崇高的目的,但现在看来它的动机和战术颇似学龄前孩子较劲的把戏,唯一可以解释的理由就是部落自尊和领土争夺。对于许多美国人而言,这场战争开启了一个快速持续的过程,即对于所谓"对立习惯"的质疑。遭受质疑的是一种习惯于把世界看成是正常与异常之间的战场的思维方式;由于战场上"两极中的一极体现出如此危险的缺陷或瑕疵或反常,它的彻底投降成为了必需。"[2]这种"简单划分、简单化和对立化的习惯"是一战中成长起来的一代人极其厌恶且避之不及的一种思维方式。

虽然"超越善恶"的转折在一战之后加速进行,但战前以克拉伦斯·达罗(Clarence Darrow)为代表的坚定的进步主义者已对此转变有所预示。在1902年面对库克县监狱囚犯时,达罗发表了一次著名的演讲,他声称:"通常意义上的罪行并不存在……我不相信人们进监狱是因为他们活该。他们进监狱只是因为受到了完全不由他们控制、也无需他们为之负责的环境因素的影响,他们是身不由己。"达罗之所以如此愤怒是因为那些有审判权的、与大众隔离的有钱人,在随意指责那些无助的罪犯时没有一丝同情感或同谋感。而在另一些世俗知识分子看来,这个文化的道德标准与其说是阶级偏见的表达，不如说是宗教迷信的有毒残余——其中诸如罪恶、惩罚和有责任的上帝等概念，已经在种族主义和恐外症这些经常被基督教的陈词滥调加以美化的事实面前不攻自破。这种反感情绪在尼采热潮中得到释放，它没有意识到罪恶的概念不同于具体的罪人——他们中的大多数是外国人、深色皮肤的人和穷人。尼采的捍卫者亨利·路易斯·门肯（H. L. Mencken）在将这位作家介绍到美国时，推崇他为有史以来最伟大的"谎言粉碎者和自由思想家"之一。[3]尼采的吸引力在于他对过时的维多利亚道德规范以及压抑生命力的罪恶概念本身的蔑视态度。（考虑到他后来在德国种族主义狂热分子中的受欢迎程度，他的吸引力极具反讽意味。）他把道德体系的基石，即我们现在所说的"犹太—基督教"，视为恶作剧，并宣称罪恶的观念本身不过是一帮可怜的"苦行牧师"（当然是犹太人）发明的一个诡计，这些人其实是萨满教巫师，通过在人们灵魂里弹奏起"令人陶醉的[激发负罪感的]音乐"来达到对他们的神奇掌控。尼采对罪恶观在人们头脑里的立足过程作了如下描述：

> 人出于这样或那样的生理原因而与自身矛盾不断，就像一只笼中兽，无法理解自己身处的困境，渴望被告知原因（原因总是令人宽慰的），渴望被麻醉，于是他最终必定要求助于一个了解隐情的人。看，他的魔术师给了他第一个暗示，一个关于他受难原因的暗示：他被告知要审视自己，要在自己的灵魂里搜寻一个罪行，他个人历史的一个片断；要把他的苦难视为一次赎罪……受难者接受了暗示，他明白了，从此以后他就像只周围被划了一个圆圈的母鸡。现在他再也不可能逃离那个限制他的圆圈；病人由此化身成了一个"罪人"。[4]

成长于20世纪初的美国人厌倦了前辈们捉襟见肘的价值观，转而采用了这种有悖传统观念的反讽风格。弗朗西斯·司各特·费茨杰拉德（F. Scott Fitzgerald）在1922年写道："反讽好比擦鞋时最后的抛光，衣服扫尘时最后的轻拍，是一种才智上的'对了！'"反讽是"这个较晚时期的神圣幽灵"，那些信奉它的人们满怀感激地在作家尼采那里发现了它（而且不久以后在弗洛伊德那里也发现了它）；正是尼采对中产阶级文化中曾处于核心位置的罪恶感和负罪感进行了嘲讽，并将其重新定义为一种病态。传统上性即恶的观点，此时被认为是扼杀生命的过分拘谨之举，而神话所具有的修复能力也得到了确信。蓬勃发展中的人类学吸引了一些才智过人的年轻知识分子[露丝·本尼迪克特（Ruth Benedict），玛格丽特·米德（Margaret Mead）]，这个学科的基本前提就是"原始"与"文明"之间的旧有区别似是而非。在一些圈子里，对黑人身上的异国风情和原始性的狂热崇拜成为时尚，鼓动着白人中放荡不羁的文化人与他们狭隘的过去一刀两断。美国文化的开创者，那些肤色苍白、年老的清教徒，被视为"寡头政治统治者"；曾经备受推崇的美国文学巨人（爱默生、朗费罗、惠蒂尔），那些正派到令人无法忍受的绅士们，被人们抛弃，原因正如欧内斯特·海明威（Ernest Hemingway）所说，人们永远无法从他们的作品中"得知他们也拥有肉身。不错，他们有头脑，体面、干爽、干净的头脑。"[5]

这种"表达不信任的论述"，用安·道格拉斯（Ann Douglas）的话讲，"变成唯一获得完认可的现代模式"。但是，正如沃尔特·利普曼（Walter Lippmann）于1929年在一本满怀希望地题为《道德的前言》（*A Preface to Morals*）的书中指出的那样，人们为获得新的自由和挣脱旧的束缚付出了代价。尽管做出了种种反抗的姿态，被利普曼称为"现代人"的专业人士和知识分子正日益陷入"空虚的疑虑之中"：

> 每当此时，他会感觉到他置身其中的文明索然无味。他或许会忙于很多事务，但有一天他发现他不再确定这些事值得去做。他一直以来心事重重，但他不再肯定他知道其中的缘由。他也参与日常的种种娱乐活动，但它们似乎不能给他带来快乐。他发现很难确信做某件事比做另一件事更好，或者，比根本什么都不做更好。[6]

利普曼的总结被海明威以诗意的方式加以表达，后者用顿挫的、不连贯的句子把握住了战后时期那份独特的无聊感；如克里夫顿·费迪门（Clifton Fadiman）形容的那样，它将所有的"重要词语……爱、想象、头脑、道德、意志"全都"窒息至死"。[7]

虽然海明威指出了旧虔诚的虚假，他对于接下来会发生的事情并不乐观。和利普曼一样，他也意识到旧虔诚的丧失并非没有代价。在他看来，无论战后的一代人表现得多么肆无忌惮、多么离经叛道，他们终究是缺乏勇气的（费茨杰拉德对他们的评价是："肤浅，玩世不恭，缺乏耐心，缺乏控制力，空虚"[8]）。

美国人很长时间以来都不明白，他们对旧的道德地理学的质疑只会让他们生活在一个没有任何道德地图的世界里。如同文化历史学家乔治·斯坦纳（George Steiner）后来指出的那样，他们无法理解的是：

> 地狱转化成了暗喻，这使得西方人头脑里的位置坐标或心理认知坐标上出现了一个可怕的空隙。熟悉的被诅咒者的缺席打开了一个漩涡，由现代极权政府填充其中。没有了天堂和地狱就意味着被忍无可忍地剥夺了一切，被孤单地扔在一个了无生气的世界上。在天堂和地狱之间，后者被证明更容易被再造。（有关地狱的画面总是有更多的细节。）[9]

一些人的确认识到"世界（已经）变得了无生气"，并且认识到（用道格拉斯的话讲）"对意义的损毁终有一天会成为意义的唯一所有"，这些人中有一群后来被称为"新正统派"的神学作家。从20世纪20年代开始，他们提出与尼采及其反讽派背道而驰的观点：现代人的灾难恰恰在于罪恶观的丧失。在一位从纳粹手中逃脱的神学家保尔·蒂利希（Paul Tillich），以及以纽约联合神学院牧师和教师的双重身份度过了大半个职业生涯的莱因霍尔德·尼布尔的领导下，他们坚持使用备受质疑的、已被受众放弃的表达罪恶的语言。蒂利希写道："恶魔性就是将事物的受限制状态变成了无条件状态。"[10]这句话所针对的既是极权主义的残暴也是法西斯主义的兴起，两者被蒂利希和尼布尔这类作家视为人类自欺欺人的傲慢态度的孪生表现；在人类的想象中，他们的价值、构造和社会已经被历史提升到高于一切的位置。从这个意义上讲，这些作家也是反讽者；他们一直注意到人们把地方性的习俗和信仰当作普遍原则来推崇，这让他们觉得十分荒唐可笑。但其实他们重拾对罪恶的表达方式的举动，就是在回应人性对于文明的威胁，即便这个趋势不属于世俗思想的范围，且单凭揭露真相的反讽对其起不到丝毫作用。他们以自己的方式帮助人们认识到人类具有实施极端邪恶的能力，而这一点在迟来的某个时刻得到了证实，成为最坚定的世俗良知也无法忽略的事实。

德籍犹太难民恩斯特·卡西勒（Ernst Cassirer）的生涯给我们提供了一个有关这个迟来时刻的深刻例证。他是一位理想主义哲学家，总是把"人类文化"形容成"人在不断进步中的自我解放"。他在德国完成了其主要著作《象征形式的哲学》（The Philosophy of Symbolic Forms）（1923—31），成为了汉堡大学的第一任犹太裔校长，之后于1933年辞职并离开了他的祖国。1945年当他在美国纽黑文市的避难所里遥望已成废墟的欧洲时，他满怀悲哀地回忆道："我们一开始听说那些政治神话时，"——那些宣称优等民族优越性的寓言——"我们觉得它们太荒谬可笑、太异想天开，不可能有人能说服我们真把它们当回事。"然而，到战争即将结束时，"我们每个人都意识到这是个严重的错误……那些神话中的怪物并没有被彻底摧毁。它们被用来创造出一个新宇宙，而它们至今仍然活在这个宇宙里。"[11]

卡西勒含蓄地替20世纪30年代及其后为美国做出不可估量的贡献的一代知识分子移民表达了他们的感受，而他本人则是把人视为制造象征符号的动物这一现代观念（如今已成为我们的传统观念）的开创者之一；在他们看来，人是一个"仅仅以其意识"来定义的动物，他"总是倾向于把一小圈"由他的象征符号描述出的现实视为"宇宙的标准"。[12]这个定义足以说明人的狭隘；对这种狭隘性的认识也表现在以下方面：反讽者对地方性的嘲讽，人类学家试图突破人们出生的小圈子的努力，现代派对于文学和艺术的形式与道德界限的探索，甚至还有尼布尔对于"将自己想象成全部"的自我的摒弃。但这个定义并没有解释，一个文化的集体意识为何会在某些关键的历史时刻（如卡西勒所处的那个时代）突然就地画圈，让自己陷入对圈外人的疯狂仇恨当中。它没有解释（卡西勒后期作品的深刻之处正在于他认识到其无法说明的特性）他的祖国如何会突然致力于让数以百万计的人灰飞烟灭——仅仅是因为他们处在所谓正常人种的圆圈之外。

作为对这个"解释危机"的回应，宗教知识分子试图让他们世俗的同时代人意识到，这个深刻的、极具爆发力的非理性始终存在着，哪怕它似乎已偃旗息鼓、日渐衰竭。对于美国人而言，它的威胁似乎既遥远又抽象；美国人的掉以轻心遭到威廉姆·夏伊勒（William Shirer）等新闻记者以及辛克莱·刘易斯（Sinclair Lewis）等小说家的斥责，前者在整个20世纪30年代持续报道了德国演变成一个武装法西斯国家的过程，后者的作品《那不可能发生在此地》（It Can't Happen Here）（1935）中想象了在美国本土发生的一次法西斯暴动。刘易斯·芒福德（Lewis Mumford）在1940年春（纳粹侵入丹麦和挪威不久之后）的《新共和国》（The New Republic）报中，痛斥他的世俗自由主义伙伴们"对无意识的黑暗能量一无所知"，并通过比较得出结论："尽管从科学的角度而言，神学家对于外部世界的观察或许是不足的，但他对于内部世界，即价值和个性的世界的观察却包含着对一直以来的人类现象（如罪恶、堕落、邪恶）的理解，而这些现象正是自由主义者所视而不见的。"然而尽管呼吁人们唤醒这一意识的声音不断出现[芒福德的同事沃尔多·弗兰克(Waldo Frank)在纳粹入侵法国后写下题为"我们的法西斯主义罪责"("Our Guilt in Fascism")的文章,并在《新共和国》报拒绝对入侵事件进行言论干预后,与芒福德一起从该报的编委会中辞职],对于大多数的美国人而言,纳粹党的褐衫队员和正步走的士兵所代表的事实仍旧不过是在某个遥远地方上演的一出装腔作势的把戏。[13]

富兰克林·罗斯福的劳工部部长弗朗西斯·帕金斯(Frances Perkins)的回忆录中有一个精彩的段落,揭示了这种戏剧性的距离感被真相降临时的震惊所粉碎的那一刻。在帕金斯的记录中,一个温文尔雅的、世俗的美国人在读到一段完全从宗教角度对人具备的作恶能力的描述后,原本对他而言神秘遥远的法西斯分子在他头脑里立刻变得清晰可见。她回忆说,1944年初,一位在海德公园的罗斯福教堂里任职的年轻牧师向总统推荐了神秘派作家多萝西·塞耶斯(Dorothy Sayers),并提到塞耶斯受到了克尔凯郭尔(Kierkegaard)作品的影响。"'克尔凯郭尔是谁?'总统问道。"帕金斯接着解释,当总统得知,"克尔凯郭尔思想的核心……是对于原罪及其对人的影响的全新强调",他问了许多"问题,记下了克尔凯郭尔的书名……其间他很少讲话,更多是在倾听。"帕金斯又接着回忆:

> 几周之后,我向罗斯福汇报战时劳工委员会的一些问题。他看着我,点着头,我以为他在听我讲,但突然他打断了我。
>
> "弗朗西斯,你读过克尔凯郭尔没有?"
>
> "读得很少——基本都是有关他作品的评论。"
>
> "那么你应该读读他,"他热情洋溢地说道,"可以教会你一些东西。"
>
> 我想或许他的意思是我能通过阅读克尔凯郭尔明白关于战时劳工委员会的一些事情。
>
> "它能让你明白纳粹,"他说道,"只有克尔凯郭尔让我理解了纳粹。我从来没弄明白,为什么那些显然属于人类的人能做出那样的事情。他们是人,但他们的所作所为却像魔鬼。克尔凯郭尔让你明白,到底是人性中的何物,使得这些德国人变得如此邪恶。"[14]

在罗斯福的反应中有着某种天真的发现感,仿佛他很惊讶于发现,一个相隔遥远时空的哲学家关于抽象道德的思考,不仅对于理解他这个时代的人类的动机和行为有效,而且至关重要。纳粹带给罗斯福那代人的是把一个道德观念——即极端邪恶的观念——还原给了生活,而这个观念在那个反讽的年代正在迅速地丧失其意义。

[二]

自从纳粹在不被世人察觉的情况下制造出人间地狱,20世纪以来最重要的揭秘就是,即便最无耻的罪行也可以安然无扰地进行。根据历史学家戴维·威曼(David S. Wyman)在《放弃犹太人:美国与种族大屠杀,1941—1945》(*The Abandonment of the Jews: America and the*

Holocaust, 1941—1945)一书中的记载,尽管罗斯福对纳粹的罪恶有过思考,他"并没有优先考虑去营救"其受害者。大多数的人都不希望看见或知道真相。当美国军队在1945年春天抵达德国中部的歌达镇的时候,他们在郊区发现了一个"劳改营地",里面配备有全套设施,用以折磨和处决那些不愿意或无力工作的囚犯。当歌达的市民坚称他们对营地里发生的事情毫不知情时,艾森豪威尔将军发布了他那著名的命令:"要用刺刀把所有的男人、女人和儿童赶出家门,让他们列队穿过营地,并组成工作小组来掩埋死者。"与此同时,他让他自己的部队也来参观营地,这样他们就能亲眼目睹撤退的敌人到底留下了什么。据目击者回忆,在将军本人离开营地时,他"突然转向一个美国哨兵",问道,"还没办法恨他们吗?"[15]

集中营的存在让反讽者无地自容。奥斯维辛、贝尔根—贝尔森以及特烈布林卡在接下来二十年左右的时间里始终是美国知识分子道德意识关注的焦点,因为它们以最纯粹的方式表现了现代社会里邪恶的典型形式,即抹去他人的人性,使其成为可随意使用和抛弃的物体。那些试图用马克思主义的理论来理解这个过程的人(他们在20世纪30年代人数众多,之后在60年代又以"新左派"的面目重现)将其归咎于资本主义市场体系,其中个人价值严格按照人们生产的物品或提供的服务所具有的交换价值分配。但是用马克思主义传统来解释邪恶是有其局限性的,正如尼布尔所说:

> 它没有认识到,在人类的一切理性活动中均存在意识形态因素,它不单显现在占统治地位的资产阶级的精神活动中,也不单暴露在经济利益的合理化过程中,而是表现在所有的阶级里,并利用一切机会,地理的、经济的和政治的机会,来为人类的特定价值观确立普适性的意义。人类生活中的这个缺陷属于本质问题,无法通过社会重组的方式来将其根除。[16]

集中营的道德败坏或许是尼布尔做出以上评述的直接原因,但在美国文明的独特经历中,这种"本质性缺陷"的最纯粹的社会表达形式却是奴隶制,这是一场违背了黑人作为人的尊严的永久性战争,一场被大多数白人漠视的战争。这种缺陷还以越来越恐怖的方式表现在我们的军事"进步"当中——内战中不断响起的来福枪声;然后是美国第一次国外军事行动中的战壕战,敌人在战壕中成为模糊不清的一团,将毒气释放其中,就像在消灭一群大黄蜂;再到后来第二次世界大战中的地毯式轰炸,当战机已经扔下炮弹返港时,远处炮弹的猛烈撞击声和阵阵烟雾表示着人类生命的消失;最后便是用原子弹毁灭。在我们这个时代,"智能炸弹"让我们走得更远;它们变身成监测屏幕上的光点,以诡异的沉默方式向发射者报告自己的行踪。所有这些技术的共同点在于,它们能够摧毁人类目标,而并不将人性置于其考虑的范围。

尼布尔通过其对新约和旧约,以及对奥古斯丁、加尔文和爱德华(尼布尔将他提升到美国一流神学家的行列)的解读,试图揭露人类执意的漠视能力,这种漠视似乎随着每次技术的进步而不断增长。他尝试通过重申基督教的基本观念,即罪恶就是把自我与世界相混淆,来对此问题进行揭露。他在冷战前夕写道:"邪恶就是总把某些个人利益凌驾于整体利益之上。"

这个观念有着灵活的适用性,可以用来说明为什么小孩子需要持续的关注,也可以说明为什么施虐狂会认为他的快乐比受他折磨的那个人更重要。但是即便他相信关于罪恶的古老观念仍然适用于新的事件,尼布尔也意识到邪恶已经具备了明显的现代特征。从这个意义来讲,他也属于另一个传统——从歌德到梅尔维尔,再到陀思妥耶夫斯基和康拉德的文学传统,它把邪恶解释成将他人的意识化为无形的能力。按照这个观点,罪恶就是没能遵守康德所说的"绝对命令",没有把他人视为目的而非手段。梅尔维尔在写到他那个疯狂的船长把船员们变成他实施个人报复的工具时说道:"为了达到他的目的,亚哈必须使用工具;而在天底下所有的工具当中,人是最容易出故障的。"[17]

人类由障碍变成工具的这个转变成为现代文学不可回避的主题之一,而造成这个转变的充分理由在于现代西方社会的经济和政治组织,即资本主义和殖民主义。作为这个文学传统的开端,歌德的浮士德是第一批再现贪婪的现代意识的文学形象之一。在该剧中,浮士德命令靡菲斯特把一对老夫妻赶出他们的小屋,就因为他看中了小屋所在的地点,准备在此大兴土木。他这样解释此命令的动机:

> *那对老夫妻应该屈服于我,*
> *我要得到他们的椴树,*
> *因为这几棵不属于我的树*
> *会破坏我对全世界的拥有。*
> ....
> *于是我们的灵魂忍受着极度痛苦,*
> *在充足富裕中感受着缺憾。*[18]

当他得知靡菲斯特因为把他的愿望当真而杀死了那对老夫妻,并把他们的房子夷为平地时,他愤怒地大声叫嚣。但我们有理由怀疑,浮士德的恼怒不在于这件事本身,而更多地因为他被以一种笨拙生硬的方式告知了此事。与其说他希望看到那对老人幸免于难,不如说他希望对于他们身上发生的事情一无所知。

到了20世纪中叶,美国作家开始以他们的方式探讨这个主题。事实上,二战前,这一主题已经出现在丽莲·赫尔曼(Lillian Hellman)的《小狐狸》(*The Little Foxes*)(1939)和理查德·怀特(Richard Wright)的《土生子》(*Native Son*)(1940)中;战后,它占据着尤其是年轻犹太作家,如索尔·贝娄(Saul Bellow)(一位加拿大移民)和稍后的伯纳德·马拉莫德(Bernard Malamud)的想象空间。邪恶也是电影中最常出现的题材,例如阿尔弗雷德·希区柯克(Alfred Hitchcock)在《怀疑的阴影》(*Shadow of a Doubt*)(1943)中对披上了友善的迷人伪装的恶意进行了精彩的分析;威廉·惠勒(William Wyler)的《侦探故事》(*Detective Story*)(1951)中的警察"能够嗅到(他人)身上的邪恶",却对自身的邪恶茫然无知。还有一连串有关变态杀手的惊悚片,包括《死亡之吻》(*Kiss of Death*)(1947),《猎手之夜》(*The Night of the Hunter*)(1955),《恐怖角》(*Cape Fear*)(1962);一些恐怖片,如《坏种子》(*The Bad Seed*)(1956)和《被诅咒的村庄》(Village of the Damned)(1960),故事中的孩子们貌似天真,内心却是恶魔。

邪恶也成为学界一个无法回避的论题。1947年,尼布尔住在晨边高地[1]时的邻居莱昂内尔·特里林出版了一部题为《旅行中途》(The Middle of the Journey)的小说,讲述了二战刚结束时的美国的情景:这个国家的物理配置表达了一种浮士德式的否认,这是一个由粉饰一新的房屋组成的世界,中产阶级挤作一团,将一切声音关在屋外,哪怕是蟋蟀的叫声,因为他们害怕听到"时间匆忙流失的无休止的噪声"。虽然这个位于城郊的避难所的每一处设计都是为了"拒绝面对世间存在邪恶和困难的这一认识",但它最终被罪恶入侵,起因是镇上一个醉汉暴打了自己的孩子,最后孩子因颅内血管爆裂而死。这件事发生在教堂里,在众目睽睽之下;但尽管如此,罪恶和死亡仍然是不合时宜的话题。一旦死亡被提及,特里林笔下的郊区居民就"以一种礼貌的、聪明的、商定好的方式"予以回避,"仿佛他们是一个小男孩的父母,正遵循惯例,对于儿子在餐桌上讲街上学到的脏话坐视不理。"[19]

这种"集体口吃"在战后文学中比比皆是,年轻的阿瑟·米勒(Arthur Miller)在《我的儿子们》(All My Sons)(1947)中形容该行为是对死者的侮辱:

> 看着他们倒下去的时候,我有了一个想法(一个年轻的二战幸存者谈起他死去的战友)。所有的东西正在被摧毁,不是吗?但在我看来有一个新的东西就此产生。一种……责任感。人对人的责任。你明白吗?——我们要把它表现出来,要让它重新回到地球上,就像某种纪念碑,每个人都能感觉到它矗立在那里,就在他的身后,而他也会因此而改变。……然后我回到家中,这太令人难以置信……这件事在这里没有任何意义;整件事对于他们而言就类似——一场车祸。[20]

所有这些作家——神学家、评论家、小说家、剧作家——一针见血地指出,把意外或环境因素放大成足以解释时事的概念,就是不再相信人类生活的意义。特里林说道:"受过教育的人越来越倾向于用环境的影响和社会强加于人的种种必需和习惯来解释人类的行为",[21]而这种环境论解释在邪恶的现实面前永远是乏力的。历史主义解释偏好把邪恶归咎于不良习惯和有害的体制,这种观念也同时被马克思主义意识形态的拥护者和反马克思主义的狂热分子所接受,只不过前者把阶级矛盾视为一切邪恶的根源,而后者认为世界正受到密谋夺取私有财产和自由的恶魔的威胁。对于二战后重新出现的中立的反讽者而言,邪恶只不过是一种心理幻觉。

特里林在20世纪50年代扮演着类似美国官方知识分子的角色,他努力与所有这些团体保持距离。特里林在战后批评自由主义对待邪恶的态度过于小心谨慎,并坚称他把"自由主义的利益放在心上",他的目的是要让它"意识到自身的软弱的或错误的表现形式",[22]以免它受到某类理性的诱惑。

如果说特里林的立场来源于自由主义传统的内部,那些对它的原则以及践行者的猛烈的攻击则来自于该传统之外;例如像约瑟夫·麦卡锡(Joseph McCarthy)参议员之类的机会主义

---

[1] 晨边高地(Morningside Heights),位于纽约市曼哈顿区,是包括哥伦比亚大学和曼哈顿音乐学院在内的众多学府的所在地。

分子和联邦调查局局长约翰·爱德加·胡佛(J. Edgar Hoover)之流的狂热分子，他们也认为邪恶在战后没有得到应有的认识和抵制。麦卡锡对战后欧洲复苏计划的建筑师、他最讨厌的并形容为"消极的叛徒"的乔治·卡特莱特·马歇尔(George C. Marshall)的指控是，他没能请到佛朗哥(Franco)将军来派遣他那以"骁勇好战的品质"而闻名的军队，以保护欧洲免遭俄国鬼子的侵袭。[23]

参议员在1951年发出这样的质问，"我们怎样才能解释目前的处境，除非我们相信这个政府中的一些高官正合谋将我们推向灾难的深渊？"随后出现了那个著名的短语，"如此巨大的阴谋"——麦卡锡在许多公开演讲中以久久不散的颤音不断地重复着这个短语：

> 这一定是一个大阴谋的结果，这个阴谋的规模如此之巨大，足以让人类历史上曾经有过的此等冒险相形见绌。……这个阴谋的目的何在？……从军事上削弱我们，用远东的投降言论来迷惑我们的心智，并损毁我们抵御邪恶的意志。[24]

如专栏作家约瑟夫·阿尔索普(Joseph Alsop)在1954年所指出的，这种蛊惑人心的宣传的结果，加上公开地对有叛国嫌疑的外交官、决策者、知识分子和成群的旅行者进行含沙射影式攻击的策略，就是社会风气的改变，在这个社会里，"指控者一发言，第二天早上的报纸头条就会宣告这一指控；被指控者从此被贴上叛国者的标签。"[25]包括阿瑟·米勒在内的有责任感的作家就此作出回应[比如在1953年的《萨勒姆的女巫》(The Crucible)这部寓言剧中，麦卡锡被比作萨勒姆[1]的女巫审判者]，谴责麦卡锡其实是再次证实了人类惯于把邪恶投射到自身以外的一种无可救药的冲动。

在我们身处的后共产主义世界里，我们很难去想象上世纪50年代牢牢控制着美国的那种强烈的威胁感。冷战的象征意义不仅渗入到政治领域，还影响了历史书写(正是在那些年里，林肯被重新解读成把国家从奴隶—密谋者和绥靖者双方手里拯救出来的孤胆英雄)、电影[如1952年发行的《正午》(High Noon)所代表的展现殊死较量的电影类型]和流行小说[畅销小说家米奇·斯皮莱恩(Mickey Spillane)借他的笔下人物私人侦探麦克·汉默之口，责骂黑手党是"靠恐惧来实施统治的、一群无知的傻瓜们组成的庞大的乌合之众"[26]]。

随着欧洲的逐步稳定、斯大林的去世以及赫鲁晓夫的当政，紧张的情绪在50年代开始有所缓和，现实主义与妄想症之间的区别也因此被再次确立，一批新作家[诺曼·梅勒(Norman Mailer)、托马斯·品钦(Thomas Pynchon)以及作品在美国大受欢迎的英国小说家约翰·勒卡雷(John Le Carré)]率先提出，反极权主义的斗争本身已经变成了一种极权主义。这些让人耳目一新的声音表达了一个古老的主题，即现代社会逃避的本质就是不去承认邪恶，不去辨认它，并拒绝接受它在自我中不可消减的事实。换言之，邪恶既是我们的近邻也是一股外来力量。在索尔·贝娄的杰作《赫索格》(Herzog)(1964)的结尾处，摩西·赫索格，一个天性善良但意志消沉的男人，来到法庭，旁听了被指控谋杀他们三岁儿子的一对年轻夫妻的庭审。

---

[1] 萨勒姆(Salem)，马萨诸塞州的一个城市，1692年至1693年的一系列臭名昭著的女巫审判案就发生在此地。

他从法庭上提供的证词中听出来,那位母亲,

> 来自特莱顿,天生跛足……她上过4年学,智商94。她的一位哥哥是家里的宠儿。她不受重视。她长相一般,脾气不好,行动笨拙,还穿着一只矫形靴,很小就表现出犯罪倾向……由于是个可怜的瘸子,她常常被骚扰,后来更受到一些少年的性侵犯。

据法医推测,她的孩子"经常被打",最严重的淤伤"出现在生殖器周围,看上去男孩是被某种利器打伤了,可能是一个金属扣带或是女人的鞋跟"。随着庭审的继续,更多的"背景"细节浮出了水面:有人作证,他曾经看到那个男孩跟他母亲一起在霍华德·强生餐厅里,男孩很饿,但母亲只顾自己吃而不给他吃。

> 我不明白!赫索格这么想着,下颌默默地蠕动着,同时这位好人离开了听众席。我不能……但这就是那些一辈子从事人文研究的人的问题,他们想象着一旦把残酷写进书里它就被终结了。

正在此时,证人开始描述男孩死亡的情形:

> 大多数时候……孩子哭得很厉害。租户们抱怨不已,而当他(一个邻居)察看时,他发现孩子被关在一个柜子里。为了管教孩子,被告这么跟他讲。但到后来男孩哭得少了。然而在他死的那天有很多噪音。他听到三楼有东西掉下来,还有尖叫声。母亲和男孩都在哭叫。有人在摆弄电梯,于是他跑步上楼。敲了敲门,但她叫得太大声,听不见。于是他推开门,走了进去。他是否该把他看见的告诉法庭?他看见那个女人怀抱着孩子。他以为她在拥抱他,但令他震惊的是,她用双臂把他扔了出去。他被猛力地摔在了墙上。

赫索格冲到走廊上,嘟哝着,"'哦,上帝!'而在他试图说话时却发现嘴里有一股酸水,不得不咽下去。"在他的脑海里,他看见自己和母子俩站在电梯里:

> 孩子哭叫着,紧紧抓住母亲,但那个女人抡起双臂,把孩子朝墙上扔去。她的腿上有微红色的毛发。他的情人有着长长的下巴,留着佐特式的连鬓胡子,躺在床上看着。躺下来就交配,站起来就杀人。一些人杀了人后会哭。另一些人,连这也做不到。[27]

经历了集中营、原子弹和女巫审判者之后,邪恶——以它那可怕的寻常无奇、它的躲闪回避以及它的拒绝担当——如何能不成为最重要的、甚至是唯一的主题?

[三]

当二战大屠杀在回忆中渐渐淡去,麦卡锡主义[漫画家赫布洛克(Herblock)新创的术语]被视为国家之耻时,美国人仿佛才揭开了眼罩,发现异国暴君及其爪牙们的可怕的邪恶与冷漠在自己的文化中亦四处可见,可惜为时已晚。他们发现,他们的政府强行将成千上万的国民关进了监狱,只因为他们"种族上"是日本人。[28]战后不到十年,最高法院裁定,公共教育的隔离制度——很多人认为是顺应自然本身的——实际上是某种形式的种族监禁。曾组织研制氢弹的朱利叶斯·罗伯特·奥本海默(J. Robert Oppenheimer)这样来描述他的发现:"物理学家们体验到了罪恶的粗鄙意义——这种粗是任何粗俗笑话、幽默风趣或言过其词都无法比拟的——这是他们不能丧失的知识。"[29]

甚至一些支持英美掌握世界领导权的保守派作家,对美国两次投放原子弹的杀伤力和激发出的反对力量感到同样震惊。一贯平和、关注本土的作家路易斯·奥奇科努斯(Louis Auchincloss)在参观了长崎的原子弹爆炸废墟后说,"如果一个人能够注视着这个医院,如贝尔维尤医院一般大……已被完全炸毁,在某个时刻说,'这是最好的结果。'那么这个人必然对英美世界的胜利计划信心满满。"[30]如果一个人的忠诚超越了种族和国籍,包含了,比如说,曾经的整个"基督教王国",那么他必须想象出这一画面,一位教皇(庇护七世)像往常一样在被钉死在十字架上的犹太人面前跪拜,之后,当犹太人被烧死时他正忙着处理教区的各项事务。至于那些愿意相信艺术的文明感召力的人,面对这样的事实,即开往死亡集中营的火车卸下大批送死的孩童时,纳粹凶手正在如痴如醉倾听富特文格勒(Furtwängler)和卡拉扬(Karajan)指挥的音乐,怎么还能从音乐中获得慰藉?

1946年约翰·赫西(John Hersey)发表了《广岛》(*Hiroshima*),这是最早也是最有力地描述了关于邪恶同谋这一发现的作品之一,也是《纽约客》第一次用一整期的篇幅刊载的作品。这部新闻纪实作品由一系列的速写组成,让那些只是听闻过这个话题但距离遥远的人似乎看到了一套家庭相册。赫西给了原子弹爆炸中无名的受害者以面孔和名字。他讲述了原子弹坠落前广岛市民的生活瞬间,他们中有人在厨房里,有人在门廊上,还有的在给孩子穿睡衣。原子弹爆炸时,他们像被扔弃的垃圾一样被炸得血肉横飞,与玻璃碎片、屋顶和墙壁的碎块混合在一起。赫西使我们很难用一个数字(七万或十万,这取决于是否考虑爆炸后的辐射影响)和一个轻蔑的称呼(日本佬)来代表这些人。

对漠视的批评成为美国严肃文学的主要任务。1951年,拉尔夫·埃里森(Ralph Ellison)发表了《看不见的人》(*Invisible Man*),这已成为黑人作家创作的最杰出的小说。在这部作品中,作家剖析了将黑人变成玩物或受轻视的对象或试验材料——但绝非有感知的人——的种种方式。1962年,雷切尔·卡森(Rachel Carson)推出了具有划时代意义的《寂静的春天》(*Silent Spring*)(该书也以连载的方式刊登在《纽约客》上)一书,她在作品中引用了阿尔伯特·史怀哲(Albert Schweitzer)的话,"人很难认识到自己创造的魔鬼",并把污染比作"一个邪恶之链……其绝大部分不可逆转"。实际上,卡森将尼布尔关于罪恶的定义用于说明整个文化，她认为整个文化里都浸透着各种无形毒物，虽是不知不觉，但仍难辞其咎。她把 DDT 看做万恶之首，正如一位历史学家所说，"她憎恨它……不仅仅因为它带来的明显的危害，还有它倡导的对敌人赶尽杀绝、对地球无限掌控的好战理想。"[31] 1963 年，贝蒂·弗里丹（Betty Friedan）出版了《女性的奥秘》（The Feminine Mystique），她认为女性的屈服是"一个多年来深埋于美国女性心中的、尚未道明的问题"，而这个问题直到现在才好不容易被意识到。同年，麦克·哈灵顿（Michael Harrington）出版了《另一个美国》（The Other America），试图通过此书"进入到四千万至五千万的看不见的人群中"——他们是在世界上最富裕的国家里过着贫困生活的"自己国家里的外乡人"。该书第一章题为"看不见的国度"。

阅读上述书籍成长起来的一代美国人愿意相信，美国的仇外心态和堡垒心态已经终结，正在进入一个真正重塑其根本形象的时代——这不仅是一场政治和社会关系的革命，也是一场两性关系的革命。赫伯特·马尔库塞（Herbert Marcuse）撰写的《爱欲与文明》（Eros and Civilization）（1955）是 20 世纪 60 年代风靡一时的经典之作，他在书中毫不避讳地谈到，为何甚至连弗洛伊德也困囿在关于正常人类性欲构成的狭隘观念之中。根据马尔库塞的观点，在乌托邦式的未来，前所未有的"里比多[1]的蔓延"将超越资产阶级社会规范所限定的、受到压制的性欲表达形式。这种不受压抑的性欲扩张将会表现在

> 所有性觉区的复活，最终将表现为性前期的多样态性行为的苏醒和生殖器至高无上的地位的下降。整个身体将成为性能量的发泄对象，一种可以享受的东西，换句话说，一种愉悦的工具。在里比多关系的价值和范围方面所发生的这种变化，将导致那些组织个体人际关系的机制（特别是一夫一妻制和父权制家庭）的瓦解。[32]

这些带有启示性的书（"假如我们要摆脱蒙昧，"哈灵顿写道，"就必须热情地去感知"），回应了特里林的一位哥伦比亚大学同事在广岛原子弹爆炸后提出的倡导。这位年轻的历史学家名叫理查德·霍夫施塔特，他坚信，我们一贯在观察历史时表现出的"感情用事的态度"已经走向终点，一个新的"批评分析"的时代即将来临。[33]

尽管这些作品包含着批评的热忱，可是同时代更具反讽意义的作品——比如约瑟夫·海勒（Joseph Heller）的《第二十二条军规》（Catch-22）（1961）或斯坦利·库布里克（Stanley Kubrick）的《奇爱博士》（Dr. Stangelove）（1966）——却更有生命力。卡森和赫西之类的作家认为，只有坚定虔诚的信徒仍然把超验看做是由上帝或自然创立的价值。赫西是传教士的儿子。卡森则被恰如其分地描述为一位沉浸于"对无人的世界的痴迷冥想"的"超验主义者"。小马丁·路德·金（Martin Luther King, Jr.）（曾在就读波士顿大学时读过尼布尔的著作）在《伯明翰监狱的来信》（Letter from Birmingham Jail）（1963）中援引了从圣·汤玛斯·阿奎那（St. Thomas Aquinas）到马丁·布伯（Martin Buber）等自然法则神学家的著作，并宣称"种族隔离不仅在政

---

[1] 里比多（libido），奥地利心理学家弗洛伊德用语，指性本能背后的一种潜在力量。

治、经济、社会学意义上是荒谬的，其本身就是一种罪恶。"这些话在今天听来好像是一个来自遥远时代的声音。[34]

[四]

那么，是什么取代了这些书籍，并使今天的读者认为其中的观点不合时宜呢？正是反讽具有的破坏精神。它经历了二战和冷战的蛰伏期后重获生机，从那之后逐渐发展成为美国文化的主导风潮。一系列惊人的暗杀事件使得整整一代人远离政治这个希望的竞技场，也加速了60年代由愤怒向反讽的转变。在1970年以前，"自我控诉文学"几乎无一例外以越南战争为主题；而反讽精神首次高调现身于1970年的一幅著名漫画。漫画人物波哥戏说了奥利弗·哈泽德·佩里(Oliver Hazard Perry)少校在1813年伊利湖战役后的名言："我们遇见了敌人，他就是我们的俘虏"，他把这句话改为："我们遇见了敌人，他就是我们自己。"到这幅漫画出现之时（它出现在1971年第一张世界地球日的宣传海报上），冷战期间的少数持异见的声音已经变成了，按特里林的说法，成熟的"对抗性文化"。

一百多年前，克尔凯郭尔就曾惊人地预言，"反讽的最主要的特点"是：

> 主观的自由，这种主观自由掌握着随时从头开始的可能性，不受早先情势的牵绊。而每一个重新的开始都有某种诱惑力，因为主体依然自由，而反讽者渴望的正是这种享受。[35]

长期以来美国本土的写作风格一直带有这种浪漫主义的反讽性。我们在爱默生声称打算"在门楣上写上'一时兴起'一词"的事件上，看到了这种反讽的最纯粹的表达形式。一百多年后，沃克·珀西(Walker Percy)称其为"纯粹可能之所在"，这是"一个人每时每刻的变化之间毫无关系"的条件。但是在任何一代人中只有极少数人愿意奉行完全自由的原则，也只有极少数人会在"天赋召唤时，对父亲、母亲、妻子和兄弟不予理会"。[36]对于大多数人，经历了受奇思怪想支配的青春反叛期后，对崭新开始的热切渴望依然只是——热切渴望，尚未满足。

起初，60年代的这代人看起来似乎并不属于从自发性回归到因循守旧这种模式；他们看起来似乎会长久地坚守被欧文·豪(Irving Howe)称为"不受限制的需要的心理"。[37]美国文化被注入了极度需要的东西，即一种甚至拿自己开涮的幽默感。曾经，整个60年代的精神特点是：蔑视权威却没有破坏性，戏谑顽皮但并非无政府主义。这种精神和海明威及菲茨杰拉德的极度厌倦大不相同。现在，反讽似乎随时打算履行爱默生的诺言：把文化从因为可能性被排除而带来的压抑感中解放出来。一直以来这都是反讽责无旁贷的使命，它由此成为受压迫者的依赖（犹太人和黑人的幽默成为美国社会中最强盛的喜剧传统绝非偶然），也成为一种解毒剂，专治毒害不浅的文化自恋症——正是这种文化自恋为蛊惑民心的政客提供了滋养的土地。

但是对于豪和他同时代的人来说——他们这批人都是在20年代度过童年，经历了30、40年代的残酷步入成年，60年代文化中再度兴起的唯信仰论的反讽热潮不会持续很久，这是显而易见的。他们预计这股热浪将冷却为平静的、具有表演性的常规。特里林在1961年就已经察觉到，在他学生中存在"我们可能称作反社会的社会化，或是反文化的文化适应，或是颠覆性的合法化"的现象。[38]这段话带着不可思议却又完全无心而为的相似，重复了司各特·菲茨杰拉德对在两次世界大战间成长的这代美国人的一番评述："美国的年轻人因为继承了战争中那代人——从某种程度上说这些前辈们都是自己动手解决问题——的精明世故而头脑聪明。"[39]

这种间接获得的反讽最明显的表现，便是一种叫做"坎普（Camp）"的风潮进入到了主流文化中。起初它只是一种隐蔽的同性恋潮流，一种私密的亚文化——其成员明白伪装下生活的意义：对他们而言，通过模仿夸张的矫揉造作的女性姿势或者留着平头，表现充满战斗疲劳症的男子气概来嘲讽两性特征被严格区分的异性恋世界，是表现团结的一种仪式。作为"坎普文化"的主要诠释者，苏珊·桑塔格（Susan Sontag）把这个词解释为，"一种对夸张的热爱，对偏离的热爱，一种不是对事物本身而恰恰是事物之外的热爱……坎普看待所有事物都是带引号的。比如，不是一盏灯，而是一盏'灯'；不是一个女人，而是一个'女人'。"[40]

这种新的反讽形式的前身，便是20世纪50年代诺曼·梅勒（Norman Mailer）口中的嬉皮文化：

> 如果我们的集体生存状态不是被核战争瞬间夺去生命，就是在类似集中营式的国家中相对较快地死去，或者是在创造和反叛本能全部被扼杀的循规蹈矩中慢慢死去……那么唯一能够赋予生命力的答案就是接受死亡，将死亡看作即将到来的危险，脱离社会，隔断与传统的联系，踏上探索内心深处的反叛冲动的未知旅途。简而言之，不论这种生活是否是罪恶的，这种决定就是鼓励那些患有精神病的人在自身内部去探索个人的体验。在个人的体验中，"安全感"是无趣的、病态的；人活在现在，活在没有过去和将来，也没有记忆和未来的无边无垠的当下；在这种生活中，人必须向前进直至被打败，他必须赌上毕生精力来战胜生活中大大小小的勇气危机和无法预料的困境。他必须接受这种生活，或者注定只能活在这种生活中。

"嬉皮"一词来源于"两个世纪以来一直生活在集权主义和民主边缘的黑人之中"。[41]梅勒十分清楚集权主义在美国生活中的渗透力，并撰写了一篇极其精简的令人震惊的散文。但是在随后关于"坎普文化"的表述中，"嬉皮"变成了令人尊敬的中产阶级的装饰品（就像爵士乐和乡村音乐一样，它成为被消费文化吸收同化的一种风格）。由此，"嬉皮"一词失去了其真实性，不过是另一种时尚罢了。

"嬉皮文化"进入了室内装饰和服装设计领域，以及电视（在1966年到1968年期间播放的"蝙蝠侠"系列电视剧中，惩恶扬善的纽约街头战士表现得像一个神经兮兮的傻瓜）和电影中。"嬉皮文化"一词上的引号意味着每一个身处该文化却还未接纳它的成员仍然被禁锢在一个规定的角色中，演员即兴发挥的天赋被脚本台词所压抑。相比这类愚钝的顺从，桑塔格更偏好"葛丽泰·嘉宝（Greta Garbo）无瑕的美貌后那令人难忘的雌雄同在的空缺"，她拒绝传统的温柔顺从，拒绝满足于某个男性的保护。"要认识事物和人所具有的坎普特质就要理解'存在即扮演角色'这一观点。在感性上，这是对人生如戏这一隐喻的最大延伸。"在任何此类表演中，阴险的坏蛋都比规矩的好人更有吸引力。在看完埃米尔·德·安东尼奥(Emile De Antonio)拍摄的关于陆军—麦卡锡听证会的电影《有关议事程序的问题》(Point of Order)(1963)后，桑塔格发现，"所有好人都表现得很糟糕——陆军部长斯蒂文森、参议员赛明顿、律师韦尔奇等等，看起来全是自命不凡、傻里傻气、自以为是或者投机取巧的人——而电影却让我们难以抗拒地从审美的视角欣赏恶棍。"[42]这就是"最大的"反讽。——这个后来出现的短语中的简略含蓄性，正是源于"坎普"情怀。

杜鲁门·卡波特(Truman Capote)的畅销书《冷血》(1965)是关于"坎普"审美观的最佳范例之一。这本书讲述了堪萨斯州一家人被几个流浪汉谋杀的故事，它开创了后来大为成功的"真实犯罪"文体，这一文体近来受到乔·迈金尼斯(Joe McGinniss)和其他一些记者的追捧。卡波特对杀人凶手，尤其是残疾的佩里(Perry)的描写最富有感染力。佩里形同半个侏儒，为此他试图从别的方面加以补偿，他努力强健体魄，摩丝打得"油光锃亮、香气扑鼻"。他曾从一个狱友那里受到鼓舞，因为这位狱友"认为这位跛脚的身材健壮者眼神蒙眬，声音低沉而严肃，有种神圣的闪光，是位'诗人，才华难得，值得挽救'"。他的"两眼雾气蒙蒙，眼神如梦如幻，相当漂亮——确切地说，像个演员似的，很敏感。"[43]

与这位经历悲惨的杀手截然不同的是，受害者一家安逸得让人嫉妒，他们全然不知艰难痛苦为何物。被佩里杀害的那位十几岁的女孩，对她来说，生活中最大的问题就是谁会和她一起参加高中毕业舞会。她是"一名全优生，班长，四健会和青年卫理公会的领袖，熟练的骑手，优秀的音乐演奏者(钢琴和单簧管)，乡村交易会上的年度冠军(糕点、蜜饯、缝纫、插花)"。[44]可以想象，这份美国中产阶级美德清单上的每一项都会令卡波特眉头紧蹙，退避三舍。

这类文学极尽反讽之能事，比起20年代作家的作品来说，有过之而无不及，而后者作品中还残留着中西部地区的真挚热切。起初，沉湎于这种浓烈的反讽可能会带来一种愉悦的眩晕，正像爱默生心里所感受的那样，他说，"把眼睛转过来，从你的两条腿中间看风景，多么美好的图画，尽管这二十年你无时无刻不在看着它！"起先，反讽是对这个单调刻板的世界的一种解脱。在这样的世界里，惯例和公正混淆，习俗被视为命令。梅尔维尔知道，反讽能把我们送到另一个世界，在那里，"我们认为错的可能被视作正确；甚至像一些物质那样，自身并没有发生任何变化，但却根据投射其上的光线彻底改变了它们的颜色"。[45]在这个混乱的世界里，是非颠倒，善恶不分。豪(Howe)在20世纪60年代末曾这样说过：

> 这是一个超越了善恶的观念来看待生活的视界，并非因为这些经历或者说经历的可能性已经被面对和超越，而是因为我们试图用来标明它们的范畴已经失效。没有必要品尝苹果：苹果给那些知道如何吃苹果的人带来健康；但仔细想想，根本没有苹果，它只存在于病态的想象中。[46]

20世纪60年代的文学和艺术留给我们的遗产之一，便是一种表达了轻蔑之情的"极简主义"风格——最适合于"平面化世界"的风格——其中所有的差异(前景、背景;灯光、黑暗;表面、内部)都被抹去。这种风格存在于巴内特·纽曼(Barnett Newman)和艾德·莱因哈德(Ad Reinhardt)的单色画布上,以及之后诸如杰·麦克伦尼(Jay McInerney)和布莱特·伊斯顿·埃利斯(Bret Easton Ellis)等在70年代和80年代享有短暂声誉的文学名人的小说中。这种写作风格源自一群行文简洁的法国作家,他们在这种新类型的小说中,以一种类似婴儿出生的临床报告的精确来描写鞋底之类的物品。这种写作方式把海明威散文风格的平等化趋势推向了极致。这是最完全意义上的反讽艺术:"褪去所有'幻想',它已失去对'本质'本身的信仰。"[47]

这些画家和作家过去的想象已成现实,在当今这个我们生活于其中、没有差异的世界里,任何关于"男性"和"女性"之间"自然"差异的论点,听起来都像是原教旨主义的胡言乱语——因为这些术语原本被用来指代自然里固有的分类,如今用来表示文化给组成人类的两个不同生物实体设定的特定行为模式。同样,善恶之间曾经不容置疑的区别现在受到质疑,因为现在人们习惯相信,"对道德原则的主张是为了遮掩个人偏好的表达。"随之而来的问题是,正如沃克·珀西(Walker Percy)在《兰斯洛特》(*Lancelot*)(1977)中所指出:

> 如果你能证明邪恶的存在,纯粹而又简单的邪恶,接下来会发生什么呢?难道不是一个意外收获……?一个新的上帝存在的证明!如果存在罪恶或邪恶这样活生生的恶势力,就一定存在一个上帝!……如果你能让我看到一个罪恶……一个纯粹的恶行,一个无法解释、令人无法容忍的行为……人们会刮目相看。我也会印象深刻。这样你几乎可以让我成为一名信徒了。[48]

珀西在南部长大成人,大部分时间都生活在那里(因此和北方同行相比,他对旧的道德"真理"被揭示为谋取权力的诡计的这一过程可能更加敏感)。他异常精准地记录了具有讽刺意味的"所有常规、所有神话的摧毁"。他将自己的小说置于一个没有差异的世界,在那个世界里,剃须膏的电视广告和战争的新闻画面同时播放,并且越来越少的人会注意到其中的差异。下面这段对话选自《最后一位绅士》(*The Last Gentleman*)(1966),对话的一方是主人公——新版的利普曼式的"现代人"——他试图说服自己在日益消逝的资产阶级美德中存在持久的真理,而另一方则早已放弃了此类信仰:

> "做点什么事总比什么都不做要强——想都不用想,先生。"
> "想都不用想。"
> "成个家很好。"
> "您说的很对。"
> "爱比被爱好。"
> "完全正确。"
> "有什么才能都要培养一下。"
> "正确。"

"做出点贡献，哪怕微不足道。"

"哪怕微不足道。"

"尽力促进种族间的宽容和理解，无疑是当前国家的最迫切的需要。"

"毫无疑问这是最迫切的需要。宽容和理解。确实是的。"

工程师脸红了。"是啊，这样不是更好吗？"

"是的。"

"暴力很糟糕。"

"暴力很不好。"

"和自己的妻子亲热比和一堆女人鬼混要好。"

"好得多。"

"我相信我是对的。"

"你说得对。"[49]

每一句主张都是无力而又呆板，回应则是乏味而又迁就的。对话中的两人本身就好像了无生气的陈词滥调。这段对话含有一种奇怪的躲躲闪闪，听起来好像被截断一样，就像一系列没有回到主音的和弦。但同时它读起来又像一段我们不断同自己进行对话的文字稿——在对话中，所有关于道德的讨论听上去更像是说教。

自珀西和卡波特的时代之后，毫不夸张地说，我们已经被引号包围了；穿着时尚在今天就是要么男女不分，要么刻意嘲讽地穿上束腰裙或者宽肩西服，隐射在过去过度女性化或过度男性化的风格。反讽已经成为现代生活的规范性的行为方式——当然这个事实本身也是一个反讽。正如很久以前，奥古斯丁在回忆他和"反叛者们"待在一起的日子时，就已经意识到，反讽开始表现为对文化规训的反抗，直到最后它除了自身之外没有可以反抗的对象。

颇具影响力的德国社会学家尤尔根·哈贝马斯（Jürgen Habermas）（像所有战后德国知识分子一样，在写作时始终无法忘记，在魏玛共和国时期高涨的反讽情绪如何变成了纳粹主义的前奏）把这一情形描述为"合法性危机"，在社会发展中的这一刻，"后人不再承认他们身处在曾经构建文化的传统之中"——而这一文化是他们被推定为所从属的文化。[50]不仅是对知识分子而且对数百万具有历史观念的普通人而言，我们的过去已经成为一个丑闻，或者更糟糕，成为一个被漠视的对象。要理解这在美国意味着什么，最便捷的方法就是去参观华盛顿的林肯纪念馆，然后沿着长长的台阶往下走，继续向下来到地下越战纪念碑。纪念碑向前绵延，仿佛是笼罩在阴影中的防御战壕。林肯雕像四周的大理石墙壁上刻着他的葛底斯堡演说和第二次就职演讲词。在越战纪念碑（它只是一面墙，里面没有任何东西）的花岗岩上，只印刻着越战中阵亡者的姓名。这个无声的墓碑是我们现在唯一敢建造的纪念碑类型。

[五]

每一代人都倾向于相信，自己的经历是史无前例的；然而历史研究的好处之一，就是发现事实并非如此。举个例子，有人发现在南北战争结束后，惠特曼曾对当时的社会有所抱怨，说"男人不相信女人，女人也不相信男人"，且"所有文学家的目标，都是发掘可嘲笑的对象。"这些话指出了这样一种社会现状，即在紧缩时期，在文化竭力为旧虔诚代言并付出了鲜血和希望的代价之后，反讽情绪往往会激增——诡异的是，这其实也贴切地表述了我们这个时代的特征。[罗伯特·奥特曼（Robert Altman）的电影《风流医生俏护士》（$M^*A^*S^*H^*$）（1970），流露出越战后最早却也是最强烈的反讽情绪。这部电影后被改编为一部经久不衰的电视剧，将情景喜剧中小笑话连篇的模式移植到一所丛林中的野战医院里。]正如海登·怀特（Hayden White）所言，"反讽，其实表征了英雄时代和有能力信仰英雄的时代已然消逝。"[51]

纵览美国文化史，在20世纪之前，确实曾有过几个反讽之音，盖过了自愿虔诚的嘈杂声。然而，这些声音非常罕见，所以飞快地跃过了这页历史。一位叫做艾伯纳·聂兰德（Abner Kneeland）的知识分子牛虻（同时代的人将其比作"刚从瓶子中倒出的啤酒，满是泡沫"），在19世纪30年代发泄了反讽情绪之后，竟然以亵渎罪名被指控且受到审讯。他的原话是：

> 当一个巴黎人听说霍屯督人把每个男孩的睾丸都切掉一个时，他定会大吃一惊；而一个霍屯督人听说巴黎人把每个男孩的两个睾丸都保留时，他同样倍感意外。巴黎人和霍屯督人都惊讶于对方的习俗，并非因为觉得对方的做法不合情理，而是由于这种做法与自己的不同。[52]

聂兰德超前地认识到，历史不过是一连串的偶然事件。他的这一认识，现在看来再普通不过。因此，他可算是一个走在时代前列的现代人。一个国家的男孩被允许保留生殖器的完整，而另一个国家的男孩则要切除睾丸——这样的差异，是因为他们恰好在不同的时间、不同的地点降生到这个世界上，并不能证明在本质上有一个还是两个睾丸更好。在A国，戕害生殖器被指责为毁损行为；同时在B国，一个孩子保持完整的阴囊是对神的不敬——无论谴责或赞同哪种观点都是一种褊狭的表现。当时聂兰德在表达观点时，故意骇人听闻；但倘若在今天，他只会被认为是众多文化相对主义者之———他们把过去的所有信条，都看作是对本地做法的普适性依据。一旦这一判断成立，传教士想给野蛮人带来光明时，便再也没有赖以求助的可靠经典了。这样的结果是，不再有基督徒，也不再有野蛮人。

拿历史（惠特曼在1870年写道，"真正的信仰已经离我们而去"）和我们现在的情形对照，我们发现，反讽从未像今天一样取得压倒性胜利。我们现在的情形是，不仅是具体的信仰对象，甚至连信仰的能力都遭到了质疑。这是一种新的情况。在过去，当观照世界的旧方法业已过时，人们至少还能看得出取而代之的新方法的大致轮廓；人们普遍相信，新方法将带来更好的认识真理的视界。（例如在17世纪末，魔鬼附体的观念让位于联系主义心理学；再如于19世纪，进化论代替了神造万物的学说。）然而，如今我们所经历的变化，却已在程度上有了巨大的差异，成为另一个不同的类别。我们的时代，只有拆毁没有再建，只有消除没有置换。

用埃德加·劳伦斯·多克特罗的话说，我们现在生活在"潮汐间的静止状态，既非涨潮也非退潮"。[53]在我们拭目以待潮水将给我们带来什么时，受反讽的支配，我们被迫面对一些亟须回答的问题。反讽会带来罪恶感吗？反讽主义者能鉴别价值吗？或者他注定要生活在一个充满偶然性、无法区分善恶、所有观念都被贬为意识形态的世界里吗？在1948年，当约翰·福斯特·杜勒斯(John Foster Dulles)在谴责苏联势力扩张至欧洲时曾说："自一千年前，新兴的充满活力的伊斯兰信仰攻击已有的基督教机构之后，人们就再也没有见过类似这般的意识渗透、宣传和恐怖主义……而今却重新上演。"[54]我们在今天读到这番话，会毫不犹豫且合情合理地提出反讽主义者式的问题——杜勒斯凭着怎样的狂妄自大，竟敢对宗教法庭或其他借"基督教王国"之名犯下的罪行免除自己的道德义愤？紧接着，"基督教"对新世界的野蛮占领，甚而整个欧洲阶级战争、种族主义和帝国主义历史又当作何解读呢？因此，杜勒斯把苏联人拿来同伊斯兰教徒相较，这样一种类比明显带有所谓"东方主义"的口吻。于是，我们把他归入"冷战分子"这一可解散的范畴中。

但是，在阐明了这些观点之后，反讽主义者可曾问过，杜勒斯对斯大林的看法究竟是否正确？在反讽主义者的头脑中，有可能提出这样的问题吗？在面对某个新的希特勒时，反讽主义者有能力摆脱反讽带来的无精打采，进而奋起反抗吗？

历史并不鼓励给这些问题以肯定的回答。这是因为，正如哲学家保罗·利科(Paul Ricoeur)所说："没有任何禁忌中不带有一丝敬畏，一丝对秩序的崇敬。"[55]如果不对*某种事物*怀有敬畏之情，就不可能有禁令——而显然我们两者都缺乏，这对任何一个当代文化的观察者来说都应该是显而易见的。相比其他与之抗争的信仰，反讽已被证实更能消解我们以往的信仰。然而，尽管反讽具有消除以往种种假定的能力，它并不能对未来做出任何承诺。它的能力是消极的。当它进行揭露时，它能像任何拆毁工程那样开辟出视野。但是之后，它不会在重建中发挥任何作用。

以女权主义为例——这大概是过去二十五年中最重要的社会力量。女权主义声称已然揭示了某种形式的恶，这种恶一直藏身于性别等级制度这个未经考验的公理之中。批评家玛丽·埃尔曼(Marry Ellmann)在妇女运动早期写作时提出了"阳具批判"这一术语(这个词在当时还未被用滥)。她刚读了一位男性文学批评家对弗朗索瓦丝·萨冈(Françoise Sagan)的新作所写的评论文章。萨冈是一位法国作家，在青少年时代就凭借她的成长纪实小说《你好，忧愁》(*Bonjour Tristesse*)(1954)大获成功，轰动一时。那位男性批评家不喜欢萨冈的新作，在评论中这样写道：

> 可怜的老弗朗索瓦丝·萨冈。又一个过时的老前辈，追逐最新的文学时尚，追逐青春，匆匆而过。表面上看，她在美国的职业生涯如同那些中世纪美女的生命周期。14岁时，成熟；15岁时，失贞；30岁时，变老；40岁时，干瘪的丑老太婆。

作为回应，埃尔曼写了一篇书评，《论深受欢迎的法国小说家弗朗索瓦丝·萨冈的新作》，其措词与上一篇评论极为相似：

> 可怜的老弗朗索瓦丝·萨冈……表面上看，他在美国的职业生涯如同那些中世

纪的行吟诗人的生命周期。14岁时,手淫;15岁时,交配;30岁时,性无能;40岁时,前列腺毛病不断。[56]

埃尔曼发现,自己不知何故身处于这样一种文化中,即"关于男性气质,一个不折不扣的事实是,它不像女性气质那样把性感的外形强加于个人事业的方方面面"。埃尔曼将那些被习惯性地用来赋予女性生活以荒谬的"性感外形"的词汇为己所用。她知道,这样的词汇用于描述女性时符合社会规范,然而用来描述男性时,则显得骇人可耻。这个例子,很好地说明了反讽主义者所持的普遍观点——任何一个被普遍认可的观点,其使用语境如果改换了,它都会显示为一种习惯性常规;而反讽主义者使用的策略是,每听到一个论断或命令后,就像小孩那样,玩起疯狂追问"为什么"的游戏。尽管家长会恼怒不堪,可他们知道孩子也有些道理——对于"为什么"没有一个令人满意的回答,而这个追问游戏最后总以强硬的命令告终:"因为我说是就是!"

这个被解构主义者称作有关发生在权威核心的"缺席"的发现(这种情形,恰如梅尔维尔在很久前所写:"千辛万苦后,我们挖进了金字塔,百般摸索后,我们进入了中心室,欣喜地发现石棺就在眼前。但当我们掀开棺盖——棺中竟空无一物!"[57]),激励着改革者们去否定掌权者的形而上学主张。而且,在反讽主义者看来,每个使权力合法化的冒牌学者都是"绿野仙踪"里的巫师,关键是要拉开那一层帘幕。

而完成了揭露之后,便进入到下一个环节——在这个环节中,被拆毁的世界必须重建起来——这时候,反讽完全帮不上忙。如果有人揭示出这种文化的根基其实无所依托;或者,如果有人揭示出这种文化经历的实证方法、它对自然的工具主义观、它的"占有性个人主义"——从启蒙主义继承而来的整套范畴——其实是在历史中演变而来的而非自然所认可,那么,当这些原则在其他文化中的缺席似乎同其犯下的罪恶有关时,我们该如何反应?例如,损伤女性生殖器在某些非西方社会是常见的文化惯例,面对这样的事实,激进的女权主义者该作何反应?尽管她擅长揭示所有文化都具备的偶然性以及自认为本族文化更优越的骄傲自大,可是她该如何证明自己的愤怒是有道理的?当她想到一些少女的阴唇被缝合或者阴蒂被切除时,一定会感到不寒而栗;但是这样的反应不正是来源于形成她自身情感的某种具体的文化环境吗?反讽能给她怎样的理由来干涉甚至反对?

事实上,如果她要援引个人权利的思想——此处指的是拥有自己的身体,并且能体验性的快乐的个人权利——她就又回到了宣称普遍性(但被她揭露为偶然性)的一种文化词汇。最近,历史学家大卫·霍林格(David Hollinger)引起了大家的广泛关注,源自于他称之为"马赛妇女案"的事件。他的评论带有几分个性化的反讽特色:

> 如果这些妇女只是用于繁殖的牲畜——没有生育男孩便被强悍的主人看作是牛马不如时,我们该批评谁呢?毕竟,这是马赛文化的一部分。或许我们甚至都不该去谈及它,因为这样的话题会迎合西方的偏见,会使我们忘记美国和西欧的妇女遭受了多少暴力和不公。

他接着用这种反讽的口气说，只有一个办法能让我们拯救马赛人，同时坚持我们的原则而不进行比较文化的判断：

> 假如马赛民族最终在东非的经济、政治和生态转变中灭绝，那么当最后一位幸存的马赛妇女爬过欧加登快要饿死时，我们基于种族主义原则，是可以拯救她的。她获得解放的代价将是她的文化的灭亡，这是我们原则性很强的反普遍性和我们对西方帝国主义合理的怀疑所不允许的。[58]

换言之，想要做出判断并拯救生命，就要暂停对自己文化的反讽。这种做法，是为了维护自己的利益而否认他人的信仰。这已成为越来越难以想象的事，付诸行动的更是少之又少，因为我们的社会几乎没有信仰存留下来。当我们使用那些古老的词汇——权利、责任，尤其是邪恶时，——我们又回到了那个世界，那个新反讽主义者们相信早已被其抛在身后的世界。

理查德·罗蒂(Richard Rorty)的佳作《偶然、反讽与团结》(*Contingency, Irony, and Solidarity*) (1989)对这种无力状态进行了非常精彩的描述。它与利普曼的《最后一位绅士》异曲同工，提醒着读者，当代的美国和利普曼笔下两次大战之间的美国何其相似。罗蒂本人对反讽的让步，表现为用女性代词来代替直到近些年才受到质问的通用的"他"：

> 反讽主义者花时间担心她是不是可能加入了错误的部落，被教导去玩错误的语言游戏。她担心，给她一个语言并使她变成人类的社会化过程，也许是错误的——错误的语言已经使她变成了错误的人类。不过，她无法给出一个评判错误的标准；所以她越是被迫用哲学术语来说明自己的处境，就越发提醒了自己的无根性。[59]

如今大多数美国人都认同罗蒂在此处描写的无根的感受，也非常清楚生活中没有"评判错误的标准"意味着什么。我们之所以认同，是因为它描述了我们在哪儿，我们是谁。

[六]

批评家弗雷德里克·詹姆逊(Fredric Jameson)把"意识"理解为"一种建构，而非一种稳定的物质……是关系的所在，而非旧意义上的自我"。[60]这已成为现在人们的普遍看法。在学术著作中，这个关于意识的"后现代主义"观点是无害的抽象概念，就像某些文学批评家热衷于说的，它表达了自我是由世界创造形成的一种主张，而非相反。这种后现代主义反讽的基本原则是，在语言出现之前，谈论自我是令人难以理解的：先辈的历史把一连串的本能、反应和态度汇集到一具人体的有机体内，自我只是给它们起的名字而已。

但这一理论或观念脱离书本后，它就变成另一回事了。这种思考方式认为，个人责任与自我相对立。从这个意义上讲，近几年来最善于表达的反讽主义者并不是教授们，而是像梅内德斯(Menendez)兄弟那样的杀人凶手——他们将自身的行为冲动归结为种种外因。"(其)自我辩护的内容",如伊丽莎白·哈德维克(Elizabeth Hardwick)所说,"总是围绕某种胁迫,而最常见的胁迫形式就是性虐待。"("它和心理医生的关系之密切,就如同肾脏和泌尿科医生一样,"哈德维克说道。)年轻的莱尔·梅内德斯(Lyle Menendez)在证人席上陈述说,一种恐惧让他"别无选择,只能杀死他的父母"。另外,在洛雷娜·波比特(Lorena Bobbitt)案中,洛雷娜切掉了虐待她的丈夫的阴茎,因为"这个折磨她的工具,就是她丈夫的阴茎"。她把它看成是痛苦的来源,并拿菜刀割下了它。[61]

在今天的美国,层出不穷的刑事案件中被告逃避责任的理由数不胜数,这只是其中两个较为出名的案例而已。谁为犯下的罪恶买单,这无疑是个古老的问题;但是这种拒绝承担责任的厚颜无耻却是新出现的,而它正是当代文化最显著的特征之一。这可以说是反讽的一种突变形式,但也只是形式而已。小说家查尔斯·巴克斯特(Charles Baxter)有一篇文章,其内容是论证理查德·尼克松(Richard Nixon)是对当代美国文学影响最大的人,文中作者把这种趋势称为"'推诿'的概念",是对"与不良后果相关的意图的几乎完全否定"。不久前,刚刚出版的一本关于阿道夫·希特勒(Adolf Hitler)童年的书中提出了这样的观点:"这个大肆杀戮者的生活,反映出他在童年被迫面对的无数谋杀。"[62]

辩解和借口往往只有一线之隔,很多正直谨慎的人尽量精确地区分两者,不越雷池一步。然而,如何划分两者间的界线,这个问题从未像现在这样难以回答。今天,我们怅然回望那个非凡的历史时刻——尼布尔在题为《人的本质和命运》(*The Nature and Destiny of Man*)(能想象今天有哪位学术大家会用上这样的标题?)一书中提到"无可避免地承担责任":

> 尽管所有特定的罪恶都有社会根源和社会后果,然而罪恶的真正本质只能在灵魂与上帝纵向维度的关系中得到理解,因为自我的自由独立于所有关系之外,所以除了上帝没有人能够审判。由此,对罪恶特点的深刻了解必然会带来忏悔:"我向你(神)犯罪,唯独得罪了你(神)。在你眼前行了这恶"(诗篇,51)。[63]

正是由于内心充满与此相似的责任感,特尔福特·泰勒(Telford Taylor)在纽伦堡审判中声称"重要的是不要将本次审判变成战争原因的调查",也"绝不应该花力气或时间把引起这次战争的责任摊给卷入其中的诸多国家和个人……在面对历史的审判时,被告可以说明原因替自己申辩,但不是在法庭上。"纽伦堡审判的美国检察官罗伯特·杰克逊(Robert Jackson)法官,对审判纳粹的案子作了这样的开场白:"我们要谴责和惩罚的罪行是经过如此精心策划,是如此恶毒,如此具有毁灭性,以致文明世界对之不能放任不管;因为如果这些罪行在今后重现,文明将不复存在。"[64]

我们已经失去了尼布尔、泰勒和杰克逊的那个世界。今天,我们生活在爱德华兹预言过的一个世界,在这儿我们不再清楚是否"有人会因为任何事情受到责怪或赞扬"。就像麦克·伍德(Michael Wood)在文中所写,这个世界

> 充满了没有缘由的事件,充斥着毫无关联的事情。我们都遭遇到不当的指控。我

们生活在一个奇怪而又伤感的世界里，一个与卡夫卡的《审判》(Trial)相颠倒的世界，在这里法庭总是挤得满满的，总是被判有罪。我们已被生活凌迟。[65]

这一描述无可挑剔，正好体现了当前美国文化中特有的反讽颠覆和自认受害[奥普拉·温弗瑞(Oprah Winfrey)、菲尔·唐纳修(Phil Donahue)和其他职业表演牺牲者是其中的典型]的趋势，戏谑地重申了本杰明·富兰克林的断言，一个人"若……只能做上帝(或命运，或环境)要他做的这些事情……就不会有任何功德或过失"。伍德则借由我们所熟悉的电影世界中的一位公民，来提醒我们如何回应一个总是以自我辩解的方式说话的、自称受害者的人：

"祝我好运吧。这事儿对我不公平。"一个强悍又痛苦的女人在电影《夜长梦多》(The Big Sleep)里说。饰演菲利普·马洛(Philip Marlowe)的鲍嘉(Bogart)，比一部问题电影表现得更聪明、更严厉也更无情，他回答道："你这种人总是这样。"[66]

这就是关键所在。如今，鲍嘉的褶皱帽子和风衣已是高级时装连锁店所必备的；他短短的胡楂和强硬的口气都是我们乐于模仿的对象。他拥有反讽的所有表面特征——老于世故，对个人正义、一本正经、谨小慎微深深厌倦。他什么都见过，什么都经历过，背叛过人也被人出卖过。然而最终，在典型的美国电影《卡萨布兰卡》(Casablanca)(伍德说，这部电影里的鲍嘉将"热切的利他主义藏在自私和缺乏自信的面具之下")中，他以一位坚定正直的道德家形象出现。失去了鲍嘉的实质，我们所见的，只有他装出来的样子。

第七章 前景

[一]

几年前，我女儿还未满三岁，有一晚我给她念故事书，发现她从未见过星星。她的故事书里有一幅星空的插图，但很显然她并不知道那幅图画的是什么。这让我大吃一惊，但我也意识到，这是因为她大部分的时间都生活在一个灯火通明的城市里，耀眼的水银灯本来是为了给夜间的街道带来安全，却也遮掩了夜空。

于是之后的一个晴天我们来到乡村，天黑后我带着女儿走到户外仰望星空。我成功地编了一些解释，讲述星星为何物（"小太阳"、"大量气体"之类云云），直到女儿问我什么是流星时，我愣住了。之前她听说过这个词却一直迷惑不解。如果我随随便便回答她的问题，那未免有些不合适，于是我闭上嘴，打了个手势下次再说。

不久之后，我读到一位美国早期作家的作品，其中有关于快速运行和慢速运行星体（流星和彗星）的评述，这位作家不仅了解而且亲眼目睹过这些星体。他写道，这样奇妙的景象是对"（上帝）那伟大且辉煌的作品"的装饰。这个世界是上帝创作的一部作品，但是，就像印刷工会在文本中加粗字体或在空白处用箭头进行强调，如果上帝没有

> 在旁注中……用红色字体、星号或指示符号唤醒酣睡中高枕无忧的人类世界，引发他们更多的关注和更严肃的思考，[1]

那么一些疏忽大意的人很可能会对这部伟大的作品兴趣寥寥。换言之，彗星和流星就是上帝的旁注、斜体拼写和感叹号，是用来唤醒人类关注上帝之荣耀的工具。

然而，即使在17世纪，仍有些不信神的人质疑这一点。这些人的思想超越了他们的时代，已接近现代人。他们认为彗星是一种毫无指征意义的烟花——是毫无缘由地"出现在天际的戴着假发的使者"。当彗星在夜晚一闪而过之后，当布道坛上回荡着警告，称上帝的审判——一场洪水或者印第安人的一次进攻——即将来临之时，这些人坐在教堂后排的长椅上窃笑。如果灾难没有降临，他们的怀疑则更为坚定。这些人就是美国第一批反讽主义者。

他们的言论激怒了我提到的那位作家，他反驳说，天空中的这些迹象可能指涉某些遥远的事件，它们的"强烈影响可能会可怕地显现在较为偏远的、少为人知的地区"。[2]当我读到这精彩绝伦、无可辩驳的反驳时，我不由自主地想，如果能像他那样生活在前CNN[1]时代真是莫大的安慰，因

---

[1] CNN 为美国有线电视新闻网的英文缩写。

为那时不会有来自遥远地区发生灾难的消息，也从来无需否认它发生过。那时的人可以解读天空中的种种预兆，而不用担心受到质疑。

尽管幻想生活在这样的世界里不无惬意，但总体而言，彻底失去这样一个世界或许也是件好事。无论我们为失去它感到愉快还是悲伤，现代历史中最重要且不可更改的事实是，我们不再生活在超验的世界里。以往人们认为人类是从上帝那儿获得真理，现在这一观念已经不复存在，取而代之的观点是，现实是一个介于现象（本身是不可知的）和无数心理活动领域（我们称之为人）之间的不稳定地带。我们通过理解人们的心理活动来理解人，又通过语言来表达我们的理解，而语言总在发展，并构成我们意识到的唯一现实。我们的世界就存在于人类意识这样不断的变化运动之中。在这个过程中，对新印象的接受也就意味着新意义的产生："人的头脑固执地将自然、人和社会，乃至神，最终包括思维本身都转移到大脑中。"[3]

尽管理智上我们能理解这一过程不可逆转，就像有的时候我们看着自己的孩子长大成人——比如，在乡村漆黑的夜晚我带着女儿走出户外寻找星星——这种失落似乎让人难以承受。所幸的是，我们常常意识到所得大于所失——比如，在这个科学的时代，我们的孩子（尤其是女儿）可能相比那些生活在自然仍旧神秘莫测的年代、常常眺望星空的先辈而言，寿命更长、痛苦更少。可我们还是为他们担心。随着时代的推移，越来越少的人会对（如爱伦·坡描述的）这幅图景："数以万计的群星……在它们庄严的造物主面前翻转闪耀"[4]信以为真。假如我们的孩子完全丧失这样的想象，他们的生活又将变得怎样？

很多美国人——以及数以百万计其他国家的人——不愿放弃他们对神的信仰。这些人当中既有传统宗教的信徒，也有"地球母亲"的捍卫者，后者反对"（现代文明的）浮士德式的对自然的强烈控制欲"，[5]并将自然视为某种泛神论的意识统一体——自然的这一属性已遭到了人类的侮慢和触犯。这些人包括上百万的做礼拜的基督徒、虔诚的犹太教徒、穆斯林、佛教徒和诸如匿名戒酒协会之类的类宗教组织成员，他们仍然信守这样的理念，即在神的注视下描述人类经验时，责任和宿命两词完全和谐相容。

大体来说，我并未将这些人纳入本书中——因为我试图讲述的是世俗理性不顾重重阻力在美国社会不断发展的故事。故事中的这一文化渐渐摒弃宇宙充满神性智慧的传统观念，留给人们唯一的出路是：承认所有关于世界的内在意义的故事都没有普遍有效性。而承认这一点的后果就是，所有此类故事——从前苏格拉底派到基督教徒到浪漫派及其之后的故事——都变成了童话。如理查德·罗蒂所言，将这类故事视作幼稚在如今是一种成熟的标志：

> 认为真理和世界原本就存在，这种观念是旧时代的遗产，在那个时代，世界被认为是一位拥有自己语言的存在者（即上帝）所创造的……（但）这个世界不会言说。言说的只有我们人类。不过一旦人类发展出了语言，这个世界就使我们拥有各种信念。但世界不会提供给我们一种言说的语言。只有我们的同类可以。

对于美国人在短暂的美国历史上所走过的历程，罗蒂又做出了精确的描述：

曾经，我们感到需要崇拜有形世界之外的某种事物。从17世纪开始，我们试图以对真理之爱取代对上帝之爱，相信科学所描述的世界具有一种类神性。从18世纪末开始，我们试图以对自身之爱代替对科学真理之爱，崇拜我们自身心灵深处的精神本质或诗意本质，视其为另一种类神性。……[如今我们已经到了]不再崇拜任何事物的阶段，不再把任何东西视为具有类神性，从而把所有的东西——我们的语言、我们的良知、我们的社会——全都视作时间和机缘的产物。[6]

这段精辟言论正是我们文化变迁的缩影。我主要通过我们以梅尔维尔为中心的文学来讲述这段历史，因为美国文学是我们有关美国历史经验的最敏感的记录。莱昂内尔·特里林在评论现代文学的整体状况时曾说，它对于"救赎"的关注"胜过其它的一切"。[7]

我用这样的方式讲述故事，意在说明一些我们曾经用来描述这个世界的隐喻是如何消逝的。例如彗星，如果说它曾一度是神灵愤怒的预兆，现在则被理解为"一团带着'长发'尾巴在空中稍纵即逝的星云……大量由冰块组成的不规则形状的物质……混合大量烟灰状物质——或许是尘埃形态的碳。"[8]尽管诗人们一直以来反对此类死气沉沉的经验主义论调（"科学！……他怎会爱你？怎会认为你聪明？/你既然不愿意让他四处游荡，/在缀满珠宝的天空把宝贝找寻"[1][9]），但大多数知识分子却鼓励我们朝着有时被称作"去神秘化"的方向前进，期盼终有一天我们可以抵达宗教隐喻完全被消除的境地。

我想在讲述这个故事时用上更多人性的细节，而不是像罗蒂那样精简概括，是源于以下几个原因。首先在我看来很重要的一点是，我们必须承认世俗化进程总是不断遭到抵制；比如内战期间，仍然有很多士兵把北极光看作死亡的预兆。美国充满争议的历史中的许多片断——包括目前围绕堕胎和安乐死等问题进行的激烈争论及由此引发的骚动——只能被理解为发生在认可"这个世界不会言说"和反对这一观点的两派间的冲突。在某些时期，如18世纪，两者的对立尤其严重；虽然争斗有时平息下来，但问题从未完全解决。在我们这个时代，正如文化历史学家加里·威尔斯（Garry Wills）指出，当传教士吉米·斯瓦格特（Jimmy Swaggart）在电视上承认他与妓女有染，数百万美国人相信他们目睹了一个背信弃义的伪君子的公开耻辱，然而更多人看到的是一个忏悔的罪人在上帝前对着众信徒的谦卑悔悟。[10]

20世纪50年代，英国作家查尔斯·珀西·斯诺（C. P. Snow）首创了"两种文化"这一术语，用于描述他认为遍及西方发达世界的科学家和人文学者间的分歧。60年代，受命于林登·约翰逊（Lyndon Johnson）总统的科纳委员会[2]使用了"两种社会"这一术语，来描述美国社会日益扩大的黑人和白人之间的分歧。20世纪末的今天，我们正日益分裂为两种情感：信仰和反讽。[11]而在我看来，它们之间的冲突比以往任何矛盾都更容易引发仇恨与暴行。

---

[1] 此处为爱伦·坡《十四行诗——致科学》节选部分，由周向勤翻译。
[2] 科纳委员会（Kerner Commission）：20世纪60年代中期，美国一些城市发生暴乱后，林登·约翰逊责成伊利诺伊的州长奥图·科纳（Otto Kerner）组成11人的"国家内乱咨询委员会"，俗称科纳委员会。

因此，在讲述这个美国故事——关于我们的语言如何被清空了其中的宗教隐喻——的时候，很重要的一点是，我们要承认许多人因此深感失落。尼布尔曾写道，"有效伦理的唯一基础"是一个充满悖论的上帝，"他既是历史的创造者又是历史的审判者。"我不确定这一观点是否正确；但我非常肯定，最近一本题为《后现代的条件》(The Postmodern Condition)的书中，作者所断言的"大多数人已不再怀念"旧时以神主导的世界及其"伟大的英雄、伟大的危险、伟大的航行、伟大的目标"是错误的。这类言论忽略了一个事实，即"以往的哲学……在大众哲学中留下了分层沉淀，"[12]在我看来，理性派似乎过早地确信人们能够忍受没有传统隐喻的生活。

世俗自由主义派——我自认为亦是其中一员——自欺欺人地相信人类没有任何隐喻亦能苟活。比如，在二十年前的著作《疾病的隐喻》(Illness as Metaphor)中，苏珊·桑塔格描写了身患癌症的她，是如何对抗那些将她的疾病与深藏在人性中的道德意义联系起来的世俗观念。她发觉周围的一些人(包括朋友、同事以及陌生人)在暗示，她身患的疾病多少显示了一种压抑的人格，其中性欲或艺术创作力长期受压直到它开始自内吞噬本性。面对尊严蒙受的羞辱，桑塔格呼吁抛弃隐喻，倡导"最真实的对待疾病的方式——也是最健康的患病方式"，那就是完全"清除……隐喻性思考"[13]的方式。

桑塔格的遗作的确令人感动，但我质疑没有隐喻的生活是否可能，或者如以赛亚·柏林(Isaiah Berlin)所说，我们"形而上学的深层渴求"[14]能否得到解决。如果我们借用科学话语来描述癌症患者身上发生了什么——"正常"细胞变成"异常"，身体经历了一个我们理解为患病的过程——难道我们不还是在坚持认为生活的景象包含着常规和对常规的破坏吗？难道我们不还是在把世界划分为"健康的"和"生病的"两类吗？难道我们不还是在认为患者的意识比其体内导致死亡的分子过程更为重要吗？除了我们自己的想象力，还有什么能证明价值的层次划分是合理的呢？

换言之，现代性已经注定了我们通过无法诉诸超验诉求的隐喻来理解世界。桑塔格当然是正确的，她认为与她的癌症(以及她在后来一本书中谈到的与艾滋病)相关联的隐喻是有害的，是那个把外形缺陷视作罪恶标志的世界的有毒残余，理应被抛弃掉。我们不应当低估神学信仰被弃掷后的破坏性。我们不应当忘记在大部分的西方历史中，如惠蒂尔在一百五十多年前说过的，"撒旦是神职者行使权术的猛犬，被链条缚住，随时会被无情的教士放出，扑向威胁其权威的持异见者。"这些无情的教士把世界变成了"一个巨大的充满苦难的监牢"。然而，尽管撒旦已经被漫天滥用，我认为我们的文化目前正处在危急关头，因为我们无一能逃脱邪恶的经历，可我们竟找不到象征的语言来描述它。桑塔格本人用提问的形式表述了这一危机感："当我们一方面有罪恶感而另一方面却不再能诉诸宗教或哲学语言来明智地谈论罪恶的时候，"[15]我们"该怎样"来进行道德定位？

[二]

就在桑塔格呼吁摒除隐喻之时，外科医生理查德·塞尔泽(Richard Selzer)以其出色的文笔描写了切开、掏取和缝合人体器官对心灵产生的影响，他承认自己长久以来渴求精神的意义，尽管这一精神需求与他因受科学训练而获得的本能背道而驰。下文中他运用想象，把一台急诊手术描写成了一场宗教战争：

> 病人是刚从危地马拉送回的一个年轻人，之前在那里挖掘玛雅废墟。他的左臂用薄纱包扎着，打开后露出一个硬币大小很整齐的穿孔。伤口四周的组织因肿胀而紧绷着。棕褐色的液体从伤口边渗出，有时从手臂上缓缓流下一滴。一个没有清除干净的脓肿。我要划开伤口让脓水更快排出。护士，请递给我一把手术刀和一些……
>
> 接下来所发生的事足以让弗朗西斯·德雷克船长[1]恶心得在他的船舱里呕吐。我注视着这个小洞，没有哪个探险家能怀有更大胆的揣测。现在从洞里冒出了一个小灰头，其唯一突出的特征就是一对黑钳。小头在稍长且灵活的脖子上左右扭转试探着空气，它时而向后折叠收拢时而向前大胆冒进，而两把丑不可言的钳子一直带着恐怖的节律张张合合。是脓肿吗？是脓汁吗？绝对不是。此处是野兽的巢穴，其邪恶的目的我只能猜测一二。我想玛雅的魔鬼马上就会奔突而出，带着它可怕的毛毯似的翅膀和色彩斑斓的鳞片在这房间里四处乱飞，它横冲直闯，用力抓挠，喷射出不知为何物的酸性液体……
>
> 带着大祭司仪式般的从容审慎，我把手术钳伸向伤口。医生的心脏变成了倒挂在他胸腔内的一只蝙蝠。到达边缘了——猛地出手——手术钳夹了个空。玛雅的魔鬼退却了，留下邪恶嘲讽的笑声在脑海里砰砰回响。更加小心，耐心等候。必须偷偷进行。几分钟过去了，或许是一小时……湖面有了一丝动静，那家伙再次抬起头，越升越高，盘旋着。潜伏，绷紧，医生和他的手术器械合二为一，钢铁和血肉之间已经没有界限，凝成一个完美的摘除工具。他就是为此而生。注意——出击——夹紧——好的！抓住它了！

上篇故事里，被描述成驱魔人的外科医生与他的手术工具缠绵一体，宛若激情爱侣。这故事唤起了我们文化未能满足的最深层的精神渴望。这是一种期盼多时重新找回的感觉；充满逻辑描述的现代语言崩溃了，而有关道德的传统宗教语言重占上风：

> 指尖传来的是这东西狂乱的挣扎。他被抓住了，扭动着，他是我的了。我听到这个魔鬼发出干哑刺耳的嘶叫，我恨之入骨，这种憎恶之心足以让人把邪恶的伊阿古[2]揍成只会流口水的白痴……我的止血钳口里是整个世界的邪恶，是黑暗的浓缩

---

[1] 弗朗西斯·德雷克（Francis Drake）是继麦哲伦之后，第二个完成环球航海的探险家、航海家。
[2] 伊阿古（Iago）：莎剧《奥赛罗》（*Othello*）中狡猾残忍的反面人物，暗施毒计诱使奥赛罗出于妒忌和猜疑将无辜妻子杀死，被认为是欧洲文艺复兴时期反面人物的典型。

体，我要把它除掉。"[16]

用于描述物质的词汇在人们的预想中应是客观而冷静的，这里却受到了来自另一个领域的词语的侵袭。物质世界已被传统的道德特质充满。这是亚哈与白鲸的对抗。

不同领域间词汇的交汇带给作家莫大的满足感，他欢欣鼓舞，仿佛重新担当起精神治疗师的职责。但是手术之后，当一脸严肃的病理学家，现代性的使者，认出那个魔鬼不过是通常寄生在奶牛身上的皮蝇幼虫时，医生感到沮丧而愤怒。当他被告知"它正要自己钻出来"时，不禁暗暗地咒骂，"骗子，牢骚鬼，撒旦的奴仆。"他还没准备好放弃道德胜利的荣耀时刻，却已经狼狈地承认他被打败了。

1975年，塞尔泽写作该书的时候，从事科学的人援引宗教词汇是颇引人注目的奇观。在之后的二十年里，这一现象变得不那么另类，因为越来越多证据表明，宗教的劝诫和科学的解密或许终究并不对立。罗伯特·赖特(Robert Wright)在他的近作《道德动物：进化心理学与日常生活》(The Moral Animal: Evolutionary Psychology and Everyday Life) (1994)中写道，

"邪恶"的概念不太容易融入现代的科学世界观。但人们似乎仍然发现这一概念是有用的，原因是这个比喻贴切。确实有一种力量吸引我们去追求各种各样我们生来就渴望(或曾经渴望)的愉悦，但这不会给我们带来长久的幸福感，而且可能会给他人带来巨大的痛苦。你可以将这种力量称为自然选择的幽灵。具体一点，你可以称之为我们的基因(至少是我们部分的基因)。如果使用邪恶这个词能有所帮助，那么就没理由不用它。[17]

我曾经强调过，并将要进一步强调的是：邪恶的观念并非只是一个"某些人认为……有用"的隐喻；它是一个健康社会赖以存活的隐喻。赖特的大致观点是，某些曾被归在原罪的恶名(侵略性、性放纵、贪婪)之下的人类行为，正在被后达尔文科学揭示为人类本性的一部分，具有客观现实性。

赖特讲述的故事大体上是这样的：某些本质上自私的冲动被作为有利于物种发展的本能而写入我们的基因。之后，在人类自然历史的发展后期，这些行为受到人类自身的谴责。人类称这些行为为恶。人类的宗教诅咒且禁止这些行为，并提出以自制和爱的理念作为替代。起初，这场人的本性和人的信仰间的争端似乎不可调和。劝诫自私怎能与基因密码协调一致？(对待这个问题，有一个回答是像尼采那样，把所有的宗教都看作是虚伪的——都是为统治阶级的目的服务的、具有操纵性的意识形态工具。)但是如果我们承认宗教冲动确有几分真诚，那么留下的问题是：一种被科学揭示为本性贪婪的动物如何能对慷慨和爱心感兴趣？

在总结进化心理学这一当代思想领域时，赖特得出了一个尝试性的答案，(与情爱分离的)性爱的快感、征服的快感抑或满足贪欲的快感，都是转瞬即逝的，最终难以成就真正的幸福感。既然希望幸福是一种普遍的渴求，宗教所传达的就不是徒劳的"对人类天性的藐视"，而是朝向(与本能提供的快感相比)更为持久的满足感的物种进化。"终归，爱使我们想要成全

他人的幸福；爱让我们放弃少许而使他人（我们所爱的人）获得很多。"如果增长和谐与减少冲突是复杂的人类社会存在下去的必要条件（在核时代这断然无疑是必备条件），那么利他主义或许最终不仅是一个宗教理想，也是一种进化的优势。

> （宗教）对感官满足的种种攻击中蕴藏着一种伟大的智慧——快感既令人沉溺上瘾又短暂易逝。上瘾的本质，归根到底，是快感往往会消散无影，让心灵躁动不安，愈加饥渴难耐。[18]

换言之，这些曾被称作罪恶的强烈欲望永远得不到满足，而被称作爱的冲动却具有惊人的自我满足的能力。

这些主张是贯穿于犹太教、基督教和启蒙运动的西方道德观念的当代变体。尽管披着科学的外衣，这些主张还是难免带着推测性和争议性，但它们差不多是以现代语言重申了三百五十年前那位清教徒的话："撒旦……可以扮作光明的天使……但是撒旦不能使良心平静，更不能净化心灵，因为他自己就是不洁之灵。"很多见证了进化心理学（旧称生物社会学）发展的精明人士怀疑该学科的前提和判断，发现它不仅重复了古代宗教思想，还照搬优生学家近期声称找到的对人性的生物学解码。实际上，对很多后现代知识分子而言，人性本身就是个似是而非的概念。他们更倾向对人性的观念不屑一顾，称其"只不过是由社会因素塑造和改变的不确定的材料"。[19]

但也许赖特公布的科学新动向会让人相信，人们对于描述邪恶的语言如此贫乏所感到的恐慌，可能不仅仅源自对宗教的怀旧情怀。我们有理由憧憬，如果宗教和科学集中智慧大胆合作，也许会引发人类重新进行严肃的道德思考，恶的范畴也会被再次赋予新的含义。当然，如果我们像塞尔泽医生那样使用语言，假定撒旦是世上一种可以感知的存在，我们也完全没理由为之羞愧。我们希望撒旦回归，并不仅仅因为浪漫主义者所熟知的这个原因：他对我们施展一种无法抗拒的魅惑（"什么样的人，"梅尔维尔问道，"在面对罪恶的伟大神灵——撒旦时，没有比在面对远处做着一点体面小生意的男装店老板时，感受到更具活力和更加慷慨的情感？"）；但就像约翰·卫斯理（John Wesley）在两百多年前所说，如果不存在"魔鬼"，也就不存在"上帝"。我们希望撒旦回归是因为上帝依赖他而存在。这是因为宗教信仰在本质上就是超验的思想，是在其自身内部包含了其对立面的一个概念——如同该词的两个拉丁语语素（trans-，超过或越过；scandere，攀爬或翻越）：有限性，边界，将被超越之物。正如在卫斯理几十年之后，一个美国福音派信徒所说，"在所有……上帝容许罪恶出现的事例中，他都期盼着他自身的显现。"[20]

[三]

美国人一直想要撒旦回归，就像梅尔维尔在《大白鲸》里所做的夸张描写，当撒旦逃脱时他们大声抗议。一战初期沃尔特·利普曼曾写道，"在好人和坏人之间进行着一场战争，这已经成了美国伟大的迷信之一。"而当这场永恒的战争的道德评判变得模糊不清时，我们也就失去了方向。有的时候，这场战争是公开宣战的——比如在1861年，或者在我称作指责的年代，或者在17世纪猎巫期间，根据历史学家约翰·迪莫斯(John Demos)所述，在这些时候"去发现魔鬼——字面和比喻双重意义的——[关涉到]给这个迄今似乎模糊不清的事物进行命名、定位并使其实质化"。[21]而另一些时候，这场"善恶间的交锋"仍是一场隐蔽的战争。就像今天，即使对外来者或少数民族的不满情绪还在显著增长，但是对他们公然的妖魔化已经越来越不得人心。

这种对可命名的仇敌的需要，被奥古斯丁斥为摩尼教式的异端邪说。他认为魔鬼所做最恶劣之事乃是令人们相信在他身上已经找到了万恶之源，由此人们可以免除自身所犯的罪恶。奥古斯丁将这种对邪恶的客观化的心理需求痛斥为异端，但实际上这种需求已被编织进基督教的自身结构当中。基督教关于爱和宽恕的福音从来没有完全脱离对一个罪恶民族即犹太民族严厉斥责的故事——他们背叛耶稣并致其死亡。因此基督教这个我们的文化赖以建立的基础被刻上了无法磨灭的爱与恨的印记——无论奥古斯丁还是其后的任何一位基督教神学家都无法使其摆脱这个双重性。阿瑟·米勒在1964年创作了一部戏剧，描述了一群等待盖世太保审讯的人，各自都希望自己不会被扣留下来。在剧中，米勒这样写道："犹太人只是一个名称，我们拿来命名一个陌生人，命名一种无法感知的痛苦，命名我们漠然对待、仿佛冰冷抽象概念的死亡。每个人都有自己的犹太人，那就是他者。犹太人自己也有他们的犹太人。"[22]

在所有人和所有文化中都暗藏着通过剥夺他人的人性来追求生命的潜能——沿袭奥古斯丁传统进行写作的伟大的美国作家们，试图通过揭露这一事实来抗争。对乔纳森·爱德华兹而言，地狱是"仇恨的世界，没有一丝爱"。而霍桑认为，不可宽恕的罪人指的是那些为了追求知识、利益或权力而侵犯他人心灵的圣地，有意破坏"人性的磁链"的人。梅尔维尔则声称他是"漂泊的该隐"，并确信"没有什么值得相信，没有什么值得爱，没有什么值得为之而活；在这广阔的世界，一切都令人憎恨。"然而，

> 人似乎总是可悲大过可恶；人的邪恶似乎源自他的悲哀；再邪恶的人，眼神有时也会流露出悲哀，那是一种难以言传的让人可怜又同情的神情；虽然有时我几乎要憎恨他，但我还是可怜他超过可怜任何人。[23]

也许我们文学中对邪恶所做的最细致入微且最精炼的心理描写来自亨利·詹姆斯创作于1881年的伟大小说《贵妇画像》。此人名叫吉尔伯特·奥斯蒙德，诡计多端又老于世故。他设下圈套让一位年轻姑娘以为和他在一起可以过得比她年少时在乡下的生活更加充实。她期待通过奥斯蒙德获得自由；但他却是一座监狱。他怨恨那些把他拒之门外的机会，意识到这个世界上机遇随处都有，但是转瞬即逝。他时刻警惕着那些和他一道伺机而动的竞争对手。他认为，他精心造就的品性与某些超越其上的权威标准之间并不存在审美的或者道德的关联。"他有涵养，也很聪明，温文尔雅又心地善良，能随机应变，还有丰富的生活阅历，但是这些良好的品质背后隐藏着他的自私自利，如同鲜花丛中的一条毒蛇。"[24]

奥斯蒙德代表着在充满机遇的现代社会中已然觉醒的自我意识，他精心推算哪些机会可以帮助他凌驾于他人之上。他是个了不起的收藏家，"对家居装饰很有天赋"。错失的机会加剧了挫败感。他吝惜时间，把世界看作一个储藏室，里面的人和物都是他可以随意拿取的家具摆设。当他迎着新的一天醒来，他会卷起衣袖，跃跃欲试，奋力聚敛落入他手中的机会，深知他的机会每增加一分就意味着别人损失一分，而他乐在其中。"我不会装作知道人们是为何来到世上，"他的情妇如此表达他们共同的看法，"我只知道我能利用他们做什么。"[25]

这个恶魔所做的就是把他人变成流通货币。他没有道义之心，没有丝毫顾忌或者疑虑不安。他逆转了人们将外在权威引起的恐惧内在化的过程，通过再次将其外化，获得某种邪恶的道德自由：他所知道的唯一畏惧是对他人的畏惧。最终，这个可怕的现代人的最显著之特点就是空虚和孤独。"尽管此人能够操纵并伤害他人，"文学评论家理查德·刘易斯(R. W. B. Lewis)写道，但"其本质乃是虚无"。他感到自己被暴露，不安全，便本能地关闭窗户，竖起衣领遮掩耳朵。他永远生活在暴怒之中，随时会勃然大怒——而他最接近愉悦之时，是他因躲过那些针对他的打击而获得些许慰藉时。他体现了克尔凯郭尔表述的原则，"确切地说，绝望的具体特征是：意识不到绝望。"[26]

自从奥古斯丁提出邪恶即"本质虚无"，这一观念一直让人难以理解，而本世纪发生的各大事件使它更为艰涩难懂。我们要问，被一位奥古斯丁研究者称作"善良世界中的虚无的口袋"[27]的邪恶概念怎么可能适用于我们这个邪恶无数的时代呢？每当我们思考现代理性和科技是如何扩大了邪恶横行于世的范围时，都深感这一问题的压力。

比如说，在关于死亡集中营的悲惨故事《灭顶与生还》(*The Drowned and the Saved*)(1986)中，普利莫·莱维(Primo Levi)提出了这个问题。作品讲述了奥斯维辛集中营里一队"卡波"(由纳粹党卫队选出的一群犯人，负责拔出死者的金牙并将尸体运至焚尸炉)的故事。在横七竖八的尸体中，他们突然看到一个从毒气中幸存下来的十六岁的女孩。她被极偶然地"隔离在一袋仍可呼吸的空气里"。面对这个生命，清理队员们不知所措。他们知道这个女孩必须死，因为"她看见了。"但是他们无法做到亲手杀死她，于是他们找来一名医生。或许是出于救死扶伤的本能，医生给她打了一针，让她醒了过来。当一名党卫队军官被召来处理此事，他确定女孩必须要死，但他本人也不忍心"亲手杀死她。于是，他让一名手下在女孩后颈用力一击，夺去了她的生命。"[28]

莱维写道，"这类事件的发生令人震惊，因为这不符合我们心目中与自身和谐一致的人的意象……[但]这又不该令人吃惊，因为其实人并非如此。尽管不符合逻辑，但怜悯与残暴确实可以在同一个人身上、同一个时刻共存……即使[党卫队军官]也并非顽石一块。"此处言外之意是，我们对罪恶最好的理解就是把它视作某种无知——想象力的缺少、迟钝或贫乏。这与奥古斯丁把罪恶看做缺失的观念高度契合。如果一个人屈从于他被指派的功能，那么他看到的受害对象不会比用肉眼看粘在载玻片上的微生物更清楚。除了模糊的一片，他看不见被毁生命的真相——每个生命都是独特的，每个生命都自成一个世界。但如果与受害者面对面，他就需要坚定意志才能不为对方哀求的眼神所动。在内心某处他必须压抑自己，因为他知道每个可供杀戮的个体都会意识到痛苦。

面对这一幕幕现代惨状,爱德华兹提出,邪恶的观念"以否定性或缺失性为其极端和本质的特点"。——或者,又如爱默生所说,"邪恶不是绝对的,只是缺失性的:就像冷是热的缺失。"[29]——或许这些说法过于轻描淡写,甚至令人反感。但如果我们认真看待这个观点,就是承认我们平日对他人思想和情感的漠视与最可憎的犯罪之间有所关联:

> 人倾向于否认他的知识的有限性和观点的局限性。他假装自己获得的知识已经超过了有限生命的极限。这就是所有人类知识都无法避免的"意识形态的污点",它并非仅指人类无知本身,还指以伪装掩盖这种无知的企图。[30]

把(尼布尔所说的)这段话从它的上下文中抽离出来,其描述的既可以是导致一段婚姻失败的动力,也可以是促成死亡集中营形成的思想体系。

换言之,把邪恶看作无知的想法,可以让我们"把奥斯维辛集中营和强暴亲生孩子的父亲联系起来"。——我刚开始考虑这个主题时,我那深思熟虑的对话者让我看到了其中的联系。但是,由于邪恶即缺失这一观念在本质上要求人们相信世界上有某种可知的存在——这种存在曾被称作上帝、理性或想象——那么,在一个对所有本质已丧失信仰的年代里接受这一观点便极其困难。不久前,一位道德哲学家的言论就说明了这其中的困难之大。他谈到把通奸当作罪恶的旧观念已经行不通了。他说,他能想象很多情形下通奸行为在道德上是无可指责的。但是,他问道,如果某人的配偶感觉遭到了背叛,心灵受到了侵害,那么通奸行为还能不被视作罪恶吗?从一个约定俗成的权威的世界到一个人人必须为自己的行为做出道德判断的世界,这样的转变难道不会令我们置身于前所未有的焦虑之中?要在这个黑暗的世界找到出路需要大力发挥道德的想象力,而传统的道德指导似乎正日渐稀少,日渐沉默。当超验的观点消失无踪,那些被犹太教写入法典的,被基督教称之为爱的,被启蒙运动重新命名为"绝对命令"的,或简而言之,被称作"想象"的,所有这些都难以留存。

在这些令人苦恼的情况下,当一个人没有权威的帮助,必须自己给自己解释为什么缺乏思考、缺乏感受、缺乏爱的时候,有迹象表明,一个潜藏着的、截然相反的邪恶观念——把邪恶视作外来入侵者的观念——正在回归到美国人的生活中。这一观念一直和对立的奥古斯丁的观念争斗不休——这一争斗体现在爱默生与梭罗关于恶的两种不同见解中(前者认为"罪恶,从其思想来看,是……阴影,无光,无本质";而后者则认为"所有的感官享受都是恶,尽管它的形式多种多样……当蛇在一个洞口受到攻击,它便出现在另一个洞口")。梭罗所代表的观点正以多种形式回归:比如重新以撒旦主义解释虐童事件;重新把公开的反犹太主义作为公共话语的一大特征;甚至在我们的校园中,每个受屈团体都倾向于以其他团体带给自己多少伤害来定义自己。它重现在所谓"邪恶女人的现代眼光"之中[那个掠夺成性的女人如此高调地从电影《致命的诱惑》(*Fatal Attraction*)(1987)到《最后的诱惑》(*The Last Seduction*)(1994)中复出][31];它重现在数不胜数的恐怖故事里(其中的受害者受到来自外界的邪恶的侵袭)。如安·道格拉斯所说:"[人们]迫不及待地想崇拜点什么,只是担心在认识论上滑入死胡同,于是后世俗文化重新发明了迷信,它使恐怖具体化了。"[32]

换句话说，邪恶回来了，以可指责的他者身份——在我们面临自我检查的危急时刻，它永远是我们的挡箭牌。加利·威尔斯(Garry Wills)写道，这个将"邪恶视为有威胁性的他者"的形式，"已经以多种形式"出现在美国人的生活中。[33]问题是：在这些接连出现的撒旦中，下一个会是谁？

这个问题对于美国尤为紧迫，因为这个国家一向的前进动力就是，按加拿大小说家罗布森·戴维斯(Robertson Davies)的话说，"乐观外向，视一切邪恶为外在之物，并视反对邪恶为首要的国家责任。"[34]对于世俗反讽派，美国作为道德要塞的幻象已经崩溃，而怀旧派再也找不到明显的外敌来发泄传统正义的怒气。然而，就在我写下这几句结语时，俄克拉荷马市的恐怖事件(其行凶者被克林顿总统恰如其分地称为"邪恶")揭示了美国境内的一种亚文化，它在我们的联邦政府里寻找恶魔，替代不复存在的国外敌人。

既迫于现代性的压力驱逐撒旦，又渴求撒旦回归，这一贯穿美国人生活的矛盾对立，正是本书的主题。驱使我写作此书的动机是，我确信，如果邪恶带着奥古斯丁所说的全部凶险复杂之特性，逃出我们的想象天地，那么它将最终主宰所有人类。如果视邪恶为缺失的观念持续消失在自由主义反讽和原教旨主义妖魔化之间，我们将无法面对私人和公共生活中最具挑战性的经历。因此在阐释本书主题时，我一直感觉需要强调的是，不断远去也不断被追寻的撒旦，在我们的历史中有两层完全不同的意义。有时，他被用来将他人定义为妖魔，有时(在诸如爱德华、爱默生、杜威、尼布尔和金等人的生活和作品中)他象征了我们自身爱的缺失、潜在的嫉妒及对创造的仇恨。既然邪恶的经历不会消失，那么这样或那样的应对办法迟早总会有的。

前一种方法——把邪恶视作他者——至少最初在精神上是有收获的。后一种方法——把邪恶视作缺失——把握起来要困难许多。但这样做却给我们提供了一样连魔鬼自己都始料不及的东西：发掘我们身上的至善。这是一个多么奇妙的悖论。

引言：

[1] In a *New York Times* Op-Ed piece of May 30, 1993 ("Serbian Barbarism — and Ours"), Peter Schneider aptly summed up the American response to the cruel war in Bosnia as "outrage limited to a low sigh before the TV screen."

[2] Alexis de Tocqueville, *Democracy in America,* trans. Phillips Bradley (1840; New York: Vintage Books, 1954), 2 vols., I, 27.

[3] Henry Murray, "The Personality and Career of Satan," in Edwin S. Shneidman, ed., *Endeavors in Psychology: Selections from the Personology of Henry A. Murray* (New York: Harper & Row, 1981), p. 532.

[4] Charles Maier, review of Alan Bullock, *Hitler and Stalin: Parallel Lives, The New Republic*, June 15, 1992, p. 42.

[5] John Kekes, *Facing Evil* (Princeton: Princeton University Press, १९९o), p. 3.

[6] Lionel Tiger, *The Manufacture of Evil: Ethics, Evolution, and the Industrial System* (New York: Marion Boyars, 1991), pp. 5, 4.

[7] Henry David Thoreau, *The Maine Woods* (1864), in *A Week on the Concord and Merrimack Rivers; Walden; or, Life in the Woods; The Maine Woods; Cape Cod* (New York: The Library of America, 1985), p. 603.

[8] Isser Harrel, *The House on Garibaldi Street* (New York: Viking, 1975), pp. 62–63.

[9] Ian McEwan, *Black Dogs* (New York: Doubleday, 1992), p. xxi.

[10] Tiger, *The Manufacture of Evil*, pp. 3–4.

[11] George Orwell, "Politics and the English Language," in *A Collection of Essays* (New York: Doubleday Anchor, 1954), pp. 165–66; Henry James, Sr., *The Nature of Evil* (New York, 1855), p. 13.

[12] See Jeffrey Burton Russell, *Lucifer: The Devil in the Middle Ages* (Ithaca: Cornell University Press, 1984), p. 72; Emerson, *Nature* (1836), in Stephen E. Whicher, *Selections from Ralph Waldo Emerson* (Boston: Houghton Mifflin, 1957), p. 33.

[13] Updike, *The Witches of Eastwick* (New York: Ballantine Books, 1985), p. 99.

[14] Helen Vendler, review of Melanie Thernstrom, *The Dead Girl, The New York Review of Books*, March 28, 1991, p. 51.

[15] Frank Kermode, *The Sense of an Ending* (New York: Oxford University Press, 1967), p. 3.

[16] *The Confessions of St. Augustine,* trans. Edward B. Pusey (New York: Collier Books, 1961), p. 34.

[17] Quoted in Owen Chadwick, *The Secularization of the European Mind in the Nineteenth Century* (Cambridge: Cambridge University Press, 1975), p. 262.

[18] *The New York Times*, July 24, 1993, p. 7.

[19] Herman Melville, *Moby-Dick* (1851) (New York: Viking-Penguin, 1992), P. 475.

[20] Elaine Scarry, *The Body in Pain: The Making and Unmaking of the World* (New York: Oxford University Press, 1985), pp. 40, 20.

[21] Paul Ricoeur, *The Symbolism of Evil*, trans. Emerson Buchanan (Boston: Beacon Press, 1967), pp. 35, 32.

[22] Keith Thomas, *Religion and the Decline of Magic* (New York: Charles Scribner's Sons, 1971), p. 91.

[23] Georg Lukács, *The Theory of the Novel* (1920), trans. Anna Bostock (Cambridge, Mass.: MIT Press, 1971), p. 29.

[24] See Lawrence Wright, *Remembering Satan* (New York: Knopf, 1994), about a rural sheriff's deputy who confessed to participating in a satanic cult that practiced brutal child abuse as part of its ritual worship. In a two-part essay in *The New York Review of Books* ("The Revenge of the Repressed" [November 17 and December 1, 1994]), Frederick Crews attributes belief in such cults (even on the part of putative participants) to a fanciful paranoia that can be triggered in "a community steeped in Biblical literalism on the one hand and *Geraldo* on the other."

[25] Benedict Anderson, *Imagined Communities: Reflections on the Origin and Spread of Nationalism* (New York: Verso, 1983), p. 39.

[26] Some recent examples are Robert L. Duncan, *The Serpent's Mark* (New York: St. Martin's, 1989), David L. Lindsey, *Mercy* (New York: Bantam Books, 1990), and James Patterson, *Along Came the Spider* (New York: Warner Books, 1992). A nonfictional crime narrative whose author reveals his growing conviction of his subject's guilt is Joe McGinniss, *Fatal Vision* (New York: New American Library, 1983), about Dr. Jeffrey MacDonald, the U.S. Marine officer convicted of murdering his wife and children. McGinniss himself became the subject of a controversial *New Yorker* essay by Janet Malcolm (March 13 and 20, 1989), in which she questions the ethics of publishing a damning account of a man after the author has gained his confidence by professing faith in his innocence.

[27] Duncan, *The Serpent's Mark*; Peter Straub, *Koko* (New York: New American Library, 1988); Thomas Harris, *Red Dragon* (New York: Bantam Books, 1982), p. 195.

[28] William James, *Pragmatism* (1907; New York: Meridian Books, 1955), p. 32; Lionel Trilling, Introduction to *The Selected Letters of John Keats* (New York: Farrar, Straus and Young, 1951), p. 30.

[29] Thomas Harris, *The Silence of the Lambs* (New York: St. Martin's, 1988), p. 21.

第一章：

[1] Jonathan Edwards, *A Treatise Concerning the Religious Affections* (1746; New Haven: Yale University Press, 1959), p. 87; Baudelaire, quoted in Jeffrey Burton Russell, *Mephistopheles: The Devil in the Modern World* (Ithaca: Cornell University Press, 1986), p. 206; Richard Greenham, quoted in Keith Thomas, *Religion and the Decline of Magic*, p. 476.

[2] Quoted in Russell, *Lucifer: The Devil in the Middle Ages*, p. 250; Melville, *Redburn* (1846; Evanston:

Northwestern University Press and the Newberry Library, 1967), p. 276.

[3] Genesis 3:1–5; Isaiah 14:12; Luke 6:15; 2 Corinthians 6:15; Ephesians 2:2. The devil speaks to Christ in Matthew 4:1–11 and Luke 4:1–13.

[4] Chronicles 21:1; Murray, "The Personality and Career of Satan," in Shneidman, ed., *Endeavors in Psychology*, p. 522.

[5] Revelation 12:9.

[6] Russell, *Satan: The Early Christian Tradition* (Ithaca: Cornell University Press, 1981), p. 45.

[7] Revelation 1:18. The classic study of dark romanticism is Mario Praz, *The Romantic Agony* (1930), which includes a chapter entitled "The Metamorphoses of Satan."

[8] Ephesians 4:8–9; Hebrews 13:20; 1 Peter 3:17–12, 4:6; and see Russell, *Lucifer*, p. 108.

[9] Athanasius, quoted in Russell, *Satan*, pp. 170, 174.

[10] Tertullian, quoted in Russell, *Satan*, p. 96 n 50.

[11] Russell, *Satan*, p. 191.

[12] Hugh Honour, *The New Golden Land: European Images of America from the Discoveries to the Present Time* (New York: Pantheon, 1975), p. 8.

[13] Quoted in Honour, *The New Golden Land*, p. 16.

[14] Kirkpatrick Sale, *The Conquest of Paradise: Christopher Columbus and the Columbian Legacy* (New York: Knopf, 1990), p. 82.

[15] See Sale, *Conquest of Paradise*, p. 147. An exception was the mammoth, which Jefferson, on the evidence of fossil bones, Indian legends, and the pre-Darwinian premise that "the œconomy ... [has never] permitted any one race of her animals to become extinct," assumed still to exist. See his *Notes on the State of Virginia* (1787), in Jefferson, *Writings*, ed. Merrill E. Peterson (New York: Library of America, 1984), p. 176.

[16] Schlesinger, *The Disuniting of America: Reflections on a Multicultural Society* (New York: Norton, 1992), p. 48. For the revision of Columbus, compare Samuel Eliot Morison's hagiographic *Admiral of the Ocean Sea* (1942) with Sale's *Conquest of Paradise*. This change is the scholarly equivalent of what happened in Hollywood between, say, *Destry Rides Again* (1939) and *Dances with Wolves* (1990) — a period in which the cowboy, once a gallant pioneer carrying civilization westward against the resistance of savages, became a repulsive Yahoo defacing the land and brutalizing gentle Indians.

[17] See, for example, Francis Jennings, *The Invasion of America: Indians, Colonialism, and the Cant of Conquest* (Chapel Hill: University of North Carolina Press, 1975), a book of unremitting indignation, based on the premise that "the American land was more like a widow than a virgin," and that "Europeans did not find a wilderness here; rather, however involuntarily, they made one" (p. 30).

[18] David Ramsay, *The History of the American Revolution* (1789; London, 1793), 2 vols., I, 14. Benjamin Colman, quoted in Edward K. Trefz, "Satan as the Prince of Evil: The Preaching of New England Puritans," *Boston Public Library Quarterly*, 7, no. 1 (1955), 17–18.

[19] Thomas Tillam, "Upon the first sight of New England, June 29, 1638," in Harrison T. Meserole, ed., *Seventeenth-Century American Poetry* (New York: Norton, 1968), pp. 397–98.

[20] Thomas Hooker, *The Unbeleveer's Preparing for Christ* (London, 1638), p. 178.

[21] William Perkins, *Works*, 3 vols. (London, 1608–9), 1, 755.

[22] For elaboration of this argument, see Andrew Delbanco, *The Puritan Ordeal* (Cambridge, Mass.: Harvard University Press, 1989).
[23] Philip Stubbes, *The Anatomie of Abuses* (London, 1584), p. 90.
[24] Thomas Hooker, *The Saint's Dignity and Duty* (London, 1651), p. 187.
[25] Anne Bradstreet, "Verses upon the burning of our house, July 10th, 1666," in J. H. Ellis, ed., *The Works of Anne Bradstreet* (Boston, 1867), p. 41.
[26] Thomas Cooper, *Certain Sermons* (1580), quoted in Keith Thomas, *Religion and the Decline of Magic*, p. 79; Thomas Gataker, *On the Nature and Use of Lots* (London, 1619), pp. 2, 17.
[27] Gataker, *On the Nature and Use of Lots*, p. 23.
[28] M. Halsey Thomas, ed., *The Diary of Samuel Sewall, 1674–1729* (New York: Farrar, Straus and Giroux, 1973), 2 vols., I, 28; II, 731 (entries for November 27, 1676, and October 25, 1713).
[29] John Cotton, *A Briefe Exposition upon the Book of Ecclesiastes* (London, 1657), p. 108.
[30] John Winthrop, *Journal, 1630–1649*, ed. J. K. Hosmer (New York: Charles Scribner's Sons, 1908), 2 vols., I, 210.
[31] John Winthrop, *A Model of Christian Charity* (1630), in Alan Heimert and Andrew Delbanco, eds., *The Puritans in America: A Narrative Anthology* (Cambridge, Mass.: Harvard University Press, 1985), p. 86.
[32] Winthrop, *A Model*, in Heimert and Delbanco, *Puritans in America*, p. 86.
[33] Roland Bainton, *The Reformation of the Sixteenth Century* (Boston: Beacon Press, 1952), p. 29.
[34] John Cotton, *A Treatise of the Covenant of Grace*, p. 204.
[35] John Preston, *The New Covenant* (London, 1629), pp. 315–16.
[36] Hebrews 8:10–12.
[37] John Cotton, *A Practical Commentary upon the First Epistle Generall of John* (London, 1656), p. 40.
[38] Thomas Hooker, *The Application of Redemption* (London, 1656), p. 240; *The Soules Humiliation* (London, 1637), p. 150.
[39] Quoted in Richard Beale Davis, *Intellectual Life in the Colonial South, 1585–1763* (Knoxville: University of Tennessee Press, 1978), 3 vols., I, 634. See also Davis, "The Devil in Virginia in the Seventeenth Century," *Virginia Magazine of History and Biography*, vol. 65, no. 2 (1957), 131–49.
[40] William Hubbard, quoted in John Canup, *Out of the Wilderness: The Emergence of an American Identity in Colonial New England* (Middletown: Wesleyan University Press, 1990), p. 74.
[41] Samuel Sewall, quoted in Canup, *Out of the Wilderness*, p. 76.
[42] Winthrop Jordan, *White over Black: American Attitudes Toward the Negro, 1550–1812* (Baltimore: Penguin Books, 1969), p. 24.
[43] William Byrd, quoted in David Bertelson, *The Lazy South* (New York: Oxford University Press, 1967), p. 68.
[44] See Bernard Bailyn, *The Peopling of British North America: An Introduction* (New York: Knopf, 1986), p. 4.
[45] Winthrop, *A Model of Christian Charity*, in Heimert and Delbanco, eds., *The Puritans in America*, p. 85.
[46] Cotton Mather, *Magnalia Christi Americana* (1702; Hartford, 1853), 2 vols., I, 80.
[47] For an account of Puritan entrepreneurial activity, see J. Frederick Martin, *Profits in the Wilderness: Entrepreneurship and the Founding of New England Towns in the Seventeenth Century* (Chapel Hill: University of North Carolina Press, 1991).

[48] Richard Sibbes, *Two Sermons upon the First Words of Christ's Last Sermon* (London, 1636), p. 21.
[49] Mark 7:18–22.
[50] Thomas Hooker, *The Soules Preparation for Salvation* (London, 1628), p. 42.
[51] Reinhold Niebuhr, *The Nature and Destiny of Man* (New York: Charles Scribner's Sons, 1941), 2 vols., I, 180.
[52] Neil Forsyth, *The Old Enemy: Satan and the Combat Myth* (Princeton: Princeton University Press, 1987), p. 10.
[53] Rollo May, quoted in Connie Zweig and Jeremiah Abrams, eds., *Meeting the Shadow: The Hidden Power of the Dark Side of Human Nature* (Los Angeles: Jeremy P. Tarcher, 1991), p. 181.
[54] John Murray, *The Origin of Evil* (Newburyport, Mass., 1785), p. 27.
[55] Emerson, "Circles" (1840), in Whicher, ed., *Selections from Ralph Waldo Emerson*, p. 176.
[56] Russell, *Mephistopheles*, pp. 86–87.
[57] Ricoeur, *Symbolism of Evil*, p. 45.
[58] Quoted in Roland Frye, *God, Man, and Satan: Patterns of Christian Thought and Life in Paradise Lost, Pilgrim's Progress, and the Great Theologians* (Princeton: Princeton University Press, 1960), p. 22.
[59] Augustine, *Confessions*, p. 75.
[60] Augustine, *Confessions*, p. 38.
[61] Augustine, *Confessions*, pp. 34–35.
[62] Jung, in Zweig and Abrams, *Meeting the Shadow*, p. 171.
[63] Updike, *Witches of Eastwick*, p. 301.
[64] Willard, *A Compleat Body of Divinity* (Boston, 1726), p. 177.
[65] Hooker, *The Soules Humiliation,* pp. 36–37.
[66] Willard, *Compleat Body of Divinity*, p. 180.
[67] Willard, *Compleat Body of Divinity*, pp. 181–82.
[68] John Cotton, *The Powring Out of the Seven Vials* (London, 1645), pp. 34–35.
[69] Willard, *Compleat Body of Divinity*, p. 180.
[70] Samuel Eliot Morison, *Harvard College in the Seventeenth Century* (Cambridge, Mass.: Harvard University Press, 1936), 2 vols., I, 119–20.
[71] Mather, *Magnalia Christi Americana*, II, 460; Willard, *Compleat Body of Divinity*, p. 156. And see David D. Hall, *Worlds of Wonder, Days of Judgment: Popular Religious Belief in Early New England* (New York: Knopf, 1989), pp. 23, 38, 162.
[72] Willard, *Compleat Body of Divinity*, p. 180.
[73] Willard, *Compleat Body of Divinity*, p. 181; Thomas Shepard, *The Sum of Christian Religion* (1648), in *The Works of Thomas Shepard*, ed. John Albro (Boston, 1853), 3 vols., I, 342.
[74] Thomas Hooker, *The Soules Exaltation* (London, 1638), p. 215; Milton, *Paradise Lost*, Bk. I, 1. 254; Bk. II, 11. 406, 409.
[75] Cotton, *Practical Commentary on John*, p. 364.
[76] Willard, *Compleat Body of Divinity*, p. 183.

第二章：

[1] According to the Oxford English Dictionary, the older, technical sense of the word "fantasy" — "mental apprehension of an object of perception" — began to be differentiated by the fifteenth century from a new meaning — "delusive imagination." The first use of the related word "hallucination" is listed by the OED as occurring in 1652.

[2] Cotton Mather, *Memorable Providences, Relating to Witchcraft and Possessions* (1689), in George Lincoln Burr, ed., *Narratives of the Witchcraft Cases* (New York: Charles Scribner's Sons, 1914), pp. 101–2.

[3] David Levin, *What Happened in Salem?* (New York: Harcourt, Brace and World, 1960), p. xiv.

[4] See Carol F. Karlsen, *The Devil in the Shape of a Woman: Witchcraft in Colonial New England* (New York: Norton, 1987); and Paul Boyer and Stephen Nissenbaum, *Salem Possessed: The Social Origins of Witchcraft* (Cambridge, Mass.: Harvard University Press, 1974).

[5] Winthrop, *Journal*, I, 267–68.

[6] Herbert Leventhal, *In the Shadow of the Enlightenment: Occultism and Renaissance Science in Eighteenth-Century America* (New York: New York University Press, 1976), p. 82.

[7] Perry Miller, *The New England Mind: From Colony to Province* (Cambridge, Mass.: Harvard University Press, 1953), p. 191.

[8] Increase Mather, *Cases of Conscience Concerning Witchcrafts* (1692), in Levin, *What Happened in Salem?*, p. 118.

[9] Sewall, *Diary*, I, 367.

[10] Cotton Mather, *Wonders of the Invisible World* (1692), in Heimert and Delbanco, eds., *The Puritans in America*, p. 340.

[11] Robert Calef, *More Wonders of the Invisible World* (1700), in Burr, ed., *Narratives of the Witchcraft Cases*, pp. 325–26; Increase Mather, quoted in Karlsen, *The Devil in the Shape of a Woman*, p. 41.

[12] Thomas Brattle, *Full and Candid Account of the Delusion Called Witchcraft*, in *Collections of the Massachusetts Historical Society,* Ist series, 5 (1878), 62.

[13] Brattle, *Full and Candid Account*, 63.

[14] Herschel Baker, *The Image of Man* (New York: Harper Torchbooks, 1961), p. 60; and see Aristotle, *De Anima*, III, 3.

[15] Thomas Hobbes, *Leviathan* (1651; Baltimore: Penguin Books, 1968), p. 88.

[16] Hobbes, *Leviathan*, p. 86.

[17] Hobbes, *Leviathan*, p. 88.

[18] John Locke, *An Essay Concerning Human Understanding* (1690; London: J. M. Dent, 1965), 2 vols., I, 316.

[19] Terry Castle, "Phantasmagoria: Spectral Technology and the Metaphorics of Modern Reverie," *Critical Inquiry*, Autumn 1988, 52.

[20] *De Anima*, III, 3.

[21] *De Anima*, III, 3.

[22] Quoted in Ronald Knox, *Enthusiasm* (Oxford: Oxford University Press, 1950), p. 153.

[23] *A Full and True Relation of Count Martini* (Philadelphia, 1765), pp. 2, 4.
[24] Hezekiah Goodwin, A *Vision* (Burlington, Vt., 1795).
[25] *Essex Gazette* (August 6–13, 1771), quoted in Jonathan Dorson, *Jonathan Draws the Long Bow* (Cambridge, Mass.: Harvard University Press, 1946), p. 48.
[26] Jane Cish, *The Vision and Wonderful Experience of Jane Cish* (Philadelphia, 1797), p. 10.
[27] Cish, *Vision*, p. 6.
[28] Increase Mather, *Remarkable Providences* (1684; London: Reeves and Turner, 1890), p. 119.
[29] See Ronald A. Bosco, "Early American Gallows Literature: An Annotated Checklist," *Resources for American Literary Study*, 8, no. I (Spring 1978), 81–107.
[30] Alexander Anderson, *Inaugural Dissertation on Chronic Mania* (New York, 1796), pp. 10 ,14.
[31] Anderson, *Dissertation*, pp. 15–16.
[32] Anderson, *Dissertation*, pp. 13, 15–16.
[33] Anderson, *Dissertation*, p. 7.
[34] John Cotton, *The Way of Life* (London, 1641), p. 251.
[35] Edward Cutbush, *An Inaugural Dissertation on Insanity* (New York, 1794), p. 15.
[36] Anderson, *Dissertation*, p. 20; Benjamin Rush, *Medical Inquiries and Observations upon the Diseases of the Mind* (Philadelphia: Kimber and Richardson, 1812), pp. 43, 104.
[37] Michel Foucault, *Madness and Civilization: A History of Insanity in the Age of Reason*, trans. Richard Howard (New York: Vintage Books, 1973), p. 58.
[38] Leventhal, *In the Shadow of the Enlightenment*, p. 79.
[39] Leventhal, *In the Shadow of the Enlightenment*, p. 85.
[40] Jon Butler, *Awash in a Sea of Faith: Christianizing the American People* (Cambridge, Mass.: Harvard University Press, 1990), p. 85.
[41] *A New and True Relation, of a Little Girl in Simsbury ... Bewitch'd, in March 1763* (Boston, 1766), n.p.
[42] Philip Vickers Fithian, *Journal and Letters, 1767–1774*, ed. John Rogers Williams (Princeton: Princeton Historical Association, 1900), pp. 214–15; Keith Thomas, *Religion and the Decline of Magic*, p. 77. A little later in his journal, Fithian (the man who had left the room) confesses that although he had made his "impious" friend "think otherwise," he, too, doubted the devil's existence, despite the fact "that it was universally allowed by writers of the greatest reputation for Learning and Religion..."
[43] Thomas Hooker, *The Soules Exaltation*, p. 83; Leventhal, *In the Shadow of the Enlightenment*, pp. 35, 41.
[44] *Virginia Gazette* (September 16, 1775), p. 3.
[45] Niebuhr, *The Nature and Destiny of Man*, I, 181.
[46] John Lewis in Robert Ross, *A Plain Address to the Quakers, Moravians, Separatists, Separate-Baptists, Rogerenes, and Other Enthusiasts* (New Haven, 1762), p. 3.
[47] Lewis, in Ross, *Plain Address*, pp. 7, 47.
[48] Thomas Hooker, *The Survey of the Summe of Church Discipline* (London, 1648), Part a, p. 78.
[49] Foucault, quoted in Steven Marcus, *Representations: Essays on Literature and Society* (New York: Columbia University Press, 1990), p. 155; Alcott, *Diary* (December 1838), in George Hochfield, ed., *Selected Writings of the American Transcendentalists* (New York: New American Library, 1966), p. 103.
[50] Lewis, in Ross, *Plain Address*, p. 7.

[51] James Davenport, *Confession and Retractions* (1744), in Alan Heimert and Perry Miller, eds., *The Great Awakening: Documents Illustrating the Crisis and Its Consequences* (New York: Bobbs-Merrill, 1967), p. 260.

[52] H. Richard Niebuhr, *The Kingdom of God in America* (New York: Harper Torchbooks, 1959), pp. 110–11.

[53] *Boston Weekly News-Letter*, July 1, 1742, in Richard Bushman, ed., *The Great Awakening: Documents on the Revival of Religion, 1740–1745* (New York: Atheneum, 1970), p. 47; Davenport, in Heimert and Miller, *The Great Awakening*, p. 202; Charles Chauncy, *The New Creature* (Boston, 1741), p. 18.

[54] Edwards, *A Careful and Strict Enquiry into the modern prevailing notions of that Freedom of the Will which is supposed to be essential to Moral Agency, Vertue and Vice, Reward and Punishment, Praise and Blame* (1754; New Haven: Yale University Press, 1957), pp. 357–58.

[55] Franklin, *A Dissertation on Liberty and Necessity, Pleasure and Pain* (1725), in Chester E. Jorgenson and Frank Luther Mott, eds., *Benjamin Franklin: Representative Selections* (New York: Hill and Wang, 1962), pp. 117–18.

[56] William Godwin, *Enquiry Concerning Political Justice* (1793; Oxford: Oxford University Press, 1971), p. 36.

[57] Edwards, *Freedom of the Will*, p. 164.

[58] Noah Worcester, *Some Difficulties Proposed for Solution* (Boston, 1793), p. 39; Edwards, *Freedom of the Will*, pp. 326–27.

[59] Patricia J. Tracy, *Jonathan Edwards, Pastor: Religion and Society in Eighteenth-Century Northampton* (New York: Hill and Wang, 1980), p. 106.

[60] Esther Rogers, in John Rogers, *Death the Wages of Sin* (1701), p. 130. (I owe this reference to Laura Henigman.)

[61] Noah Worcester, *Some Difficulties*, p. 34; E. L. Doctorow, *The Waterworks* (New York: Random House, 1994), p. 236.

[62] Samuel Whitman, *A Dissertation on the Origin of Evil* (Northampton, 1797), p. 9.

[63] Whitman, *A Dissertation*, pp. 5–6.

[64] William James, *Pragmatism*, pp. 97–98.

[65] Fyodor Dostoevsky, *The Brothers Karamazov*, trans. Constance Garnett (New York: Random House, 1912), p. 290.

[66] Edwards, *Treatise on the Religious Affections*, p. 274.

[67] Kant, *On the Failure of All Attempted Philosophical Theodicies* (1791), trans. Michel Despland, in *Kant on History and Religion* (Montreal: McGill-Queen's University Press, 1973), p. 290.

[68] Kant, *Failure of All Philosophical Theodicies*, p. 290.

[69] Kant, *Failure of All Philosophical Theodicies*, p. 293.

第三章：

[1] Bernard Bailyn, *The Ideological Origins of the American Revolution* (Cambridge, Mass.: Harvard

University Press, 1967), p. 147; Lydia Dittler Schulman, *Paradise Lost and the Rise of the American Republic* (Boston: Northeastern University Press, 1992), p. 160.
[2] Schulman, *Paradise Lost*, pp. 162–63.
[3] Philip Freneau, "On the Fall of General Earl Cornwallis" (1781), in Harry Hayden Clark, ed., *Poems of Freneau* (New York: Harcourt, Brace, 1929), p. 63.
[4] Dwight, "The Triumph of Infidelity," (1788), in V. L. Parrington, ed., *The Connecticut Wits* (New York: Crowell, 1969), p. 262; Royall Tyler, "The Origin of Evil" (1793), in Marius B. Peladeau, ed., *The Verse of Royall Tyler* (Charlottesville: University Press of Virginia, 1968), pp. 13–15.
[5] Dorson, *Jonathan Draws the Long Bow*, p. 49; George B. Cheever, *Deacon Giles's Distillery* (1835; New York, 1859), p. 9.
[6] Robert Bailey, *The Life and Adventures of Robert Bailey, from his infancy up to December, 1821, interspersed with anecdotes, and religious and moral admonitions* (Richmond, 1822), pp. 12–13.
[7] David Young, *The Wonderful History of the Morristown Ghost* (Newark, 1826), p. 12; Harry Levin, *The Power of Blackness* (New York: Vintage Books, 1958), p. 11; Dorson, *Jonathan Draws the Long Bow*, p. 51; "Miss Emily and Miss Olive and the Legend of the Devil's Hoof Prints of Bach," *North Carolina Folklore Journal*, 36, no. 2 (1989), 121–27.
[8] Lewis O. Saum, *The Popular Mood of Pre-Civil War America* (Westport, Conn.: Greenwood Press, 1980), p. 35.
[9] Edward Taylor, "Meditation" (1690), in *The Poems of Edward Taylor*, ed. Donald E. Stanford (New Haven: Yale University Press, 1960), p. 63.
[10] Schulman, *Paradise Lost*, p. 13 and passim.
[11] Whittier, *The Supernaturalism of New England* (London, 1847), p. 42.
[12] Evan S. Connell, *Son of the Morning Star: Custer and the Little Big Horn* (New York: HarperCollins, 1985), p. 124.
[13] William Ramsay, *Spiritualism: A Satanic Delusion and a Sign of the Times* (Boston, 1864), pp. 11–12.
[14] Lawrence Fuchs, *The American Kaleidoscope: Race, Ethnicity and the Civic Culture* (Middletown: Wesleyan University Press, 1990), p. 38.
[15] See Alice Kessler-Harris, *Out to Work: A History of Wage-Earning Women in the United States* (New York: Oxford University Press, 1982), pp. 20–72.
[16] See Avery Craven, *The Coming of the Civil War* (Chicago: University of Chicago Press, 1957), pp. 125–29.
[17] *Southern Literary Messenger*, March 1861, p. 344.
[18] Craven, *Coming of the Civil War*, p. 295.
[19] Emerson, "Self-Reliance" (1840), in Whicher, ed., *Selections from Emerson*, p. 150.
[20] Quoted in Joan Hedrick, *Harriet Beecher Stowe: A Life* (New York: Oxford University Press, 1994), p. 72.
[21] Joseph G. Baldwin, *The Flush Times of Alabama and Mississippi* (New York, 1853), pp. xx, xix.
[22] Edward K. Spann, *The New Metropolis: New York City, 1840–1857* (New York: Columbia University Press, 1981), p. 73.
[23] Emerson, "Experience" (1844), in Whicher, ed., *Selections from Emerson*, p. 265.
[24] Melville, *Redburn*, p. 261.
[25] Melville, *Redburn*, p. 261.

[26] Hawthorne, *The Scarlet Letter* (1850; Boston: Little, Brown, 1960), pp. 61, 128; Alcott, *A Modern Mephistopheles* (1877; New York: Bantam Books, 1987), p. 4.
[27] Emerson, *Representative Men* (1850; Boston: Houghton Mifflin, 1903), p. 22.
[28] Caroline Kirkland, *A New Home: Who'll Follow?* (1839; New Haven: College and University Press, 1965), p. 58.
[29] Joel Porte, ed., *Emerson in His Journals* (Cambridge, Mass.: Harvard University Press, 1982), p. 161 (April 22, 1837).
[30] Emerson, "Historic Notes on Life and Letters in New England" (1880), in *The American Transcendentalists*, ed. Perry Miller (New York: Doubleday Anchor, 1957), P. 18.
[31] Porte, ed., *Emerson in His Journals*, p. 390 (June 1848).
[32] Brownson, quoted in Nelson Aldrich, *Old Money* (New York: Vintage Books, 1989), p. 38.
[33] Aldrich, *Old Money*, p. 57.
[34] Charles Taylor, *Multiculturalism and "The Politics of Recognition"* (Princeton: Princeton University Press, 1992), p. 29.
[35] Tocqueviile, *Democracy in America*, II, 147.
[36] Fuller, *Summer on the Lakes in 1843* (1844), in Bell Gale Chevigny, ed., *The Woman and the Myth: Margaret Fuller's Life and Writings* (New York: The Feminist Press, 1976), p. 317.
[37] Henry Adams, *History of the United States During the Administrations of Adams and Jefferson* (New York, 1898), 9 vols., I, 175; Kirkland, *A New Home*, p. 80; Adams, *History*, I, 160.
[38] See Stuart Bruchey, "Law and Economic Change in the Early American Republic," in *American Industrialization, Economic Expansion, and the Law*, ed. Joseph R. Frese, S.J., and Jacob Judd (New York: Sleepy Hollow Press, 1981), asp. pp. 103–7.
[39] Kirkland, *A New Home*, p. 63.
[40] Thoreau, *Walden: or, Life in the Woods* (1854), in *Walden and Other Writings*, ed. Brooks Atkinson (New York: Modern Library, 1950), pp. 27–28.
[41] Lincoln, "Address to the Wisconsin Agricultural Society" (1859), in *The Portable Abraham Lincoln*, ed. Andrew Delbanco (New York: Viking-Penguin, 1992), p. 158.
[42] Emerson, "The Divinity School Address" (1838), in Whicher, ed., *Selections from Emerson*, p. III.
[43] Tocqueville, *Democracy in America*, I, 381; Augustus Foster, quoted in Adams, *History*, I, 186; and see David Hackett Fischer, *The Revolution of American Conservatism* (New York: Harper Torchbooks, 1968).
[44] Lionel Trilling, *The Liberal Imagination* (New York: Viking, 1950), p. ix.
[45] Hawthorne, *The House of the Seven Gables* (1852; New York: Washington Square Press, 1966), p. 39.
[46] George Templeton Strong, quoted in Daniel Aaron, *The Unwritten War* (New York: Oxford University Press, 1973), p. 23.
[47] William Smith, quoted in Gordon Wood, *The Radicalism of the American Revolution* (New York: Knopf, 1992), p. 66.
[48] Johnson, quoted in John C. Miller, *The Wolf by the Ears: Thomas Jefferson and Slavery* (New York: New American Library, 1980), p. 8.
[49] J. Hector St. John de Crevecoeur, *Letters from an American Farmer* (1782; New York: E. P. Dutton, 1957), pp. 166–67.

[50] John Marshall, *Cherokee Nation v. State of Georgia* (1831), in Wilcomb E. Washburne, ed., *The Indian and the White Man* (New York: Doubleday Anchor, 1964), pp. 121, 118; John Ehle, *Trail of Tears: The Rise and Fall of the Cherokee Nation* (New York: Doubleday Anchor, 1988), p. 275.

[51] Jefferson, *Notes on the State of Virginia*, in Jefferson, *Writings*, p. 289.

[52] Lincoln, letter to Albert G. Hodges (1864), and letter to Joshua F. Speed (1855), in *The Portable Abraham Lincoln*, pp. 304, 85.

[53] George Fitzhugh, *Cannibals All: or, Slaves Without Masters* (1857; Cambridge, Mass.: Harvard University Press, 1960), pp. 24–25.

[54] Bernard Bailyn et al., *The Great Republic: A History of the American People* (Lexington: D. C. Heath, 1992), 2 vols., I, 398.

[55] George Fredrickson, *The Black Image in the White Mind* (New York: Harper Torchbooks, 1972), pp. 57, 75; Henry Gansevoort, quoted in Stanton Garner, *The Civil War World of Herman Melville* (Lawrence: University Press of Kansas, 1993), p. 23.

[56] Robert Bailey, *Life and Adventures*, pp. 37–38.

[57] Herman Melville, *The Confidence-Man: His Masquerade* (1857; Evanston: Northwestern University Press and the Newberry Library, 1984), p. 190.

[58] Lincoln, "Speech at New Haven, Connecticut" (1860), in *Speeches and Writings*, ed. Don E. Fehrenbacher (New York: The Library of America, 1989), 2 vols., II, 144.

[59] Quoted in Aldrich, *Old Money*, p. 42.

[60] Kenneth Lynn, Introduction to Harriet Beecher Stowe, *Uncle Tom's Cabin* (1852; Cambridge, Mass.: Harvard University Press, 1962), p. vii.

[61] George Fredrickson, ed., *William Lloyd Garrison: Great Lives Observed* (Englewood Cliffs, N.J.: Prentice-Hall, 1968), p. 143; Marshall Berman, *All That Is Solid Melts into Air. The Experience of Modernity* (New York: Penguin, 1988), p. 67.

[62] Fredrickson, ed., *Garrison*, p. 141.

[63] Emerson, "The Transcendentalist" (1841), in Whicher, ed., *Selections from Emerson*, pp. 193–94.

[64] Lincoln, Second Inaugural Address (1865), in Delbanco, ed., *The Portable Lincoln*, p. 321; David Reynolds, *Beneath the American Renaissance: The Subversive Imagination in the Age of Emerson and Melville* (Cambridge, Mass.: Harvard University Press, 1989), p. 64.

[65] Butler, *Awash in a Sea of Faith*, p. 270.

[66] Saum, *Popular Mood*, pp. 59–63.

[67] Whittier, *Supernaturalism of New England*, p. 3.

[68] Timothy J. Gilfoyle, *City of Eros: New York City, Prostitution, and the Commercialization of Sex* (New York: Norton, 1992), p. 129.

[69] Mark Holloway, *Heavens on Earth: Utopian Communities in America, 1680–1880* (New York: Dover Books, 1966), p. 104.

第四章：

[1] Niebuhr, *Nature and Destiny of Man*, I, 182.
[2] Thoreau, *Walden*, p. 17.
[3] Porte, ed., *Emerson in His Journals*, p. 197 (Sept. 16, 1838); Emerson, "The American Scholar" (1837), in Whicher, ed., *Selections from Emerson*, p. 64.
[4] Hegel, *Phenomenology of Spirit* (1807), quoted in Charles Taylor, *Multiculturalism*, p. 50.
[5] Hawthorne, quoted in Garner, *The Civil War World of Herman Melville*, pp. 88–89; Emerson, quoted in Aaron, *Unwritten War*, p. 35.
[6] *Southern Literary Messenger*, November 1860, quoted in Aaron, *Unwritten War*, p. 19.
[7] Lincoln, "Fragment on Slavery" (c. 1854), in Delbanco, ed., *The Portable Lincoln*, p. 41.
[8] Brown, Letter of November 8, 1859, in *Old South Leaflets*, no. 85, p. 20 (my italics).
[9] Longfellow, quoted in Garner, *The Civil War World of Melville*, p. 44; Melville, "The Portent," in *Battle-Pieces and Aspects of the War* (1866; New York: Thomas Yoseloff, 1963), p. 35; Oliver Wendell Holmes, *Writings* (Boston, 1894–95), 14 vols., VIII, 87–88.
[10] Thoreau, "A Plea for Captain John Brown" (November 30, 1859), in *Walden and Other Writings,* p. 704.
[11] George Templeton Strong and Oliver Wendell Holmes, quoted in Aaron, *Unwritten War*, pp. 23, 28.
[12] Henry Howard Brownell, quoted in Garner, *The Civil War World of Melville*, p. 74; Whitman, *Specimen Days* (1882), in Whitman, *Poetry and Prose* (New York: The Library of America, 1982), p. 706; Hawthorne, quoted in Garner, p. 88.
[13] Bell Irvin Wiley, *The Life of Billy Yank: The Common Soldier of the Union* (Baton Rouge: Louisiana State University Press, 1978), p. 21; Edward Everett and Lowell, quoted in Aaron, *Unwritten War*, pp. 343, 344.
[14] Quoted in Craven, *Coming of the Civil War*, p. 439.
[15] Lincoln, "Speech to the 140th Indiana Regiment" (1865), in Delbanco, ed., *The Portable Lincoln*, p. 323.
[16] Emerson, "Divinity School Address" (1838), in Whicher, ed., *Selections from Emerson*, pp. 106, 107.
[17] Lincoln, "Speech on the Kansas-Nebraska Act" (1854); "Handbill Replying to Charges of Infidelity" (1846); "Letter to Edward Everett" (November 20, 1863), in Delbanco, ed., *The Portable Lincoln*, pp. 75, 27–28, 296; Stephens, quoted in Edmund Wilson, *Patriotic Gore: Studies in the Literature of the American Civil War* (New York: Oxford University Press, 1962), p. 97.
[18] Herndon and Keckley, quoted in Philip B. Kunhardt, Jr., et al., *Lincoln: An Illustrated Biography* (New York: Knopf, 1992), pp. 85, 363; Melville, *Moby-Dick*, pp. 178, 174; J. S. Potter to Francis W. Pickens, March 30, 1861, quoted in Steven A. Channing, *Crisis of Fear: Secession in South Carolina* (New York: Norton, 1970), p. 274; Lincoln, "Speech at Independence Hall, Philadelphia" (1861), in Lincoln, *Speeches and Writings*, II, 213.
[19] Joseph P. Thompson, *Abraham Lincoln: His Life and Its Lessons. A Sermon Preached April 30, 1865*, in Frank Freidel, ed., *Union Pamphlets of the Civil War* (Cambridge, Mass.: Harvard University Press, 1967), 2 vols., II, 1160, 1162.
[20] Lincoln, "Eulogy on Henry Clay" (1852), in *Speeches and Writings*, I, 261.
[21] Strong, quoted in Aaron, *Unwritten War*, p. 345.

[22] Melville, "Apathy and Enthusiasm," in *Battle-Pieces*, p. 41.
[23] Thomas Wentworth Higginson, *Army Life in a Black Regiment* (1869; Boston: Beacon Press, 1962), p. 255.
[24] McFeely, *Grant: A Biography* (New York: Norton, 1981), p. 78; Anne C. Rose, *Victorian America and the Civil War* (Cambridge: Cambridge University Press, 1992), p. 62.
[25] *Selected Letters of William Dean Howells* (Boston: Twayne, 1979), P. 77.
[26] Mary Chesnut, quoted in Rose, *Victorian America*, p. 61; Mary Todd Lincoln, quoted in Kunhardt, *Lincoln*, p. 240.
[27] Melville, "The House-top," in *Battle-Pieces*, pp. 89–90.
[28] James M. McPherson, ed., *The Negro's Civil War* (New York: Vintage Books, 1965), p. 22.
[29] Allan Nevins, ed., *The Civil War Diary of George Templeton Strong* (New York: Macmillan, 1962), p. 337.
[30] Whitman, *Specimen Days*, in *Poetry and Prose*, p. 707.
[31] Charles Royster, *The Destructive War: William Tecumseh Sherman, Stonewall Jackson, and the Americans* (New York: Knopf, 1991), p. 256.
[32] Hofstadter, *The American Political Tradition* (New York: Knopf, 1948), p. 135; Diana Trilling, *Claremont Essays* (London: Secker and Warburg, 1965), p. 182; and see Robert Wiebe, *The Search for Order: 1877–1920* (New York: Hill and Wang, 1967), p. 7, who speaks of the nation gripped by "a haunting sense of the war's failure."
[33] McFeely, *Grant*, p. 64.
[34] McFeely, *Grant*, p. 67.
[35] Wilson, *Patriotic Gore*, p. 140.
[36] Henry James, *Hawthorne* (1879; New York: St. Martin's, 1967), p. 135.
[37] T. Jackson Lears, *No Place of Grace: Antimodernism and the Transformation of American Culture, 1880–1920* (New York: Pantheon, 1981), p. 10.
[38] Alan Trachtenberg, *The Incorporation of America: Culture and Society in the Gilded Age* (New York: Hill and Wang, 1982), pp. 99, 129.
[39] Veblen, "The Theory of Business Enterprise" (1904), in Max Lerner, ed., *The Portable Veblen* (New York: Viking, 1948), p. 338.
[40] Lerner, ed., *The Portable Veblen*, p. 342.
[41] Quoted in Tom Lutz, *American Nervousness, 1903: An Anecdotal History* (Ithaca: Cornell University Press, 1991), p. 79.
[42] Adams, "A Letter to American Teachers of History" (1910), in *The Degradation of the Democratic Dogma* (1919; New York: Capricorn, 1958), p. 138.
[43] David Montgomery, *The Fall of the House of Labor* (New York: Cambridge University Press, 1989), pp. 17, 21.
[44] John W. DeForest, *Miss Ravenel's Conversion from Secession to Loyalty* (1867; New York: Rinehart, 1955), p. 279.
[45] Emerson, "Nature" (1836), in Whicher, ed., *Selections from Emerson*, pp. 39, 48.
[46] Mason Lock Weems, *The Lift of George Washington* (1800; Cambridge, Mass.: Harvard University Press, 1962), p. 14.
[47] John J. McDermott, *Streams of Experience: Reflections on the History and Philosophy of American Culture*

(Amherst: University of Massachusetts Press, 1986), p. 81; Emerson, Sermon 59 (1829), in *The Complete Sermons of Ralph Waldo Emerson,* ed. Teresa Toulouse and Andrew Delbanco (Columbia: University of Missouri Press, 1990), 4 vols., II, 102; *Commercial Advertiser,* August 2, 1832, quoted in Charles Rosenberg, *The Cholera Years* (Chicago: University of Chicago Press, 1987), p. 43.

[48] Bell Irvin Wiley, *Johnny Reb: The Common Soldier of the Confederacy* (Baton Rouge: Louisiana State University Press, 1978), p. 40.

[49] Lewis O. Saum, *The Popular Mood of America, 1860–1890* (Lincoln: University of Nebraska Press, 1990), pp. 21, 29. (My italics)

[50] Bernard Bailyn, *Education in the Forming of American Society* (Chapel Hill: University of North Carolina Press, 1960), p. 14.

[51] Quoted in Walter Benn Michaels, *The Gold Standard and the Logic of Naturalism: American Literature at the Turn of the Century* (Berkeley: University of California Press, 1987), p. 219.

[52] Weber, *The Protestant Ethic and the Spirit of Capitalism* (1905), trans. Talcott Parsons (New York: Charles Scribner's Sons, 1958), p. 182; Twain, letter to Howells (January 22, 1898), in *Selected Mark Twain-Howells Letters,* ed. Frederick Anderson et al. (Cambridge, Mass.: Harvard University Press, 1967), p. 317.

[53] Robert Jay Lifton, *Death in Life: Survivors of Hiroshima* (New York: Vintage Books, 1969), p. 55.

[54] John V. Canfield, ed., *Purpose in Nature* (Englewood Cliffs, N.J.: Prentice-Hall, 1966), p. 3.

[55] Edward Arlington Robinson, *Credo* (c. 1890).

[56] Written, respectively, by Stephen Crane, Robert Herrick, Ellen Glasgow, and Willa Cather.

[57] Adams, *The Education of Henry Adams* (1907; Boston: Houghton Mifflin, 1973), p. 460.

[58] Kenneth M. Stampp, *America in 1857: A Nation on the Brink* (New York: Oxford University Press, 1990), p. 18.

[59] Quoted in Stampp, *The Imperiled Union: Essays on the Background of the Civil War* (New York: Oxford University Press, 1980), p. 221.

[60] Marcus, *Representations,* p. 6.

[61] Adams, *Degradation of the Democratic Dogma,* p. 127.

[62] Joanne J. Meyerowitz, *Women Adrift: Independent Wage Earners in Chicago, 1880–1930* (Chicago: University of Chicago Press, 1988), pp. 106, 105.

[63] William James, *Pragmatism,* p. 79.

[64] Porte, ed., *Emerson in His Journals* (entry for June 21, 1838), p. 190; Chauncey Wright, quoted in David E. Shi, *Facing Facts: Realism in American Thought and Culture* (New York: Oxford University Press, 1995), p. 67; Emerson, "Self-Reliance," in Whicher, ed., *Selections,* p. 156.

[65] Zygmunt Bauman, review of Barbara Goodwin, *Justice by Lottery, Times Literary Supplement,* March 12, 1993, p. 23.

[66] Lloyd, quoted in Daniel Aaron, *Men of Good Hope* (New York: Oxford University Press, 1951), p. 143.

[67] Howells, *A Hazard of New Fortunes* (1890; New York: New American Library, 1965), pp. 159–60.

[68] John Bigelow, "What Is Gambling?" (1895), quoted in Michaels, *The Gold Standard,* p. 225.

[69] Bigelow, quoted in Michaels, *The Gold Standard,* p. 223.

[70] Greeley, quoted in Spann, *The New Metropolis,* p. 78.

[71] Keith Thomas, *Religion and the Decline of Magic,* p. 111.

[72] Thomas Carver, "The Economic Basis of the Problem of Evil," *Harvard Theological Review*, 1 (1908), 105.
[73] Susan Blow, quoted in Lears, *No Place of Grace*, p. 157.
[74] Thomas Pynchon, *V* (New York: Bantam Books, 1964), p. 66.

第五章：

[1] Genesis 3:9–13.
[2] Nietzsche, quoted in Karl Löwith, *From Hegel to Nietzsche: The Revolution in Nineteenth Century Thought*, trans. David E. Green (New York: Doubleday Anchor, 1967), p. 365.
[3] Freud, *Civilization and Its Discontents*, trans. James Strachey (New York: Norton, 1961), pp. 75, 72.
[4] Emerson, "Nature" (1836), in Whicher, ed., *Selections from Emerson*, p. 33.
[5] Stephen Crane, *The Red Badge of Courage* (1895), in Stephen Crane, *Prose and Poetry* (New York: The Library of America, 1984), p. 126.
[6] Walter Benjamin, "Unpacking My Library," in *Illuminations*, trans. Harry Zohn (New York: Schocken, 1969), p. 60; Simon Schama, *Dead Certainties: "Unwarranted Speculations"* (New York: Knopf, 1991), p. 33; Crane, quoted in R. W. Stallman, *Stephen Crane: A Biography* (New York: George Braziller, 1968), p. 73.
[7] Edith Wharton, *The House of Mirth* (1905; New York: New American Library, 1964), p. 334.
[8] David Charles Sloane, *The Last Great Necessity: Cemeteries in American History* (Baltimore: Johns Hopkins University Press, 1991), p. 145.
[9] James Hart, *The Popular Book: A History of America's Literary Taste* (Berkeley: University of California Press, n.d.), pp. 120, 121.
[10] Joseph Story, quoted in Garry Wills, *Lincoln at Gettysburg: The Words That Remade America* (New York: Simon & Schuster, 1992), p. 74.
[11] Alexander Borthwick, quoted in Saum, *Popular Mood of America, 1860–1890*, pp. 125–26.
[12] Phelps, quoted in Sloane, *Last Great Necessity*, p. 146.
[13] Saum, *Popular Mood of America, 1860–1890*, p. 126.
[14] Wirt Sikes, quoted in Peter G. Beidler, *Ghosts, Demons, and Henry James: The Turn of the Screw at the Turn of the Century* (Columbia: University of Missouri Press, 1989), p. 20.
[15] Royce, "The World and the Individual" (1899), in John K. Roth, ed., *The Philosophy of Josiah Royce* (New York: Crowell, 1971), p. 240; James, *The Varieties of Religious Experience* (1902; New York: Collier, 1961), pp. 354, 120.
[16] Wills, *Lincoln at Gettysburg*, p. 76.
[17] Paul McArthur, *Modern Spiritualism* (Progressive Spiritualist Association of Missouri, 1908), p. 9.
[18] McArthur, *Modern Spiritualism*, pp. 41, 45, II; Wills, *Lincoln at Gettysburg*, p. 72.
[19] W. M. Lockwood, *The Molecular Hypothesis of Nature; the relation of its Principles to continued existence and to the philosophy of Spiritualism* (Chicago, 1895), p. 5.

[20] Quoted in Russell M. and Clare R. Goldfarb, *Spiritualism and 19th-Century Letters* (Cranbury, N.J.: Associated University Press, 1978), p. 129] The amazingly strong appeal of spiritualism is suggested by George Templeton Strong's remark that "hundreds of thousands of people in this country," including "ex-judges of the Supreme Court, senators, clergymen, professors of physical sciences ... believe themselves able to communicate daily with the ghosts of their grandfathers." (Quoted in R. Laurence Moore, "Spiritualism and Science: Reflections on the First Decade of the Spirit Rappings," *American Quarterly*, 24 [1972], 475.) Something similar was happening in England, where a collection called *Real Ghost Stories* was published in a print run of 100,000 that "went off like snow in a fresh"; and the Society for Psychical Research (which invited William James to become its president in 1894) included among its members "prime ministers, bishops, titled persons, scientists of various persuasions, and... such literary men as Tennyson and Ruskin." (Beidler, *Ghosts, Demons*, p. 25.)

[21] Newton Crosland, *Apparitions* (1873), quoted in Beidler, *Ghosts, Demons*, p. 32; Lutz, *American Nervousness*, p. 185.

[22] *New York Daily Tribune*, January 25, 1881.

[23] *New York Daily Tribune*, March 6, 1881.

[24] James, *Varieties of Religious Experience*, p. 124.

[25] Cyrus Bartol, *Radical Problems* (1872), quoted in David Robinson, *The Unitarians and Universalists* (Westport, Conn.: Greenwood Press, 1985), p. 111.

[26] James, *Varieties of Religious Experience*, p. 124.

[27] Ignatius Donnelly, *Caesar's Column: A Story of the Twentieth Century* (1889; Cambridge, Mass.: Harvard University Press, 1960), p. 71.

[28] Otto Rank, quoted in Ernest Becket, *The Denial of Death* (New York: The Free Press, 1973), p. 99; A. Mitchell Palmer, "The Case Against the Reds" (1920), in Loren Baritz, ed., *The Culture of the Twenties* (New York: Bobbs-Merrill, 1970), p. 78; Lewis P. Simpson, *The Brazen Face of History* (Baton Rouge: Louisiana State University Press, 1980), p. 110; Kenneth Burke, *The Philosophy of Literary Form* (Berkeley: University of California Press, 1973), p. 39.

[29] Dixon, *The Clansman* (New York: Doubleday, Page, 1905), p. 214; Dixon, *The Leopard's Spots* (1902), quoted in Fredrickson, *The Black Image in the White Mind*, p. 280; Du Bois, *Dusk of Dawn: An Essay Toward an Autobiography of a Race Concept* (1940; New York: Schocken, 1968), p. 67.

[30] Josiah Strong (1885), and Thomas E. Watson (1912), quoted in Richard Hofstadter, *The Age of Reform* (New York: Vintage Books, 1955), pp. 82–83.

[31] William Byrd, *Diary* (May 22, 1712), in *The Great American Gentleman*, ed. Louis B. Wright and Marion Tinling (New York: Capricorn, 1963), p. 229; Poe, *The Narrative of Arthur Gordon Pym* (1838), in W. H. Auden, ed., *Edgar Allan Poe: Selected Prose, Poetry, and Eureka* (New York: Rinehart, 1950), p. 309; Melville, *Typee* (1846; Evanston: Northwestern University Press and the Newberry Library, 1968), p. 205.

[32] See Thomas Jefferson, *Notes on the State of Virginia*, in *Writings*, pp. 266–70. At one moment, Jefferson speculates that blacks are "in reason much inferior" to whites, but a few sentences later he cautions that "I advance it as a suspicion only, that the blacks ... are inferior to the whites in the endowments both of body and mind," and insists that "the opinion, that they are inferior in the faculties of reason and imagination, must be hazarded with great diffidence."

[33] Nebraska senator William Allen (in the 1890s), quoted in Stuart Creighton Miller, *"Benevolent Assimilation": The American Conquest of the Philippines, 1899–1903* (New Haven: Yale University Press, 1982), p. 15.
[34] Montgomery, *Fall of the House of Labor*, pp. 81, 24.
[35] Woodberry (1903), quoted in W. B. Carnochan, *The Battleground of the Curriculum* (Stanford: Stanford University Press, 1993), p. 83; Taft and Kipling, quoted in Thomas F. Gossett, *Race: The History of an Idea in America* (Dallas: Southern Methodist University Press, 1975), P. 332; Harry H. Powers, "The Ethics of Expansion" (1900), in Milton Plesur, ed., *Creating an American Empire, 1865–1914* (New York: Pitman, 1971), p. 129.

   In response to these sorts of claims, and to the actions they were meant to justify, Mark Twain rewrote in 1901 "The Battle Hymn of the Republic":

   > Mine eyes have seen the orgy of the launching of the Sword;
   > He is searching out the hoardings where the stranger's wealth is stored;
   > He hath loosed his fateful lightnings, and with woe and death has scored;
   > His lust is marching on.

[36] Melville, quoted in Garner, *The Civil War World of Melville*, p. 54.
[37] Thomas Bailey Aldrich, "Unguarded Gates" (1895).
[38] Melville, *White-Jacket* (1850; Evanston: Northwestern University Press and the Newberry Library, 1970), p. 151.
[39] Democratic Party Platform, quoted in Fuchs, *The American Kaleidoscope*, p. 112; James, *The American Scene* (1907; Bloomington: Indiana University Press, 1968), p. 131; Roosevelt, quoted in Alex Zwerdling, "Anglo-Saxon Panic: The Turn-of-the-Century Response to 'Alien' Immigrants," *Ideas* (Bulletin of the National Humanities Center), 1, no. 2 (1993), 38.
[40] Charles Loring Brace, *The Dangerous Classes of New York* (New York, 1880), pp. 25–26.
[41] Christopher Benfey, *The Double Life of Stephen Crane* (New York: Knopf, 1992), p. 171.
[42] *The Literary Digest* (1919), quoted in John Higham, *Strangers in the Land: Patterns of American Nativism, 1860–1925* (New York: Atheneum, 1974), p. 229.
[43] Paul M. Winter (1928), quoted in David Brion Davis, ed., *The Fear of Conspiracy: Images of Un-American Subversion from the Revolution to the Present* (Ithaca: Cornell University Press, 1971), p. 245.
[44] Ann Fabian, "Making a Commodity of Truth: Speculation on the Career of Bernarr Macfadden," *American Literary History*, 5, no. 1 (1993), 51–76.
[45] Bailyn et al., *The Great Republic*, p. 233.
[46] Quoted in Gossett, *Race*, p. 372.
[47] It was in the 1880s and 1890s that football became a "central feature of college social life." Elliott J. Gorn and Warren Goldstein, *A Brief History of American Sports* (New York: Hill and Wang, 1993), P. 131.
[48] Quoted in Stallman, *Stephen Crane*, p. 238.
[49] Gossett, *Race*, p. 364.
[50] Charles H. Reeve, *The Prison Question* (Chicago: Knight and Leonard, 1890), p. 152.
[51] Eugene S. Talbot, *Degeneracy: Its Causes, Signs and Results* (London, 1898), pp. 13–14.

[52] Havelock Ellis, quoted in Talbot, *Degeneracy*, p. 17.
[53] Carl N. Degler, *In Search of Human Nature: The Decline and Revival of Darwinism in American Social Thought* (New York: Oxford University Press, 1991), pp. 37, 41, 45.
[54] Holmes, quoted in Degler, *In Search of Human Nature*, p. 47.
[55] For the place of eugenicist ideas in Nazism, see Degler, *In Search of Human Nature*, esp. pp. 202–5, and Stefan Kühl, *The Nazi Connection: Eugenics, American Racism, and German National Socialism* (New York: Oxford University Press, 1994), which details the intellectual indebtedness of Nazi ideologues to the American eugenicist movement.
[56] Degler, *In Search of Human Nature*, p. 22.
[57] Joseph LeConte, quoted in Degler, *In Search of Human Nature*, p. 24.
[58] Amos Warner, quoted in Degler, *In Search of Human Nature*, p. 24.
[59] On Augustine's view of the transmission of sin, see Elaine Pagels, *Adam, Eve, and the Serpent* (New York: Vintage Books, 1988), p. 109; Jefferson, *Writings*, pp. 290–91; Thomas Hooker, *The Soules Preparation for Christ* (London, 1632), p. 54.
[60] Carroll Smith-Rosenberg, *Disorderly Conduct: Visions of Gender in Victorian America* (New York: Oxford University Press, 1986), p. 91.
[61] Randolph Bourne, "Trans-National America" (1916), in David A. Hollinger and Charles Capper, eds., *The American Intellectual Tradition* (New York: Oxford University Press, 1993), 2 vols., II, 179; Dewey, *Democracy and Education* (1916; New York: The Free Press, 1966), p. 86; Emerson, "Circles" (1840), in Whicher, ed., *Selections from Emerson*, p. 171.
[62] Wiebe, *Search for Order*, p. 4; John F. Kasson, *Rudeness and Civility: Manners in Nineteenth-Century Urban America* (New York: Hill and Wang, 1990), p. 121; Emile Durkheim, quoted in Kal Erikson, *Wayward Puritans: A Study in the Sociology of Deviance* (New York: John Wiley, 1966), p. 4.
[63] Quoted in Stallman, *Stephen Crane*, p. 219. (My italics)
[64] W. T. Homaday, *Awake! America: Object Lessons and Warnings* (1918), in Davis, ed., *The Fear of Conspiracy*, p. 216; Arthur Schlesinger, Jr., quoted in Stephen J. Whitfield, *The Culture of the Cold War* (Baltimore: Johns Hopkins University Press, 1991), p. 43.
[65] Gilman, "Education for Motherhood," in *The Forerunner*, 4 (October 1913), 262 (I owe this reference to Maria Russo); Sheila M. Rothman, *Woman's Proper Place: A History of Changing Ideals and Practices, 1870 to the Present* (New York: Basic Books, 1978), p. 28.
[66] Degler, *In Search of Human Nature*, p. 28.
[67] Adams, *The Education*, p. 384; see Rothman (on the birth-control pioneer Margaret Sanger), *Woman's Proper Sphere*, p. 195, and Elaine Tyler May, *Great Expectations: Marriage and Divorce in Post-Victorian America* (Chicago: University of Chicago Press, 1980), p. 102; Scott Fitzgerald, *The Beautiful and Damned* (1922; New York: Charles Scribner's Sons, 1950), p. 150.
[68] George Stade, "Dracula's Women and Why Men Love to Hate Them," in Gerald I. Fogel et al., eds., *The Psychology of Men: New Psychoanalytic Perspectives* (New York: Basic Books, 1986), p. 42.
[69] M. O. Terry, "On the Cure of Insanity by the Operative Procedure," *Medical Times*, November 1900, 324.
[70] Ernest A. Hooton, *Crime and the Man* (Cambridge, Mass.: Harvard University Press, 1939), pp. 252, 269, 273, 271.

[71] J. Fred Larsen, quoted in Timothy Spears, "All Things to All Men: The Commercial Traveler and the Rise of Modern Salesmanship," *American Quarterly*, December 1993, 547, 554.
[72] Doris Kearns Goodwin, *No Ordinary Time: Franklin and Eleanor Roosevelt, the Home Front in World War II* (New York: Simon & Schuster, 1994), p. 172.
[73] *Meet the Press*, October 23, 1994.
[74] Melville, *Moby-Dick*, p. 200.
[75] Melville, *Moby-Dick*, p. 200.
[76] Bilbo, *Take Your Choice: Separation or Mongrelization* (Poplarville, Miss.: Dream House Publishing Co., 1947), p. 8.
[77] *Father Coughlin's Radio Sermons* (Baltimore: Knox and O'Leary, 1931), pp. 200–1.
[78] Melville, *Moby-Dick*, pp. 176, 177.
[79] Richard Hofstadter, *The Paranoid Style in American Politics* (New York: Knopf, 1966), p. 36.
[80] Quoted in Claudia Koonz's review of Ralf Georg Reuth, *Goebbels, The New York Times Book Review*, January 16, 1995, p. 14.

第六章：

[1] Quoted in Lawrence M. Friedman, *Crime and Punishment in American History* (New York: Basic Books, 1993), p. 339.
[2] Paul Fussell, *The Great War and Modern Memory* (New York: Oxford University Press, 1975), p. 79.
[3] Darrow, "Address to the Prisoners in Cook County Jail," in Richard J. Jensen, ed., *Clarence Darrow: The Creation of an American Myth* (New York: Greenwood Press, 1992), p. 271; Mencken, *The Philosophy of Friedrich Nietzsche* (1913; Port Washington, N.Y.: Kennikat Press, 1967), p. 3.
[4] Nietzsche, *The Genealogy of Morals*, trans. Francis Golffing (New York: Doubleday Anchor, 1956), pp. 277–78.
[5] Fitzgerald, *The Beautiful and Damned*, p. 3; Hemingway, *The Green Hills of Africa* (1935; New York: Charles Scribner's Sons, 1963), p. 21. The view of the Puritans as "oligarchs" emerged in the 1920s in the work of Brooks Adams (*The Emancipation of Massachusetts* [1919]) and V. L. Parrington (*Main Currents of American Thought: The Colonial Mind* [1927]), and by the time of Thomas Jefferson Wertenbaker, *The Puritan Oligarchy* (1947), it had become a kind of orthodoxy of its own.
[6] Ann Douglas, *Terrible Honesty: Mongrel Manhattan in the 1920s* (New York: Farrar, Straus, and Giroux, 1995), p. 54; Lippmann, *A Preface to Morals* (New York: Macmillan, 1929), p. 4.
[7] Clifton Fadiman, review of Lionel Trilling, *The Liberal Imagination, The New Yorker*, April 22, 1950, p. 118.
[8] F. Scott Fitzgerald, letter to Marya Mannes, in Baritz, ed., *Culture of the Twenties*, p. 308.
[9] George Steiner, *In Bluebeard's Castle: Some Notes Toward the Re-definition of Culture* (London: Faber and Faber, 1971), p. 48.

[10] Douglas, *Terrible Honesty*, p. 57; Tillich, quoted in Roland Frye, *God, Man, and Satan*, p. 23.
[11] Ernst Cassirer, *An Essay on Man* (New Haven: Yale University Press, 1944), p. 228; *The Myth of the State* (New Haven: Yale University Press, 1946), pp. 296, 298.
[12] Cassirer, *Essay on Man*, pp. 5, 14.
[13] Lewis Mumford, "The Corruption of Liberalism," *The New Republic*, April 29, 1940, pp. 569–70. (I owe this reference to Daniel Terris.) As late as the summer of 1944, when the daily press began to pick up accounts of mass extermination in the concentration camps in German-occupied Poland, the news remained subsidiary to the battlefield bulletins. In the case of *The New York Times*, the gas chambers never made the front page. See Deborah Lipstadt, *Beyond Belief: The American Press and the Coming of the Holocaust, 1933–1945* (New York: The Free Press, 1986), p. 235.
[14] Frances Perkins, *The Roosevelt I Knew* (New York: Viking, 1946), pp. 147–48. (I owe this reference to Ann Douglas.)
[15] David S. Wyman, *The Abandonment of the Jews: America and the Holocaust, 1941–1945* (New York: Pantheon, 1984), p. 311; David Eisenhowcr, *Eisenhower at War: 1943–1945* (New York: Random House, 1986), pp. 762–63. Shortly after visiting the camp, Eisenhower wrote to his wife, Mamie, that he had gone for the purpose of gathering "*first hand* evidence," so that "if ever, in the future, there develops a tendency to charge these allegations merely to propaganda," he would be able to testify to the truth. (Quoted in Lipstadt, *Beyond Belief*, pp. 254–55.)
[16] Niebuhr, *Nature and Destiny of Man*, I, 35.
[17] Niebuhr, *The Children of Light and the Children of Darkness* (New York: Charles Scribner's Sons, 1944), p. 9; Melville, *Moby-Dick*, p. 230.
[18] Quoted in Marshall Berman, *All That Is Solid Melts into Air*, p. 67. I have drawn here on Barman's discussion, esp. pp. 60–71.
[19] Trilling, *TheMiddle of the Journey* (New York: Viking, 1947), pp. 138, 75.
[20] Miller, *All My Sons*, in Henry Hewes, ed., *Famous American Plays of the 1940s* (New York: Dell, 1967), p. 236.
[21] Trilling, *Middk of the Journey*, p. 145.
[22] Trilling, *The Liberal Imagination*, pp. x–xi.
[23] Joseph R. McCarthy, *America's Retreat from Victory: The Story of George Catlett Marshall* (New York: Devin-Adair, 1951), pp. 167, 166, 163.
[24] McCarthy, *America's Retreat*, pp. 69, 67, 168, 171.
[25] Alsop, quoted in Victor S. Navasky, *Naming Names* (New York: Viking, 1980), p. 29.
[26] Spillane, quoted in Whitfield, *Culture of the Cold War*, p. 35.
[27] Saul Bellow, *Herzog* (1964; New York: Fawcett Crest, 1965), pp. 289–94.
[28] See Leslie T. Hatamiya, *Righting a Wrong: Japanese Americans and the Passage of the Civil Liberties Act of 1968* (Stanford: Stanford University Press, 1993).
[29] Oppenheimer, quoted in Dietrich Schroeer, *Physics and Its Fifth Dimension: Society* (Reading, Mass.: Addison-Wesley, 1972), p. 220. (I owe this reference to John Kasson.)
[30] Auchincloss, quoted in Carol Gelderman, *Louis Auchincloss: A Writer's Life* (New York: Crown, 1993), p. 99.

[31] Carson, *Silent Spring* (Boston: Houghton Mifflin, 1962), p. 6; Donald Fleming, "Roots of the New Conservation Movement," in *Perspectives in American History*, 6 (1972), 34.
[32] Marcuse, *Eros and Civilization* (1955; New York: Vintage Books), p. 184.
[33] Hofstadter, *American Political Tradition*, p. v.
[34] King, "Letter from Birmingham Jail," in Capper and Hollinger, eds., *American Intellectual Tradition*, II, 238.
[35] Kierkegaard, *The Concept of Irony*, trans. Howard V. Hong and Edna H. Hong (1841; Princeton: Princeton University Press, 1992), pp. 248, 253.
[36] Emerson, "Self-Reliance" (1840), in Whicher, ed., *Selections from Emerson*, p. 150; Walker Percy, *The Last Gentleman* (1966; New York: Ballantine Books, 1989), p. 280.
[37] Irving Howe, *Decline of the New* (New York: Harcourt, Brace, 1970), p. 253.
[38] Trilling, *Beyond Culture* (New York: Viking, 1965), p. 26.
[39] Fitzgerald, letter to Marya Mannes, in Baritz, ed., *Culture of the Twenties*, p. 308.
[40] Susan Sontag, *Against Interpretation* (1966; New York: Dell, 1981), pp. 279–80.
[41] Mailer, "The White Negro," in *Advertisements for Myself* (1959; New York: New American Library, 1960), pp. 304, 305.
[42] Sontag, *Against Interpretation*, pp. 279, 280, 150.
[43] Capote, *In Cold Blood* (1965; New York: New American Library, n.d.), pp. 286, 56, 189.
[44] Capote, *In Cold Blood*, p. 29.
[45] Emerson, "Nature," in Whicher, ed., *Selections from Emerson*, p. 44; Melville, *White-Jacket*, p. 186.
[46] Howe, *Decline of the New*, p. 253.
[47] Hayden White, *Metahistory: The Historical Imagination in Nineteenth-Century Europe* (Baltimore: Johns Hopkins University Press, 1973), p. 233.
[48] Alasdair MacIntyre, *After Virtue* (Notre Dame: Notre Dame University Press, 1984), p. 19; Walker Percy, *Lancelot* (New York: Ballantine Books, 1979), p. 45.
[49] Walker Percy, *The Last Gentleman*, p. 303.
[50] Jürgen Habermas, *Legitimation Crisis*, trans. Thomas McCarthy (Boston: Beacon Press, 1975), p. 4.
[51] Whitman, *Democratic Vistas* (1870), in *Poetry and Prose*, p. 937; White, *Metahistory*, p. 232.
[52] Abner Kneeland, *Review of the Trial, Conviction and Final Imprisonment in the Common Jail of the County of Suffolk of Abner Kneeland for the Alleged Crime of Blasphemy* (Boston, 1838), pp. 13–14. (I owe this reference to John Matteson.)
[53] Doctorow, interview in press release announcing *The Waterworks*, 1994.
[54] Dulles, "Address at the General Conference of the Methodist Church, Boston, May 4, 1948," in *The Spiritual Legacy of John Foster Dulles*, ed. Henry P. Van Dusen (Philadelphia: Westminster Press, 1960), pp. 152–53.
[55] Ricoeur, *Symbolism of Evil*, p. 43.
[56] Mary Ellmann, *Thinking about Women* (New York: Harcourt Brace Jovanovich, 1968), p. 30.
[57] Melville, *Pierre, or the Ambiguities* (1852; Evanston: Northwestern University Press and the Newberry Library, 1971), p. 285.
[58] David A. Hollinger, "How Wide the Circle of the 'We'? American Intellectuals and the Problem of the

Ethnos Since World War II," *American Historical Review*, 98, no. 2 (1993), 326.

[59] Richard Rorty, *Contingency, Irony, and Solidarity* (Cambridge: Cambridge University Press, 1989), p. 75.

[60] Fredric Jameson, *The Prison-House of Language* (Princeton: Princeton University Press, 1972), p. 138.

[61] Hardwick, "The Menendez Show," *The New York Review of Books*, February 17, 1994, p. 14; *The New York Times*, January 19, 1994, p. B7.

[62] Charles Baxter, "Dysfunctional Narratives, or 'Mistakes Were Made,'" *Ploughshares*, 20, nos. 2 & 3 (1994), p. 68; Alice Miller, *Banished Knowledge* (New York: Doubleday Anchor, 1991), p. 4. For a more extended version of Miller's argument about Hitler's childhood, see her *For Your Own Good* (1983).

Another recent instance of a legal action centering on the idea of the coerced will is the case of Leonard Tose, former owner of the Philadelphia Eagles football team. Tose took legal action against the Taj Mahal Casino in Atlantic City, which had sued him for the recovery of gambling debts. Tose, who had lost hundreds of thousands of dollars, countersued the casino for permitting him to gamble while he was under the influence of alcohol. (*New Jersey Law Journal*, April 18, 1994.)

[63] Niebuhr, *Nature and Destiny of Man*, I, 257.

[64] Telford Taylor, *The Anatomy of the Nuremberg Trials* (New York: Knopf, 1992), pp. 51, 167.

[65] Michael Wood, *America in the Movies* (1975; New York: Columbia University Press, 1989), p. 145.

[66] Wood, *America in the Movies*, p. 145, 27.

第七章：

[1] Increase Mather, *A Discourse Concerning Comets* (Boston, 1683), sig. A3.

[2] Mather, *Discourse Concerning Comets*, sig. A3.

[3] Simpson, *Brazen Face of History*, p. xii.

[4] Poe, *Eureka* (1848), in Auden, ed., *Selected Prose, Poetry, and Eureka*, p. 512.

[5] Mailer, "The White Negro," in *Advertisements for Myself*, p. 303.

[6] Rorty, *Contingency, Irony, and Solidarity*, pp. 5–6, 22.

[7] Trilling, *Beyond Culture*, p. 8.

[8] *Encyclopaedia Britannica*, 15th edition.

[9] Poe, "Sonnet — to Science" (1829), in Auden, ed., *Sekaed Prose, Poetry, and Eureka*, p. 458.

[10] Garry Wills, *Under God: Religion and American Politics* (New York: Touchstone, 1990), p. 29.

[11] See Stephen L. Carter's astute *The Culture of Disbelief* (New York: Basic Books, 1993).

[12] Niebuhr, "The Truth in Myths" (1937), in Capper and Hollinger, eds., *American Intellectual Tradition*, II, 204; Jean-François Lyotard, *The Postmodern Condition: A Report on Knowledge* (Minneapolis: University of Minnesota Press, 1984), pp. 41, xxiv; Antonio Gramsci, *Selections from the Prison Notebooks*, ed. Quintin Hoare and Geoffrey Nowell Smith (New York: International Publishers, 1971), p. 324.

[13] Sontag, *Illness as Metaphor* (New York: Farrar, Straus and Giroux, 1978), p. 3.

[14] Quoted in Rorty, *Contingency, Irony, and Solidarity*, p. 46.

[15] Whittier, *Supernaturalism of New England*, pp. 42–43; Sontag, *Illness as Metaphor*, p. 85.
[16] Richard Selzer, "The Art of Surgery," *Harper's*, October 1975, pp. 30, 34.
[17] Robert Wright, *The Moral Animal: Evolutionary Psychology and Everyday Life* (New York: Pantheon, 1994), p. 368.
[18] Wright, *The Moral Animal*, pp. 341, 369.
[19] John Cotton, *Practical Commentary on John*, p. 364; Emile Durkheim, quoted in Wright, *The Moral Animal*, p. 5.
[20] Melville, *Pierre*, pp. 177–78; Joseph Bellamy, "God's Wisdom in the Permission of Sin," in Bellamy, *Works* (Boston, 1853), 2 vols., II, 22.
[21] Lippmann, *A Preface to Politics* (1914; Ann Arbor: University of Michigan Press, 1962), p. 7; John Demos, *Entertaining Satan: Witchcraft and the Culture of Early New England* (New York: Oxford University Press, 1982), pp. 129–30.
[22] Arthur Miller, *Incident at Vichy* (1964), in Harold Clurman, ed., *The Portable Arthur Miller* (New York: Viking, 1971), p. 339.
[23] Edwards, *Charity and its Fruits* (Boston, 1852), p. 359; Hawthorne, "Ethan Brand" (1850), in James McIntosh, ed., *Nathaniel Hawthorne's Tales* (New York: Norton, 1987), p. 241; Melville, *Redburn*, pp. 104–5. Earlier in the story, Hawthorne defines the unpardonable sin as "the sin of an intellect that triumphed over the sense of brotherhood with man and reverence for God, and sacrificed everything for its own mighty claims" (p. 235).
[24] James, *The Portrait of a Lady* (1881; New York: New American Library, 1963), p. 396.
[25] James, *The Portrait of a Lady*, pp. 356, 222.
[26] R. W. B. Lewis, *The Jameses: A Family Narrative* (New York: Farrar, Straus and Giroux, 1991), p. 332; Kierkegaard, quoted by Walker Percy as the epigraph to *The Moviegoer* (1960).
[27] G. R. Evans, *Augustine on Evil* (Cambridge: Cambridge University Press, 1982), p. 35.
[28] Primo Levi, *The Drowned and the Saved*, trans. Raymond Rosenthal (New York: Vintage Books, 1988), pp. 55–57.
[29] Edwards, *Treatise on the Religious Affections*, p. 118; Emerson, "The Divinity School Address" (1838), in Whicher, ed., *Selections*, p. 103.
[30] Niebuhr, *Nature and Destiny of Man*, I, 182.
[31] Emerson, "Experience" (1845), in Whicher, ed., *Selections*, p. 270; Thoreau, *Walden*, p. 198; Susan Faludi, *Backlash: The Undeclared War Against American Women* (New York: Crown, 1991), pp. 112–39. See especially Faludi's illuminating discussion (pp. 117–23) of how the idea for *Fatal Attraction* began as a story about a man struggling with his responsibility for the effects of his casual affair upon a victimized woman, and became the story of a lunatic woman who is "a raging beast underneath."
[32] Ann Douglas, "The Dream of the Wise Child," in *Prospects: The Annual of American Cultural Studies*, 9 (1984), 309.
[33] Garry Wills, *Under God*, p. 72.
[34] Robertson Davies, in the *Times Literary Supplement*, September 30 – October 6, 1988, p. 1070.